Les Fleurs du Mal

BAUDELAIRE

Ouvrage publié sous la direction de
MARIE-HÉLÈNE PRAT

Édition présentée par
BRIGITTE BUFFARD-MORET
Ancienne élève de l'E.N.S. Sèvres
Agrégée de Lettres classiques

www.universdeslettres.com

Voir « LE TEXTE ET SES IMAGES » p. 226
pour l'exploitation de l'iconographie de ce dossier.

1. *Milon de Crotone*, sculpture de Pierre Puget (1620-1694)
(Musée du Louvre, Paris).

2. *Vieille femme à sa toilette*, eau-forte de Francisco de Goya y Lucientes (1746-1828) extraite des *Caprices*.

3. *Le Débarquement de Marie de Médicis, le 3 novembre 1600*, peinture de Petrus Paulus Rubens (1577-1640), détail (Musée du Louvre, Paris).

4. *Les Litanies de Satan*, eau-forte originale de Alméry Lobel-Riche
pour *Les Fleurs du Mal* (Bibliothèque nationale de France, Paris).

5. *La Mort des artistes*, illustration de Armand Rassenfosse (1862-1934) pour *Les Fleurs du Mal* (Bibliothèque nationale de France, Paris).

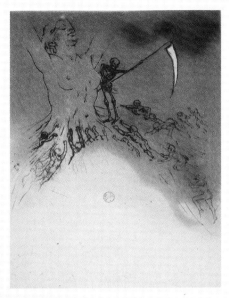

6. *Le sommeil de la raison engendre des monstres*, eau-forte de Francisco de Goya y Lucientes (1746-1828) (Bibliothèque nationale de France, Paris).

LES FEMMES DES *FLEURS DU MAL* :
DE LA LITTÉRATURE À L'ART

7. *Salomé dansant*, peinture à l'huile de Gustave Moreau, 1850-1899
(Musée Gustave Moreau, Paris).

8. *Parfum exotique*, lithographie de Henri Matisse pour illustrer *Les Fleurs du Mal*, 1947 (Bibliothèque nationale de France, Paris).

9. *La Maîtresse de Baudelaire couchée*, peinture à l'huile de Édouard Manet, 1862-1863 (Szépmüvézeti museum, Budapest).

10. *Port de mer au soleil couchant*, peinture de Claude Gellée, dit Le Lorrain, 1639 (Musée du Louvre, Paris).

REGARDS
SUR L'ŒUVRE

L'EMPIRE	LA RESTAURATION		LA MONARCHIE DE JUILLET		II° EMPIRE NAPOLÉON III		III° RÉPUBLIQUE
	LOUIS XVIII	CHARLES X	LOUIS-PHILIPPE I°°				
1804	1814	1824	1830 (révolution de Juillet)	1848 (révolution)	1851 (coup d'État du 2 décembre)	1870 (guerre franco-allemande)	

II° RÉPUBLIQUE

1802	HUGO	1885
1810	MUSSET	1857
1821	**BAUDELAIRE**	**1867**
1811	GAUTIER	1872
1844	VERLAINE	1896

ŒUVRES DE BAUDELAIRE

1845-1846 *Salons* (parus dans *Curiosités esthétiques*) ◻

1847 *La Fanfarlo* (nouvelle) ●

1855 *Exposition universelle de 1855, Beaux arts* (paru dans *Curiosités esthétiques*) ◻

1856 *Traduction des Histoires extraordinaires* (d'Edgar Poe)

1857 Les Fleurs du Mal ◆

1859 *Salon* (paru dans *Curiosités esthétiques*) ◻

1860 *Les Paradis artificiels, opium et haschisch* ◻

1861 Les Fleurs du Mal, seconde édition ◆

Richard Wagner et Tannhäuser à Paris ◻

1863 *Le Peintre de la vie moderne* (paru dans *L'Art romantique*) ◻

1866 *Les Épaves* ◆

Publications posthumes

Curiosités esthétiques (1868) ◻
L'Art romantique (1868) ◻
Le Spleen de Paris (petits poèmes en prose) (1869) ◆
Journaux intimes. Mon cœur mis à nu. Fusées. (1887)

◆ Poésie ● Romans ou nouvelles ◻ Critique

LIRE AUJOURD'HUI
LES FLEURS DU MAL

En 1857, l'année où Flaubert est acquitté à l'issue du procès que lui a valu *Madame Bovary*, pour « offenses à la morale publique et à la religion », paraissent *Les Fleurs du Mal*. C'est le succès… mais aussi le scandale. Baudelaire, moins chanceux, est condamné pour les mêmes offenses… Bien que Victor Hugo lui écrive, le 30 août 1857, que ses *Fleurs* « rayonnent et éblouissent comme des étoiles », il demeure meurtri par ce jugement contre son œuvre.

La poésie de Baudelaire est une « alchimie de la douleur » : on perçoit les échos du sentiment de solitude qui étouffe le poète depuis son enfance ; la saveur de sa « vie maudite », partagée entre la misère, les « relations mauvaises » et les « paradis artificiels », par lesquels il espère chasser son éternel ennui et retrouver un paradis perdu dont il garde la nostalgie. L'homme émeut par sa fragilité : il est en proie à des « sentiments contra-dictoires, l'horreur de la vie et l'extase de la vie », et au « long remords », persuadé qu'il est en son pouvoir de dominer sa détresse et de s'arracher à ses faiblesses. *Les Fleurs du Mal* sont un reflet poignant de ce mal de vivre et de s'accepter.

Elles sont aussi une œuvre de provocation. Le lecteur d'au-jourd'hui ne se scandalise certes plus, comme le procureur de 1857, de l'absence de « sens de la pudeur » dans les *Fleurs du Mal*, ni des « débauches de langage » qui y bafouent la « grande morale chrétienne ». Il ne sent plus « un danger toujours per-manent » dans les raffinements du Mal qui y sont célébrés – les plaisirs charnels, le vin, la drogue, le goût du macabre, la postu-lation vers Satan. Mais l'« hypocrite lecteur » retrouve dans ces défis du poète à la fois le désarroi de la condition humaine et l'écho de ses déchirements les plus intimes. *Les Fleurs du Mal* ou la poésie comme exorcisme…

Femme à la crinoline, aquarelle de Constantin Guys (1805-1892).
(Musée du Petit-Palais, Paris.)

REPÈRES

L'AUTEUR : Charles Baudelaire.

PREMIÈRE PUBLICATION : 1857.

DEUXIÈME ÉDITION : 1861.

LE GENRE : recueil poétique.

LE CONTEXTE :

• Sous le second Empire, période de moralisme et de censure.

• Des relations complexes avec trois femmes : Jeanne Duval, Madame Sabatier, Marie Daubrun.

• Entre 1857 et 1861, Baudelaire publie le *Salon de 1859*, où il affine sa conception de la « modernité », et *les Paradis artificiels*, où il est dit que les excitants sont dangereux pour le créateur mais favorisent la naissance de la poésie.

LE RECUEIL :

En 1857, le recueil comporte cent poèmes et est organisé en cinq sections : *Spleen et Idéal, Fleurs du mal, Révolte, Le Vin, La Mort*.

L'édition de 1861 comporte 136 poèmes, organisés en six sections : *Spleen et Idéal, Tableaux parisiens, Le Vin, Fleurs du Mal, Révolte, La Mort*. La tonalité y est plus sombre.

LES ENJEUX :

– Une poésie qui ne célèbre ni la nature comme les romantiques, ni le progrès comme les réalistes, mais qui a pourtant pu être qualifiée de « romantique » et de « réaliste ».

– L'œuvre d'« un cœur mis à nu », écartelé entre le Spleen et l'Idéal, entre l'Enfer et le Ciel.

– Un poète héritier des classiques qui imprime sa marque aux formes poétiques traditionnelles ; il les transforme ainsi en instruments à chanter la bizarre beauté du mal.

BAUDELAIRE
ET *LES FLEURS DU MAL*

Les Fleurs du Mal ont été souvent perçues par les contemporains de Baudelaire comme une « poésie du vécu, du réel » (Gaëtan Picon). Il n'est pas question d'expliquer un poème par la vie de son auteur, mais on peut percevoir les échos qui s'établissent entre la biographie d'un homme et son œuvre de poète.

Baudelaire est né le 9 avril 1821 d'une mère de 28 ans et d'un père de 62 ans. Ce dernier meurt en 1827 ; un an plus tard (voir *À une passante*, *Le Cygne*, *Don Juan aux Enfers*), sa mère se remarie avec le commandant Aupick, de quatre ans son cadet. Charles se sent alors mis à l'écart (voir *Bénédiction*). Il devient interne dès la classe de cinquième.

« MA JEUNESSE NE FUT QU'UN TÉNÉBREUX ORAGE... »

Après le baccalauréat (1839) et malgré son beau-père, le jeune homme se lie avec la jeunesse littéraire de son temps, dont Nerval, et mène une vie libre. Il contracte la maladie vénérienne dont il ne guérira jamais : la douleur le rend très vite dépendant de l'opium, de l'éther et du laudanum. Pour l'arracher à ses « relations mauvaises », M. et Mme Aupick le font embarquer pour Calcutta, en juin 1841. Il ne supporte pas la solitude du voyage et s'arrête à l'île Bourbon (La Réunion). À son retour, les querelles reprennent avec sa famille.

« QUAND CHEZ LES DÉBAUCHÉS... »

À sa majorité, en 1842, il entre en possession de l'héritage paternel et mène une existence dorée. Il fait la connaissance de Théophile Gautier : l'inspiration macabre de sa *Comédie de la Mort* le marque profondément ; il lui dédiera *Les Fleurs du Mal*.

Il rencontre également celle qui va devenir sa maîtresse en titre, Jeanne Duval, une actrice mulâtresse, sans grand talent mais à la beauté animale (voir *La Chevelure* et *Les Bijoux*). Malgré des relations orageuses (voir *Le Vampire* et *Le Balcon*), il lui restera attaché et continuera à l'aider même après leur rupture définitive en 1864, quand elle sera devenue paralysée.

« UN GROS MEUBLE À TIROIRS ENCOMBRÉ DE BILANS, [...] DE PROCÈS... »

En 1844, la très bourgeoise famille du poète, effrayée par ses folles dépenses, obtient qu'un conseil juridique lui soit imposé. Désormais une modeste rente mensuelle lui est versée par un notaire. Il fera souvent appel à sa mère qu'il aime et qu'il déchire toujours. C'est en partie pour trouver de l'argent qu'il entreprend, à partir de 1846, de traduire l'écrivain américain Edgar Poe, avec qui il se découvre de mystérieuses affinités (voir *Le Flambeau vivant*). Il mène une vie proche de la misère, et passe son temps à déménager.

« Ô MOINE FAINÉANT... »

Baudelaire se grise de projets, mais travailler l'angoisse (voir *Le Mauvais Moine*, *L'Horloge*). Après une tentative de suicide en 1845, ses expériences des « paradis artificiels » (voir *La Vie antérieure*, *Le Vin du solitaire*) accentuent ses périodes de dépression. Il participe aux barricades de février 1848, aux côtés des ouvriers insurgés, mais a plutôt un goût romantique de la révolution, même s'il compatit aux souffrances des humbles (voir *Le Cygne*).

Il travaille énormément – on peut penser qu'un bon nombre de poèmes des *Fleurs du Mal* sont composés entre 1841 et 1848 – et publie ses premiers poèmes, mais aussi des œuvres critiques sur l'art, les *Salons* de 1845 et 1846. Après s'être enthousiasmé dès le collège pour Hugo (voir *Les Petites Vieilles*) et Sainte-Beuve, dont il aime la veine morbide, il subit l'influence de Balzac, Hoffmann, Swedenborg et autres adeptes du mysticisme (voir p. 231).

« LA MUSE ET LA MADONE »

En 1852, il fait la connaissance de Mme Sabatier et lui envoie sans les signer lettres d'amour et poèmes. Elle aurait inspiré, entre autres, *Le Flambeau vivant, À celle qui est trop gaie, Réversibilité, L'Aube spirituelle*. Amour spirituel et idéalisé, même si la belle Apollonie était entretenue par d'autres hommes…

En 1846 ou en 1854, il remarque Marie Daubrun, petite actrice dramatique. Dans les poèmes de cette époque, la femme aimée a souvent ses yeux verts (voir *Le Beau Navire, L'Invitation au voyage*). L'aventure est brève et tumultueuse, jusqu'à ce que Banville le supplante.

« JEUNE ET POURTANT TRÈS VIEUX »

Baudelaire a énormément publié (1857, 1861 : *Les Fleurs du Mal* ; 1860 : *Les Paradis artificiels* ; 1862 : parution des premiers poèmes en prose) mais il est criblé de dettes. Après une crise cérébrale en 1866, sa santé se détériore rapidement, de même que sa situation matérielle. Il pose sa candidature à l'Académie française, mais renonce devant le scandale et les railleries.

Il part en Belgique où il espère gagner de l'argent en donnant des conférences, mais c'est l'échec et l'amertume. Devenu hémiplégique, privé de l'usage de la parole, il est interné dans une clinique religieuse de Bruxelles. Après un an d'agonie, veillé par sa mère dans une maison de santé parisienne, il est délivré de « l'insupportable vie » le 31 août 1867. Il est enterré au cimetière Montparnasse.

« LES FLEURS NOUVELLES QUE JE RÊVE… »

Dès 1845, il annonce « pour paraître incessamment » un recueil de vers au « titre pétard », *Les Lesbiennes*, puis, en 1848, un second projet au « titre mystérieux », *Les Limbes*. Après quelques parutions dans des journaux en 1851 et 1855, le 25 juin 1857 paraissent, chez l'éditeur Poulet-Malassis,

Les Fleurs du Mal, qui comportent cinquante-deux poèmes inédits. Le recueil veut montrer le drame de l'*homo duplex* (voir p. 249), sa misère mais aussi sa grandeur, dans un plan calculé pour faire ressortir la « terrible moralité » de l'ensemble. La conclusion est relativement optimiste : il reste à l'homme l'évasion dans le rêve ou l'au-delà, « sur des Cieux inconnus ». Mais, le 7 juillet, l'édition est saisie et, à l'issue du procès, six poèmes sont supprimés, détruisant cette « architecture secrète ». L'affaire a néanmoins éveillé la curiosité du public, et la critique est élogieuse.

En 1861 paraît une seconde édition augmentée de trente-cinq poèmes, avec une nouvelle section intitulée « Tableaux parisiens » : Baudelaire se fait définitivement le « peintre de la modernité ». L'ordre remanié des poèmes, l'ajout de pièces qui insistent sur l'« immortel péché » établissent une progression dans le Mal : c'est le spleen qui l'emporte...

On ne connaît pas l'édition définitive telle que Baudelaire l'avait rêvée, lui qui tenait beaucoup à ce que ce recueil soit considéré comme une œuvre dotée d'une réelle architecture et non comme une suite de poèmes assemblés au hasard. L'édition posthume des « œuvres complètes » de 1868 contenait onze pièces empruntées aux *Épaves*, recueil paru en 1866 et « composé de morceaux poétiques pour la plupart condamnés ou inédits, auxquels M. Charles Baudelaire n'a pas cru devoir faire place dans l'édition définitive [celle de 1861] des *Fleurs du Mal* », et treize parues entre 1861 et 1868. On a choisi ici de respecter l'ordre des pièces de 1861. Elles sont suivies de celles qui apparurent pour la première fois en 1868 et des « pièces condamnées tirées des *Fleurs du Mal* » qui figuraient dans *Les Épaves* mais n'avaient pas été retenues pour l'édition posthume de 1868.

Portrait de Baudelaire par Félix Nadar (1820-1910).
(C.N.M.H.S., Paris.)

Les Fleurs du Mal

BAUDELAIRE

Au poète impeccable
Au parfait magicien ès lettres françaises
À mon très-cher et très-vénéré
Maître et Ami
Théophile Gautier
Avec les sentiments
de la plus profonde humilité
Je dédie ces Fleurs maladives.

C.B.

AU LECTEUR

La sottise, l'erreur, le péché, la lésine[1],
Occupent nos esprits et travaillent nos corps,
Et nous alimentons nos aimables remords,
4 Comme les mendiants nourrissent leur vermine.

Nos péchés sont têtus, nos repentirs sont lâches ;
Nous nous faisons payer grassement nos aveux,
Et nous rentrons gaiement dans le chemin bourbeux,
8 Croyant par de vils pleurs laver toutes nos taches.

Sur l'oreiller du mal c'est Satan Trismégiste[2]
Qui berce longuement notre esprit enchanté[3],
Et le riche métal de notre volonté
12 Est tout vaporisé[4] par ce savant chimiste.

C'est le Diable qui tient les fils qui nous remuent !
Aux objets répugnants nous trouvons des appas[5] ;
Chaque jour vers l'Enfer nous descendons d'un pas,
16 Sans horreur, à travers des ténèbres qui puent.

Ainsi qu'un débauché pauvre qui baise et mange
Le sein martyrisé d'une antique catin[6],
Nous volons au passage un plaisir clandestin
20 Que nous pressons bien fort comme une vieille orange.

---

1. **Lésine** : avarice, ladrerie.
2. **Les Grecs donnèrent** au dieu égyptien Thot, maître des sciences et de la magie, le nom d'Hermès **Trismégiste** (trois fois très grand) ; sa doctrine était contenue dans les livres dont s'inspireront ensuite les alchimistes.
3. **Enchanté** : au sens fort d'ensorcelé.
4. **Vaporisé** : transformé en vapeur, réduit à néant.
5. **Appas** : avec cette graphie, a le sens classique de charmes, notamment ceux d'une femme qui excitent le désir masculin.
6. **Catin** : prostituée (sens vieilli).

Serré, fourmillant, comme un million d'helminthes[1],
Dans nos cerveaux ribote[2] un peuple de Démons,
Et, quand nous respirons, la Mort dans nos poumons
24 Descend, fleuve invisible, avec de sourdes plaintes.

Si le viol, le poison, le poignard, l'incendie,
N'ont pas encor brodé de leurs plaisants dessins
Le canevas banal de nos piteux destins,
28 C'est que notre âme, hélas ! n'est pas assez hardie.

Mais parmi les chacals, les panthères, les lices[3],
Les singes, les scorpions, les vautours, les serpents,
Les monstres glapissants, hurlants, grognants, rampants,
32 Dans la ménagerie infâme de nos vices,

Il en est un plus laid, plus méchant, plus immonde !
Quoiqu'il ne pousse ni grands gestes ni grands cris,
Il ferait volontiers de la terre un débris
36 Et dans un bâillement avalerait le monde ;

C'est l'Ennui ! – l'œil chargé d'un pleur involontaire,
Il rêve d'échafauds en fumant son houka[4].
Tu le connais, lecteur, ce monstre délicat,
40 – Hypocrite lecteur, – mon semblable, – mon frère !

---

1. **Helminthes** : vers intestinaux.
2. **Ribote** : se livre à des excès de table et de boisson, fait la noce.
3. **Lice** : femelle d'un chien de chasse ; Lycisca était le nom que prenait l'impératrice romaine Messaline lorsqu'elle allait se prostituer.
4. **Houka** : sorte de pipe qui ressemble au narguilé et qui fait partie de la panoplie exotique de l'artiste romantique.

21

SITUER

Un tableau des vices de l'humanité : voilà ce que le poète propose à son « hypocrite lecteur »... Le recueil s'ouvre sur la provocation.

RÉFLÉCHIR

QUI PARLE ? QUI VOIT ? une relation inhabituelle entre le poète et son lecteur

1. Quelle personne grammaticale domine dans le poème ? Quel type de relation le poète établit-il avec son lecteur dans les deux derniers vers ? Comment présente-t-il donc ses propres vices ?

2. Selon vous, à quoi servent les tirets du dernier vers du point de vue du sens et du rythme ?

STRATÉGIES : un exposé moralisateur ?

3. De quels vices souffre le poète ? Dégagez le thème des strophes 3, 4-5 et 6-7.

4. Qui est responsable de l'effondrement des forces morales (strophes 3 et 4) ? Comment est-ce marqué dans la syntaxe et le lexique ?

5. Baudelaire écrit : « Le vice est séduisant, il faut le peindre séduisant ; mais il traîne avec lui des maladies et des douleurs morales singulières ; il faut les décrire. » Quel aspect du vice apparaît ici ?

REGISTRES ET TONALITÉS : « Aux objets répugnants nous trouvons des appas »

6. Les imaginatifs, écrit Baudelaire, sont ceux qui « illuminent les choses avec leur esprit et en projettent le reflet sur les autres esprits » (*Salon* de 1859). Comment les abstractions sont-elles traitées dans le poème ? Par quels procédés stylistiques la violence du vice est-elle montrée ?

7. Mettez en relation ce poème avec le titre du recueil. Qu'est-ce qui constitue pour Baudelaire une source d'inspiration ?

8. « nos aimables remords », « ce monstre délicat » : quelle figure de style reconnaissez-vous ici ? Quel état d'esprit du poète s'y révèle ?

9. Relevez quelques cas d'enjambements* internes. En quoi cette « fausse apparence de prose » convient-elle bien à cette adresse au lecteur ?

---

* Les définitions des mots suivis d'un astérisque figurent p. 272.

SPLEEN ET IDÉAL

I. BÉNÉDICTION

Au seuil du recueil, sur le thème romantique du poète maudit par la société pour qui la solitude et la souffrance font partie de la vocation de l'artiste, ce poème est aussi celui d' « un cœur mis à nu » (Baudelaire), par les allusions autobiographiques qu'il recèle sur le désespoir de l'enfant mal aimé et de l'amant humilié. Le chemin de croix avant que ne triomphe la poésie...

Lorsque, par un décret des puissances suprêmes,
Le Poète apparaît en ce monde ennuyé,
Sa mère épouvantée et pleine de blasphèmes
4 Crispe ses poings vers Dieu, qui la prend en pitié :

– « Ah ! que[1] n'ai-je mis bas tout un nœud de vipères,
Plutôt que de nourrir cette dérision[2] !
Maudite soit la nuit aux plaisirs éphémères
8 Où mon ventre a conçu mon expiation[3] !

« Puisque tu m'as choisie entre toutes les femmes[4]
Pour être le dégoût de mon triste mari,
Et que je ne puis pas rejeter dans les flammes,
12 Comme un billet d'amour, ce monstre rabougri,

« Je ferai rejaillir ta haine qui m'accable
Sur l'instrument maudit de tes méchancetés,
Et je tordrai si bien cet arbre misérable,
16 Qu'il ne pourra pousser ses boutons empestés ! »

---

1. **Que :** adverbe interrogatif, a le sens de *pourquoi*.
2. **Dérision :** ici, objet de mépris.
3. **Expiation :** souffrance imposée ou acceptée à la suite d'une faute et considérée comme une purification.
4. *Cf.* l'Évangile selon Luc, à propos de Marie, enceinte de Jésus : « Tu es bénie entre les femmes, et le fruit de ton sein est béni. »

Elle ravale ainsi l'écume de sa haine,
Et, ne comprenant pas les desseins éternels,
Elle-même prépare au fond de la Géhenne[1]
20 Les bûchers consacrés aux crimes maternels.

Pourtant, sous la tutelle invisible d'un Ange,
L'Enfant déshérité s'enivre de soleil,
Et dans tout ce qu'il voit et dans tout ce qu'il mange
24 Retrouve l'ambroisie et le nectar[2] vermeil.

Il joue avec le vent, cause avec le nuage,
Et s'enivre en chantant du chemin de la croix[3] ;
Et l'Esprit qui le suit dans son pèlerinage
28 Pleure de le voir gai comme un oiseau des bois.

Tous ceux qu'il veut aimer l'observent avec crainte,
Ou bien, s'enhardissant de sa tranquillité,
Cherchent à qui saura lui tirer une plainte,
32 Et font sur lui l'essai de leur férocité.

Dans le pain et le vin destinés à sa bouche
Ils mêlent de la cendre avec d'impurs crachats[4] ;
Avec hypocrisie ils jettent ce qu'il touche,
36 Et s'accusent d'avoir mis leurs pieds dans ses pas.

Sa femme va criant sur les places publiques :
« Puisqu'il me trouve assez belle pour m'adorer,
Je ferai le métier des idoles antiques,
40 Et comme elles je veux me faire redorer ;

« Et je me soûlerai de nard, d'encens, de myrrhe[5],
De génuflexions, de viandes et de vins,
Pour savoir si je puis dans un cœur qui m'admire
44 Usurper en riant les hommages divins !

---

1. Géhenne : dans la Bible, lieu de torture des réprouvés.
2. L'ambroisie et le nectar : la nourriture et le breuvage des dieux de l'Olympe.
3. Allusion au trajet de Jésus pendant sa Passion. Chaque vendredi saint, a lieu dans les églises une cérémonie commémorant ce « chemin de croix ».
4. Allusion aux outrages qu'a subis Jésus avant d'être crucifié.
5. Nard, myrrhe : parfums d'Orient souvent cités dans la Bible.

« Et, quand je m'ennuierai de ces farces impies,
Je poserai sur lui ma frêle et forte main ;
Et mes ongles, pareils aux ongles des harpies[1],
48 Sauront jusqu'à son cœur se frayer un chemin.

« Comme un tout jeune oiseau qui tremble et qui palpite,
J'arracherai ce cœur tout rouge de son sein,
Et, pour rassasier ma bête favorite,
52 Je le lui jetterai par terre avec dédain ! »

Vers le Ciel, où son œil voit un trône splendide,
Le Poète serein lève ses bras pieux,
Et les vastes éclairs de son esprit lucide
56 Lui dérobent l'aspect des peuples furieux :

– « Soyez béni, mon Dieu, qui donnez la souffrance
Comme un divin remède à nos impuretés
Et comme la meilleure et la plus pure essence[2]
60 Qui prépare les forts aux saintes voluptés !

« Je sais que vous gardez une place au Poète
Dans les rangs bienheureux des saintes Légions[3],
Et que vous l'invitez à l'éternelle fête
64 Des Trônes, des Vertus, des Dominations[4].

« Je sais que la douleur est la noblesse unique
Où ne mordront jamais la terre et les enfers,
Et qu'il faut pour tresser ma couronne mystique[5]
68 Imposer[6] tous les temps et tous les univers.

« Mais les bijoux perdus de l'antique Palmyre[7],
Les métaux inconnus, les perles de la mer,
Par votre main montés, ne pourraient pas suffire
72 À ce beau diadème éblouissant et clair ;

---

1. **Harpies :** monstres de la mythologie grecque, mi-femmes mi-oiseaux, dotés de serres aiguës.
2. **Essence :** en alchimie, la substance la plus pure tirée de certains corps.
3. **Saintes Légions :** l'armée du ciel, composée d'anges.
4. **Trônes, Vertus, Dominations :** noms donnés à certaines catégories d'anges.
5. **Mystique :** qui est le symbole d'une réalité invisible.
6. **Imposer :** soumettre à l'impôt, ici par métaphore.
7. Ancienne capitale de la Syrie, très prospère aux IIe et IIIe siècles de notre ère.

« Car il ne sera fait que de pure lumière,
Puisée au foyer saint des rayons primitifs,
Et dont les yeux mortels, dans leur splendeur entière,[10]
76 Ne sont que des miroirs obscurcis et plaintifs ! »

II. L'ALBATROS

Souvent, pour s'amuser, les hommes d'équipage
Prennent des albatros, vastes oiseaux des mers,
Qui suivent, indolents compagnons de voyage,
4 Le navire glissant sur les gouffres amers[1].

À peine les ont-ils déposés sur les planches[2],
Que ces rois de l'azur, maladroits et honteux,
Laissent piteusement leurs grandes ailes blanches
8 Comme des avirons traîner à côté d'eux.

Ce voyageur ailé, comme il est gauche et veule[3] !
Lui, naguère si beau, qu'il est comique et laid !
L'un agace son bec avec un brûle-gueule[4],
12 L'autre mime, en boitant, l'infirme qui volait !

Le Poète est semblable au prince des nuées
Qui hante[5] la tempête et se rit de l'archer ;
Exilé[6] sur le sol au milieu des huées,
16 Ses ailes de géant l'empêchent de marcher.

---

1. **Amers** a ici à la fois son sens propre (lié au sel marin) et son sens figuré (qui engendre la douleur).
2. **Les planches :** le pont du navire.
3. **Veule :** qui est sans vigueur, sans volonté.
4. **Brûle-gueule :** pipe à tuyau très court (langage populaire).
5. **Hanter :** fréquenter d'une manière habituelle (langage littéraire).
6. Vers 15-16 : anacoluthe* fréquente dans la langue classique ; *exilé* renvoie à *albatros* à travers *ses* et *l'* du vers suivant.

SITUER

Après avoir, dans *Bénédiction*, chanté sa gloire de poète martyr, dans une tradition toute romantique (voir *Moïse* de Vigny), Baudelaire redit ici la malédiction que la société fait peser sur le génie.

RÉFLÉCHIR

STRUCTURE : de l'anecdote à l'allégorie

1. Baudelaire est sans doute parti d'un incident survenu lors de son voyage vers les Indes (voir p. 14). Comment expliquer le premier mot du poème et la majuscule de « Poète » (vers 13) ?

2. Quel est le temps verbal qui domine ? Distinguez ses différentes valeurs. Quelle portée donne-t-il au poème ?

3. De l'albatros au poète, comment se construit la comparaison ? Dans les strophes 1 à 3, quels termes, quelles figures préparent le passage de l'oiseau au poète ?

REGISTRES ET TONALITÉS : le poète en exil

4. Une première version du poème ne contenait que les strophes 1, 2 et 4. Le critique Asselineau écrit alors à Baudelaire : « Je voudrais une strophe entre la deuxième et la dernière pour insister sur la gaucherie, du moins sur la gêne de l'albatros, pour faire tableau de son embarras. Et il me semble que la dernière strophe rejaillirait plus puissante comme effet. » Étudiez le lexique, les modalités*, la structure et la longueur des phrases de la strophe 3 : quelle voix, quel ton apparaissent ici ?

5. Quel est l'intérêt de la périphrase « prince des nuées » employée pour désigner l'albatros dans la dernière strophe ?

6. Sur quelles caractéristiques du poète cette dernière strophe met-elle l'accent ?

ÉCRIRE

À partir d'une anecdote et en respectant les tonalités du poème, imaginez une allégorie qui permette de définir les aspects essentiels d'un homme politique, d'un acteur ou d'un professeur.

III. ÉLÉVATION

Ce poème est un maillon important entre les deux premiers poèmes d'une part et Correspondances *d'autre part : c'est en se libérant de l'enveloppe charnelle que l'esprit redevient pur comme l'enfant de* Bénédiction. *Cette « élévation » permet, par la création poétique, d'accéder au sens mystique du monde réel, que révèlent les « correspondances ».*

Au-dessus des étangs, au-dessus des vallées,
Des montagnes, des bois, des nuages, des mers,
Par-delà le soleil, par-delà les éthers[1],
4 Par-delà les confins des sphères étoilées,

Mon esprit, tu te meus avec agilité,
Et, comme un bon nageur qui se pâme dans l'onde,
Tu sillonnes gaiement l'immensité profonde
8 Avec une indicible et mâle volupté.

Envole-toi bien loin de ces miasmes morbides[2] ;
Va te purifier dans l'air supérieur,
Et bois, comme une pure et divine liqueur[3],
12 Le feu clair qui remplit les espaces limpides.

Derrière les ennuis et les vastes chagrins
Qui chargent de leur poids l'existence brumeuse,
Heureux celui qui peut d'une aile vigoureuse
16 S'élancer vers les champs lumineux et sereins ;

Celui dont les pensers[4], comme des alouettes,
Vers les cieux le matin prennent un libre essor,
– Qui plane sur la vie, et comprend sans effort
20 Le langage des fleurs et des choses muettes !

---

1. **Éthers :** les espaces célestes (langage poétique).
2. **Ces miasmes morbides :** les émanations auxquelles on attribuait autrefois les maladies (du latin *morbus* : maladie) ; cette expression fait allusion au monde d'ici bas.
3. **Liqueur :** toute substance liquide (sens classique).
4. **Pensers :** pensées (mot vieilli).

IV. CORRESPONDANCES

La Nature est un temple où de vivants piliers
Laissent parfois sortir de confuses paroles ;
L'homme y passe à travers des forêts de symboles
4 Qui l'observent avec des regards familiers.

Comme de longs échos qui de loin se confondent
Dans une ténébreuse et profonde unité,
Vaste comme la nuit et comme la clarté,
8 Les parfums, les couleurs et les sons se répondent.

Il est des parfums frais comme des chairs d'enfants,
Doux comme les hautbois, verts comme les prairies,
11 – Et d'autres, corrompus, riches et triomphants,

Ayant l'expansion des choses infinies,
Comme l'ambre[1], le musc[2], le benjoin et l'encens[3],
14 Qui chantent les transports de l'esprit et des sens.

V

*Le poème célèbre d'abord un âge d'or révolu, puis évoque,
sérieusement et ironiquement, les beautés maladives de
l'époque moderne avant de conclure, dans une structure cycli-
que, sur l'éloge d'une jeunesse saine et sainte à jamais disparue.
La fascination qu'exercent la laideur et le mal sur les artistes,
ainsi que la glorification des beautés primitives et grandioses, se
retrouvent dans d'autres pièces comme* L'Idéal *ou* La Géante.

J'aime le souvenir de ces époques nues,
Dont Phœbus[4] se plaisait à dorer les statues.

---

1. **Ambre :** parfum exotique à l'odeur très forte provenant des concrétions intestinales des cachalots.
2. **Musc :** substance très odorante sécrétée par un mammifère cervidé d'Asie.
3. **Benjoin, encens :** substances aromatiques à l'odeur capiteuse très prisées dans les pays d'Orient.
4. **Phœbus :** autre nom d'Apollon, dieu du Soleil.

▪ SITUER

Baudelaire s'appuie sur une tradition (voir p. 231) : Swedenborg, Hoffmann, Poe... Mais il développe ici un symbolisme personnel : les correspondances n'établissent pas seulement une relation entre le visible et l'invisible, elles sont source poétique. C'est encore le rôle du poète qui est défini dans ce premier sonnet du recueil.

▪ RÉFLÉCHIR

STRUCTURE : correspondances, synesthésies et unité du monde

1. Les correspondances sont une relation verticale entre l'univers des formes sensibles et un univers transcendant. Par quel procédé stylistique les formes visibles et la réalité invisible sont-elles liées dans le premier quatrain ?

2. Les synesthésies sont une relation horizontale entre les données de nos divers sens. Quels termes, dans le second quatrain, marquent cette communication ?

3. Baudelaire écrit, dans son *Essai* sur Wagner, « Dieu a proféré le monde comme une complexe et indivisible totalité ». Qu'est-ce qui souligne cette complexité de la création dans les tercets ?

4. À l'issue de ces observations, dégagez la composition du poème.

STRATÉGIES : le poète voyant

5. Que représente la nature pour le poète ? Quels termes montrent qu'elle est une énigme pour l'homme ? Quelle est la fonction du poète ?

6. Lisez *La Vie antérieure*, *Harmonie du soir* et *L'Invitation au voyage* : que ressuscitent les parfums ? Pourquoi Baudelaire n'a-t-il nommé précisément que les parfums « corrompus, riches et triomphants » et non ceux du premier type ? Quelle valeur donner au tiret du vers 11 ?

7. Quelles correspondances sonores internes (voir p. 244) sont les plus fréquentes ? Analysez les sonorités du titre du poème. Que remarquez-vous ?

▪ ÉCRIRE

« Il est des sons... » : à la manière de Baudelaire dans les tercets de *Correspondances*, définissez des sons de nature différente.

Alors l'homme et la femme en leur agilité
Jouissaient sans mensonge et sans anxiété,
5 Et, le ciel amoureux leur caressant l'échine,
Exerçaient la santé de leur noble machine.
Cybèle[1] alors, fertile en produits généreux,
Ne trouvait point ses fils un poids trop onéreux,
Mais, louve au cœur gonflé de tendresses communes,
10 Abreuvait l'univers à ses tétines brunes.
L'homme, élégant, robuste et fort, avait le droit
D'être fier des beautés qui le nommaient leur roi ;
Fruits purs de tout outrage et vierges de gerçures,
Dont la chair lisse et ferme appelait les morsures !

15 Le Poète aujourd'hui, quand il veut concevoir
Ces natives grandeurs, aux lieux où se font voir
La nudité de l'homme et celle de la femme,
Sent un froid ténébreux envelopper son âme
Devant ce noir tableau plein d'épouvantement.
20 Ô monstruosités pleurant leur vêtement !
Ô ridicules troncs ! torses dignes des masques !
Ô pauvres corps tordus, maigres, ventrus ou flasques,
Que le dieu de l'Utile, implacable et serein,
Enfants, emmaillota dans ses langes d'airain !
25 Et vous, femmes, hélas ! pâles comme des cierges,
Que ronge et que nourrit la débauche, et vous, vierges,
Du vice maternel traînant l'hérédité
Et toutes les hideurs de la fécondité !

Nous avons, il est vrai, nations corrompues,
30 Aux peuples anciens des beautés inconnues :
Des visages rongés par les chancres du cœur,
Et comme qui dirait des beautés de langueur ;
Mais ces inventions de nos muses tardives
N'empêcheront jamais les races maladives
35 De rendre à la jeunesse un hommage profond,
– À la sainte jeunesse, à l'air simple, au doux front,

---

1. **Cybèle** : divinité personnifiant la force reproductrice de la nature.

À l'œil limpide et clair ainsi qu'une eau courante,
Et qui va répandant sur tout, insouciante
Comme l'azur du ciel, les oiseaux et les fleurs,
40 Ses parfums, ses chansons et ses douces chaleurs !

VI. LES PHARES

Rubens[1], fleuve d'oubli, jardin de la paresse,
Oreiller de chair fraîche où l'on ne peut aimer,
Mais où la vie afflue et s'agite sans cesse,
4 Comme l'air dans le ciel et la mer dans la mer[2] ;

Léonard de Vinci[3], miroir profond et sombre,
Où des anges charmants, avec un doux souris[4]
Tout chargé de mystère, apparaissent à l'ombre
8 Des glaciers et des pins qui ferment leur pays ;

Rembrandt[5], triste hôpital tout rempli de murmures,
Et d'un grand crucifix décoré seulement,
Où la prière en pleurs s'exhale des ordures,
12 Et d'un rayon d'hiver traversé brusquement ;

Michel-Ange[6], lieu vague où l'on voit des Hercules
Se mêler à des Christs, et se lever tout droits

---

1. **Rubens :** peintre flamand (1577-1640). Son goût des formes opulentes et des nus plantureux ainsi que sa volonté de rendre mouvement et énergie transparaissent dans *L'Enlèvement des filles de Leucippe* ou *Andromède*.
2. Rime normande*.
3. **Léonard de Vinci :** peintre, architecte, sculpteur, ingénieur italien (1452-1519). Il pratiqua la technique du *sfumato*, modelé vaporeux baignant les formes, pour rendre l'impression de profondeur. Les pigments qu'il utilisa pour ses couleurs ont tendance à s'assombrir avec le temps *(La Vierge aux rochers)*.
4. **Souris :** équivalent vieilli de *sourire*.
5. **Rembrandt :** peintre et graveur hollandais (1606-1669). Il présente ses personnages dans la pénombre et approfondit l'espace en faisant rayonner les parties sur lesquelles l'intérêt est concentré (voir *La Leçon d'anatomie* ou la gravure *Le Christ guérissant les malades*).
6. **Michel-Ange :** sculpteur et peintre italien (1475-1564). Le mouvement qui anime ses œuvres tant picturales (le plafond de la chapelle Sixtine) que sculpturales *(Les Esclaves)* annonce le baroque.

Des fantômes puissants qui dans les crépuscules
16 Déchirent leur suaire[1] en étirant leurs doigts ;

Colères de boxeur, impudences de faune[2],
Toi qui sus ramasser la beauté des goujats[3],
Grand cœur gonflé d'orgueil, homme débile[4] et jaune,
20 Puget[5], mélancolique empereur des forçats ;

Watteau[6], ce carnaval où bien des cœurs illustres,
Comme des papillons, errent en flamboyant,
Décors frais et légers éclairés par des lustres
24 Qui versent la folie à ce bal tournoyant ;

Goya[7], cauchemar plein de choses inconnues,
De fœtus qu'on fait cuire au milieu des sabbats[8],
De vieilles au miroir et d'enfants toutes nues,
28 Pour tenter les démons ajustant bien leurs bas ;

Delacroix[9], lac de sang hanté des mauvais anges,
Ombragé par un bois de sapins toujours vert,
Où, sous un ciel chagrin, des fanfares étranges
32 Passent, comme un soupir étouffé de Weber[10] ;

---

1. **Suaire** : drap dans lequel on enveloppe les morts.
2. **Faune** : divinité de la mythologie grecque, mi-homme mi-chèvre, auquel sont associés espièglerie et érotisme.
3. **Goujats** : valets d'armées.
4. **Débile** : malingre, maladif (sens vieilli de nos jours).
5. **Puget** : sculpteur français (1620-1694) qui vécut à Toulon où se trouvait le bagne. On raconte que des forçats lui servirent de modèles lorsqu'il sculpta les *Atlantes* de la porte de l'hôtel de ville de Toulon. Le pathétique et le mouvement marquent ses œuvres *(Milon de Crotone)*.
6. **Watteau** : peintre français (1684-1721) qui exprime l'éphémère des choses dans des effets de lumière diffuse *(L'Embarquement pour Cythère)*.
7. **Goya** : peintre et graveur espagnol (1746-1828). Dans les *Caprices*, il fait la satire des folies de l'humanité dans une atmosphère sombre aux figures grimaçantes.
8. **Sabbat** : le terme désignant le jour de repos consacré à Dieu chez les juifs est, par une interprétation malveillante des chrétiens, devenu synonyme d'assemblée de sorcières nocturne et bruyante.
9. **Delacroix** : peintre français (1798-1863). De sensibilité romantique, il annonce l'impressionnisme et également la peinture « moderne » par les violences de ses tons *(La Barque de Dante, Les massacres de Scio)*.
10. **Weber** : compositeur romantique allemand (1786-1826).

Le musée imaginaire des *Phares* étend à la peinture le système des correspondances baudelairiennes. Quelle est, quel que soit son domaine, la vocation de l'artiste ? Quelle signification peut-on donner à l'art transfigurateur ?

RÉFLÉCHIR

GENRES : la transposition d'art, présence du poète

1. À quel procédé stylistique recourt Baudelaire pour évoquer chacun des
peintres ? À quoi sont assimilés les quatre premiers peintres ? Et Puget ?

2. « Colères, carnaval, cauchemar, lac de sang » : ici, que privilégie Baudelaire ?

3. Ces médaillons sont-ils des descriptions d'œuvres précises ? Qu'essaient-ils
de traduire ? À quel courant pictural s'apparente la technique de Baudelaire ?

4. Relevez dans les médaillons quelques termes ou un thème propres à
Baudelaire. Lesquels de ses poèmes traitent de sujets similaires ?

5. Dans le dernier médaillon (v. 29-32), quels termes, quels procédés métriques permettent le passage d'un tableau pictural à un tableau auditif ? À qui
les peintres et sculpteurs cèdent-ils alors la place ?

STRATÉGIES : la vocation de l'artiste

6. Quel élément, à la fois matériel et symbolique, est lié au terme de *phare* ?
Montrez à travers le poème qu'il est la préoccupation essentielle des peintres. À quel moment du poème devient-il un symbole ? Que représente-t-il
alors ?

7. À quoi renvoie le déterminant démonstratif « ces » des vers 33-34 ? Les
trois dernières strophes du poème n'ont pas été écrites d'emblée. Quelle est,
d'après ces strophes, la fonction de l'art... et de la poésie ?

8. Le critique P.-G. Castex parle à propos du dernier quatrain d'une « métaphore de détresse ». Quelle est la modalité des trois derniers quatrains ?
Relevez, en les différenciant, les procédés de répétition qui donnent un
accent douloureux à ces strophes.

9. Quelles alliances de mots permettent de tempérer ce jugement ? Quelle
tonalité, en définitive, vous paraît dominante ? Justifiez votre réponse.

ÉCRIRE

À la manière de *Phares*, donnez dans un court paragraphe votre vision
personnelle d'un peintre. Vous veillerez à respecter le principe de la transposition d'art dans l'écriture.

Ces malédictions, ces blasphèmes, ces plaintes,
Ces extases, ces cris, ces pleurs, ces *Te Deum*[1],
Sont un écho redit par mille labyrinthes ;
36 C'est pour les cœurs mortels un divin opium !

C'est un cri répété par mille sentinelles,
Un ordre renvoyé par mille porte-voix ;
C'est un phare allumé sur mille citadelles,
40 Un appel de chasseurs perdus dans les grands bois !

Car c'est vraiment, Seigneur, le meilleur témoignage
Que nous puissions donner de notre dignité
Que cet ardent sanglot qui roule d'âge en âge
44 Et vient mourir au bord de votre éternité !

VII. LA MUSE MALADE

Le poète s'examine, à la mode romantique, en dialoguant avec sa Muse sur un ton de pitié un peu railleuse. Les puissances obscures du monde extérieur, ici les troubles de l'âme, sont autant d'obstacles entre le Poète et sa création. Mais la fin du sonnet s'ouvre sur la possible émergence de nouvelles perspectives poétiques.

Ma pauvre muse, hélas ! qu'as-tu donc ce matin ?
Tes yeux creux sont peuplés de visions nocturnes,
Et je vois tour à tour réfléchis sur ton teint
4 La folie et l'horreur, froides et taciturnes.

Le succube[2] verdâtre et le rose lutin
T'ont-ils versé la peur et l'amour de leurs urnes ?
Le cauchemar, d'un poing despotique et mutin,
8 T'a-t-il noyée au fond d'un fabuleux Minturnes[3] ?

---

1. *Te Deum* : premiers mots du cantique *Te Deum laudamus* (« nous te louons, Dieu »), d'où chant de louange.
2. **Succube** : démon femelle qui vient la nuit s'unir à un homme.
3. **Minturnes** : marécage où se réfugia le général romain Marius lors de la guerre civile l'opposant à Sylla, chef de la République romaine (88 av. J.-C.).

Je voudrais qu'exhalant l'odeur de la santé
Ton sein de pensers[1] forts fût toujours fréquenté,
11 Et que ton sang chrétien[2] coulât à flots rythmiques,

Comme les sons nombreux[3] des syllabes antiques,
Où règnent tour à tour le père des chansons,
14 Phœbus[4], et le grand Pan[5], le seigneur des moissons.

VIII. LA MUSE VÉNALE[6]

Ô muse de mon cœur, amante des palais,
Auras-tu, quand Janvier lâchera ses Borées[7],
Durant les noirs ennuis des neigeuses soirées,
4 Un tison[8] pour chauffer tes deux pieds violets ?

Ranimeras-tu donc tes épaules marbrées
Aux nocturnes rayons qui percent les volets ?
Sentant ta bourse à sec autant que ton palais,
8 Récolteras-tu l'or des voûtes azurées ?

Il te faut, pour gagner ton pain de chaque soir,
Comme un enfant de chœur, jouer de l'encensoir[9],
11 Chanter des *Te Deum*[10] auxquels tu ne crois guère,

---

1. **Pensers** : voir p. 28, note 4.
2. Il était considéré par Baudelaire comme beaucoup plus pauvre que le sang païen.
3. **Nombreux** : cadencés, harmonieux.
4. **Phœbus** : autre nom d'Apollon, dieu grec du Soleil et de la Poésie.
5. **Le grand Pan** : dans la mythologie grecque, dieu des bergers et des troupeaux dans lequel les Anciens virent une incarnation de l'Univers, le Tout (*pan* en grec).
6. **Vénale** : qui fait pour de l'argent des choses que la morale réprouve. La femme vénale désigne traditionnellement la prostituée.
7. **Borée** : vent du nord.
8. **Tison** : morceau de bois brûlé en partie.
9. **Encensoir** : petit récipient suspendu à des chaînes dans lequel on brûle l'encens, notamment dans les cérémonies religieuses. Métaphoriquement, « jouer de l'encensoir » veut dire « flatter avec excès ».
10. *Te Deum* : voir p. 35, note 1.

Ce poème de jeunesse évoque, avec d'autres pièces de la même époque, les déboires de Baudelaire pour se faire éditer et pour échapper à la misère. Les pièces qui entourent ce sonnet dans *Les Fleurs du Mal* ont trait aux insuffisances et aux échecs de l'artiste. Qu'en est-il, dans ces conditions, de la Muse, « ce mot auguste », comme dit Verlaine ?

◣ **RÉFLÉCHIR**

REGISTRES ET TONALITÉS : lyrisme et prosaïsme

1. « Pour avoir des souliers elle a vendu son âme », écrit Baudelaire dans un autre poème de jeunesse en parlant d'une fille des rues. Dans les deux quatrains, comment se marque, par le lexique et la structure de la phrase, le décalage constant entre les aspirations du poète et la dure réalité ?

2. Quels différents sens peut-on donner à « palais » (v. 1 et 7), « marbrées » (v. 5) et à « l'or des voûtes azurées » (v. 8) ? Quel effet est ainsi créé ?

THÈMES : la condition du poète dans le monde moderne

3. Quels autres poètes se sont précédemment adressés à leur muse ? dans quelles œuvres ? Le but est-il le même ici ? Quelle relation s'établit ici entre le poète et sa muse ?

4. Quels sont la modalité des phrases et le temps des verbes dans les quatrains ? dans les tercets ? Que marque ce changement ?

5. « [...] gagner ton pain de chaque soir » (v. 9) : quelle expression biblique est évoquée ici ? Quelles autres expressions, dans le tercet, visent la même cible ?

6. Par quelles images, dans les tercets, est rendue l'idée de la dégradation du poète obligé de se vendre ? Qu'est-il obligé de faire pour plaire au public ? Quelle est l'expression qui insiste sur le rôle douloureux qu'il doit jouer ?

◣ **ÉCRIRE**

La Muse répond au poète qu'elle refuse de se vendre. Imaginez son argumentation.

Ou, saltimbanque à jeun, étaler tes appas[1]
Et ton rire trempé de pleurs qu'on ne voit pas,
14 Pour faire épanouir la rate[2] du vulgaire[3].

IX. LE MAUVAIS MOINE

Ce poème de jeunesse, œuvre pessimiste, aux rimes parfois laborieuses, est sans doute inspiré par une fresque du Campo Santo (cimetière) de Pise. Le poète se lamente sur sa paresse et son impuissance engendrant l'angoisse devant le temps qui s'écoule inexorablement.

Les cloîtres anciens sur leurs grandes murailles
Étalaient en tableaux la sainte Vérité,
Dont l'effet, réchauffant les pieuses entrailles,
4 Tempérait la froideur de leur austérité.

En ces temps où du Christ florissaient les semailles[4],
Plus d'un illustre moine, aujourd'hui peu cité,
Prenant pour atelier le champ des funérailles[5],
8 Glorifiait la Mort avec simplicité.

– Mon âme est un tombeau que, mauvais cénobite[6],
Depuis l'éternité je parcours et j'habite ;
11 Rien n'embellit les murs de ce cloître odieux.

Ô moine fainéant ! quand saurai-je donc faire
Du spectacle vivant de ma triste misère
14 Le travail de mes mains et l'amour de mes yeux ?

---

1. **Appas :** voir p. 20, note 5.
2. **Épanouir la rate :** faire rire (expression familière).
3. **Le vulgaire :** la foule (sens souvent péjoratif).
4. C'est-à-dire, par métaphore, l'enseignement évangélique et le nombre des chrétiens.
5. **Le champ des funérailles :** le cimetière.
6. **Cénobite :** religieux vivant en communauté.

X. L'ENNEMI

Asselineau, premier biographe de Baudelaire, a dit que ce sonnet était à lui seul « la clef et la moralité du livre ». À travers le cliché de l'orage, revivifié par les images qui suivent, le poète, comme dans Le Mauvais Moine, *se livre à un bilan : que de forces perdues ! Il doute de ses capacités créatrices mais en même temps espère, au seuil de ce recueil comme dans le poème qui suit, faire naître encore des « fleurs nouvelles ».*

Ma jeunesse ne fut qu'un ténébreux orage,
Traversé çà et là par de brillants soleils ;
Le tonnerre et la pluie ont fait un tel ravage,
4 Qu'il reste en mon jardin bien peu de fruits vermeils.

Voilà que j'ai touché l'automne des idées,
Et qu'il faut employer la pelle et les râteaux
Pour rassembler à neuf les terres inondées,
8 Où l'eau creuse des trous grands comme des tombeaux.

Et qui sait si les fleurs nouvelles que je rêve
Trouveront dans ce sol lavé comme une grève[1]
11 Le mystique[2] aliment qui ferait leur vigueur ?

– Ô douleur ! ô douleur ! Le Temps mange la vie,
Et l'obscur Ennemi qui nous ronge le cœur
14 Du sang que nous perdons croît et se fortifie !

---

1. **Grève :** rivage.
2. **Mystique :** voir p. 25, note 5.

XI. LE GUIGNON[1]

Pour soulever un poids si lourd,
Sisyphe[2], il faudrait ton courage !
Bien qu'on ait du cœur à l'ouvrage,
4 L'Art est long et le Temps est court[3].

Loin des sépultures célèbres,
Vers un cimetière isolé,
Mon cœur, comme un tambour voilé[4],
8 Va battant des marches funèbres.

– Maint joyau dort enseveli
Dans les ténèbres et l'oubli,
11 Bien loin des pioches et des sondes ;

Mainte fleur épanche à regret
Son parfum doux comme un secret
14 Dans les solitudes profondes.

XII. LA VIE ANTÉRIEURE

J'ai longtemps habité sous de vastes portiques
Que les soleils marins teignaient de mille feux,
Et que leurs grands piliers, droits et majestueux,
4 Rendaient pareils, le soir, aux grottes basaltiques[5].

Les houles, en roulant les images des cieux,
Mêlaient d'une façon solennelle et mystique[6]
Les tout-puissants accords de leur riche musique
8 Aux couleurs du couchant reflété par mes yeux.

---

1. **Guignon :** (familier et vieilli) malchance persistante.
2. **Sisyphe :** personnage de la mythologie grecque qui dans les Enfers fut condamné à rouler jusqu'au sommet d'une pente un énorme rocher retombant éternellement.
3. Cette maxime d'Hippocrate (460-377 av. J.-C.) s'appliquait à la médecine.
4. **Voilé :** couvert d'une pièce d'étoffe noire en signe de deuil, lors d'une cérémonie funèbre.
5. Le basalte est une roche volcanique de couleur noire.
6. **Mystique :** voir p. 25, note 5.

LE GUIGNON

SITUER

« Il y a des destinées fatales ; il existe dans la littérature de chaque pays des hommes qui portent le mot *guignon* écrit en caractères mystérieux dans les plis sinueux de leurs fronts » (première grande étude de Baudelaire sur Edgar Poe, in *Revue de Paris*, mars 1852).

RÉFLÉCHIR

STRATÉGIES : réécritures pour une œuvre originale

1. Les vers 3-4 et 7-8 sont la traduction libre d'un poème de Longfellow (1839) qui constitue dans son ensemble un appel au courage actif, une exhortation optimiste. Qu'en est-il ici ? À quoi font allusion les deux premiers vers rajoutés par Baudelaire ?

2. Les tercets sont un emprunt à un poème de Thomas Gray (1751) rendant hommage aux morts sans gloire d'un obscur cimetière de campagne, symbolisés par le joyau et la fleur. Que représentent ces derniers dans le poème de Baudelaire ?

THÈMES : la création artistique

3. En quoi le poème renvoie-t-il à la fois à la relation poète-public et à l'inspiration ?

4. De *L'Artiste inconnu* au *Guignon* : sur quoi insistait le premier titre choisi par Baudelaire ? Quel élargissement permet le second ?

5. Quelle angoisse profonde de Baudelaire l'adage antique du vers 4 traduit-il ? Dans quels autres poèmes retrouve-t-on ce *leitmotiv* ?

6. Un critique commente ainsi le tiret du vers 9 : « seuil que la pensée franchit au moment où elle passe, sans transition apparente, du cercle des réflexions intimes à la méditation générale ». Étudiez les personnes grammaticales des quatrains. Que remarquez-vous dans les tercets ? Quels termes propres à l'imaginaire baudelairien montrent que néanmoins la rêverie universelle est teintée de sentiment personnel ?

ÉCRIRE

Le poète écrit à sa mère : il se plaint d'être en proie à l'angoisse de la création et incompris du public. Vous emploierez un registre de langue courant, en reprenant les thèmes contenus dans le poème.

C'est là que j'ai vécu dans les voluptés calmes,
Au milieu de l'azur, des vagues, des splendeurs
11 Et des esclaves nus, tout imprégnés d'odeurs,

Qui me rafraîchissaient le front avec des palmes,
Et dont l'unique soin était d'approfondir
14 Le secret douloureux qui me faisait languir[1].

XIII. BOHÉMIENS EN VOYAGE

Artistes méconnus et libres, les Bohémiens sont les frères du poète. Une estampe de Callot l'a inspiré, qui portait en légende : « Ces pauvres gueux pleins de bonadventures/ Ne portent rien que des Choses futures. » Dépouillé de toute ironie, le sonnet baudelairien célèbre la grandeur de ceux qui ont accès au mystère.

La tribu prophétique aux prunelles ardentes
Hier s'est mise en route, emportant ses petits
Sur son dos, ou livrant à leurs fiers[2] appétits
4 Le trésor toujours prêt des mamelles pendantes.

Les hommes vont à pied sous leurs armes luisantes
Le long des chariots où les leurs sont blottis,
Promenant sur le ciel des yeux appesantis
8 Par le morne regret des chimères absentes.

Du fond de son réduit sablonneux, le grillon,
1Les regardant passer, redouble sa chanson ;
11 Cybèle[3], qui les aime, augmente ses verdures,

Fait couler le rocher et fleurir le désert[4]
Devant ces voyageurs, pour lesquels est ouvert
14 L'empire familier des ténèbres futures.

---

1. Languir : dépérir (vieilli).
2. Fiers : féroces (vieilli).
3. Cybèle : divinité de la Nature en Asie Mineure, dite « Grande Mère ». Les Bohémiens se considèrent comme les fils de la terre.
4. Moïse, frappant un rocher de son bâton, en fit jaillir l'eau pour abreuver les Juifs pendant la traversée du désert.

LA VIE ANTÉRIEURE

SITUER

Ce poème fait partie de ceux qui chantent l'évasion vers un ailleurs. Celle-ci est-elle fondée sur de simples souvenirs de voyages, sur l'illusion causée par le haschich ou sur « un ressouvenir d'une existence antérieure » (Nerval) ?

RÉFLÉCHIR

STRUCTURE : souvenir ou hallucination ?

1. Analysez le titre, l'emploi de la première personne, du passé composé : quelle orientation donnent-ils au poème ?

2. Dans *Le Poème du haschisch*, Baudelaire parle de « l'accroissement monstrueux [...] de l'espace ». Comment, dans le premier quatrain, les éléments de décor sont-ils agrandis ? Étudiez, dans l'ensemble du poème, les emplois du pluriel.

3. Quels termes des deux tercets pourraient évoquer l'expérience de la drogue ?

4. En quoi peut-on parler aussi, pour ce poème, d'inspiration platonicienne (voir p. 231) ?

THÈMES : « Là, tout n'est qu'ordre et beauté » (p. 94)

5. Quel moment de la journée est évoqué ? Quelle importance revêt ce moment chez Baudelaire ?

6. Toujours dans *Le Poème du haschisch*, « l'harmonie, le balancement des lignes, l'eurythmie dans les mouvements apparaissent au rêveur comme des nécessités » : étudiez avec précision le système des rimes de ce sonnet. Quel est l'intérêt de cette disposition ?

7. Relevez de la même façon les échos sonores à l'intérieur des deux quatrains.

8. « Les sons se revêtent de couleurs, et les couleurs contiennent une musique » (*Le Poème du haschisch*). Commentez dans ce sens le second quatrain. Quels autres poèmes évoquent aussi des synesthésies ?

43

XIV. L'HOMME ET LA MER

Situé juste après Bohémiens en voyage, *ce poème s'y ratta-che par le thème de la liberté. La mer, élément récurrent dans la poésie baudelairienne, n'est pas ici pour l'homme une invitation au voyage, mais un miroir, évoqué dans son sens allégorique*. Par le biais d'analogies où mer et homme sont subtilement mêlés, l'âme humaine et la mer touchent toutes deux à l'infini, mais aussi à la cruauté : le parallélisme se clôt sur un antagonisme entre frères ennemis.*

Homme libre, toujours tu chériras la mer !
La mer est ton miroir ; tu contemples ton âme
Dans le déroulement infini de sa lame,
4 Et ton esprit n'est pas un gouffre moins amer.

Tu te plais à plonger au sein de ton image ;
Tu l'embrasses des yeux et des bras, et ton cœur
Se distrait quelquefois de sa propre rumeur
8 Au bruit de cette plainte indomptable et sauvage.

Vous êtes tous les deux ténébreux et discrets :
Homme, nul n'a sondé le fond de tes abîmes ;
Ô mer, nul ne connaît tes richesses intimes,
12 Tant vous êtes jaloux de garder vos secrets !

Et cependant voilà des siècles innombrables
Que vous vous combattez sans pitié ni remord[1],
Tellement vous aimez le carnage et la mort,
16 Ô lutteurs éternels, ô frères implacables !

---

1. **Remord :** licence orthographique pour *remords*, permettant une rime régulière.

44

XV. DON JUAN AUX ENFERS

Quand Don Juan descendit vers l'onde souterraine
Et lorsqu'il eut donné son obole à Charon[1],
Un sombre mendiant[2], l'œil fier comme Antisthène[3],
4 D'un bras vengeur et fort saisit chaque aviron.

Montrant leurs seins pendants et leurs robes ouvertes,
Des femmes se tordaient sous le noir firmament,
Et, comme un grand troupeau de victimes offertes,
8 Derrière lui traînaient un long mugissement.

Sganarelle en riant lui réclamait ses gages[4],
Tandis que Don Luis[5] avec un doigt tremblant
Montrait à tous les morts errant sur les rivages
12 Le fils audacieux qui railla son front blanc.

Frissonnant sous son deuil, la chaste et maigre Elvire[6],
Près de l'époux perfide et qui fut son amant[7],
Semblait lui réclamer un suprême sourire
16 Où brillât la douceur de son premier serment.

Tout droit dans son armure, un grand homme de pierre[8]
Se tenait à la barre et coupait le flot noir ;
Mais le calme héros, courbé sur sa rapière[9],
20 Regardait le sillage et ne daignait rien voir.

---

1. Dans la mythologie grecque, Charon fait passer aux morts le Styx, fleuve
   des Enfers, pour une obole (la plus petite pièce de monnaie).
2. **Un sombre mendiant :** le pauvre que Dom Juan, dans la pièce de
   Molière, veut faire blasphémer en échange d'une aumône (III, 2).
3. **Antisthène :** fondateur de la secte des cyniques (Vᵉ siècle avant J.-C.)
   pour qui la vertu réside dans le mépris des richesses.
4. Allusion aux derniers mots de la pièce de Molière, lorsque le valet réclame
   en vain ses gages à l'endroit où son maître a disparu.
5. Dom Juan a fait preuve d'insolence envers son père Dom Louis au
   moment où celui-ci le blâmait de son inconduite (IV, 4).
6. **Elvire :** femme de Dom Juan, abandonnée par lui.
7. **Son amant :** au sens classique, personne qui aime et qui est aimée.
8. La statue du commandeur qui châtie Dom Juan de son « endurcissement
   au péché ».
9. **Rapière :** épée longue et effilée.

▰ SITUER

Cette œuvre de jeunesse est la deuxième publiée. Plutôt que libertin, comme chez Molière, Don Juan a le cynisme du héros de Byron *(Don Juan)* et de Hoffmann *(Fantaisies à la manière de Callot)*. N'est-ce pas là un aspect suprême de la révolte et, par conséquent, de la liberté ?

▰ RÉFLÉCHIR

STRATÉGIES : Baudelaire peintre

1. Dans une lithographie perdue, Guérin, peintre contemporain dont Baudelaire s'inspire, a situé Don Juan aux Enfers et non pas en Enfer. Quelle différence faites-vous entre les deux ?

2. Justifiez l'emploi prédominant de l'imparfait.

3. Quelle place le paysage occupe-t-il ? Quel est l'effet produit ?

4. Justifiez l'ordre d'apparition des personnages et leur disposition dans l'espace.

5. Quels termes donnent au poème son éclairage funèbre ?

PERSONNAGES : les dupes, les victimes et l'impénitent

6. Pourquoi Baudelaire enlaidit-il les conquêtes de Don Juan ? Quelle image de la femme veut-il donner ? (voir p. 246)

7. Le Don Juan de Guérin, « drapé dans son manteau », était en proie au remords. En quoi l'attitude physique du Don Juan de Baudelaire suggère-t-elle une autre attitude morale ?

8. Le titre de l'édition pré-originale était *L'Impénitent*. Que signifie ce terme ? Baudelaire blâme-t-il cet état d'esprit ?

▰ ÉCRIRE

Imaginez un court article de journal dans lequel Baudelaire se justifierait d'avoir donné à Don Juan une attitude de « dandy moral » (voir p. 246).

XVI. CHÂTIMENT DE L'ORGUEIL

Si le poème se fonde sur une anecdote édifiante du Moyen Âge rapportée par Michelet, la tentation de l'orgueil est aussi celle des « dandys moraux » que sont Don Juan... ou le poète.

En ces temps merveilleux où la Théologie[1]
Fleurit avec le plus de sève et d'énergie,
On raconte qu'un jour un docteur des plus grands,
– Après avoir forcé[2] les cœurs indifférents ;
5 Les avoir remués dans leurs profondeurs noires ;
Après avoir franchi vers les célestes gloires
Des chemins singuliers à lui-même inconnus,
Où les purs Esprits seuls peut-être étaient venus, –
Comme un homme monté trop haut, pris de panique,
10 S'écria, transporté d'un orgueil satanique :
« Jésus, petit Jésus ! je t'ai poussé bien haut !
Mais, si j'avais voulu t'attaquer au défaut
De l'armure, ta honte égalerait ta gloire,
Et tu ne serais plus qu'un fœtus dérisoire ! »

15 Immédiatement sa raison s'en alla.
L'éclat de ce soleil d'un crêpe[3] se voila ;
Tout le chaos roula dans cette intelligence,
Temple autrefois vivant, plein d'ordre et d'opulence,
Sous les plafonds duquel tant de pompe[4] avait lui.
20 Le silence et la nuit s'installèrent en lui,
Comme dans un caveau dont la clef est perdue.
Dès lors il fut semblable aux bêtes de la rue,
Et, quand il s'en allait sans rien voir, à travers
Les champs, sans distinguer les étés des hivers,
25 Sale, inutile et laid comme une chose usée,
Il faisait des enfants la joie et la risée.

---

1. Théologie : étude des questions religieuses fondée sur les textes sacrés.
2. Forcé : pénétré de force.
3. Crêpe : morceau de tissu noir utilisé en signe de deuil.
4. Pompe : luxe, splendeur.

XVII. LA BEAUTÉ

Plutôt qu'un article de foi de l'esthétique parnassienne,
exempte de toute passion – qui serait contredit par* l'Hymne à
la Beauté *et par toute la poésie de Baudelaire – ou un
hommage au « rôle divin de la sculpture », on peut voir ici,
comme le critique Antoine Fongaro, l'expression de la douleur
et de la damnation du poète fasciné par l'inaccessible Beauté,
cette femme à la froideur cruelle de statue.*

Je suis belle, ô mortels ! comme un rêve de pierre,
Et mon sein, où chacun s'est meurtri tour à tour,
Est fait pour inspirer au poète un amour
4 Éternel et muet ainsi que la matière.

Je trône dans l'azur comme un sphinx incompris ;
J'unis un cœur de neige à la blancheur des cygnes ;
Je hais le mouvement qui déplace les lignes,
8 Et jamais je ne pleure et jamais je ne ris.

Les poètes, devant mes grandes attitudes,
Que j'ai l'air d'emprunter aux plus fiers monuments,
11 Consumeront leurs jours en d'austères études ;

Car j'ai, pour fasciner ces dociles amants,
De purs miroirs qui font toutes choses plus belles :
14 Mes yeux, mes larges yeux aux clartés éternelles !

XVIII. L'IDÉAL

Ce ne seront jamais ces beautés de vignettes[1],
Produits avariés, nés d'un siècle vaurien,
Ces pieds à brodequins[2], ces doigts à castagnettes,
4 Qui sauront satisfaire un cœur comme le mien.

---

1. **Beautés de vignettes :** visages de femmes un peu mièvres, comme ceux qui ornaient le médaillon central de la page de garde de certains livres.
2. **Brodequins :** à cette époque, bottines à l'usage des femmes et des enfants.

SITUER

« Je crois que la dimension n'est pas une considération sans importance aux yeux de la Muse », écrit Baudelaire dans le *Salon* de 1859. C'est dans cet esprit que ce sonnet trouve sa place entre *La Beauté* et *La Géante*, pour préciser encore les conceptions esthétiques de Baudelaire.

RÉFLÉCHIR

THÈMES : le choix du sujet dans l'art

1. Quel type de femme le poète méprise-t-il dans les quatrains ? Quels termes, quelles tournures syntaxiques sont péjoratifs ?

2. Les femmes apparaissent-elles ici comme des êtres vivants ? De quel Idéal s'agit-il donc ici ?

3. Comment se justifient, à votre avis, les apostrophes, le vouvoiement et le tutoiement dans les tercets ? Quels aspects des deux héroïnes séduisent le poète ?

STRUCTURE : vers quel idéal ?

4. Caractérisez la double tonalité des quatrains. Comment est ménagée la transition avec les tercets ?

5. Quel est le double sens de « pâles roses » ? Qu'est-ce qui, dans l'entourage de l'expression, permet cette ambiguïté ? Quel est son intérêt ?

6. Étudiez le système des rimes (sonorités, disposition, signification) : en quoi organise-t-il le poème ?

7. Quels sont les différents domaines artistiques évoqués dans le poème ? Quel autre poème présente les goûts artistiques du poète ? Quelles similitudes voyez-vous entre l'Idéal du poète en matière de beaux-arts et dans son œuvre personnelle ?

ÉCRIRE

Après vous être documenté sur l'idéal romantique, faites le portrait élogieux d'une beauté romantique.

Je laisse à Gavarni[1], poète des chloroses[2],
Son troupeau gazouillant de beautés d'hôpital,
Car je ne puis trouver parmi ces pâles roses
8 Une fleur qui ressemble à mon rouge idéal.

Ce qu'il faut à ce cœur profond comme un abîme,
C'est vous, Lady Macbeth[3], âme puissante au crime,
11 Rêve d'Eschyle[4] éclos au climat des autans[5],

Ou bien toi, grande Nuit[6], fille de Michel-Ange,
Qui tors[7] paisiblement dans une pose étrange
14 Tes appas[8] façonnés aux bouches des Titans.

XIX. LA GÉANTE

Dans ce sonnet, où apparaît une autre figuration de la Beauté, le rapport entre l'homme et la femme est renversé : le chat, ailleurs si semblable à la femme, s'identifie au poète, tandis que la géante se transforme graduellement en paysage. Quant à la Nature, par sa « verve », elle est sœur du poète, lui aussi créateur de monstres.

1. **Gavarni** : dessinateur du XIXe siècle, qui « flatte souvent au lieu de mordre », peu apprécié de Baudelaire qui lui préférait Daumier.
2. **Chlorose** : forme d'anémie caractérisée par la pâleur verdâtre de la peau, appelée anciennement « les pâles couleurs ».
3. Dans le drame de Shakespeare, *Macbeth*, Lady Macbeth pousse son mari, pour qu'il devienne roi, à assassiner le roi Duncan. C'est aussi le sujet d'un tableau de Delacroix, propriété de Théophile Gautier.
4. **Eschyle** : le père de la tragédie grecque (Ve siècle av. J.-C.). Ses personnages sont agités par de violentes passions et par la démesure.
5. **Autan** : vent fort du Midi ; en poésie, il signifie « vent violent » (Littré). Le *climat des autans* désigne ici par périphrase le pays de Shakespeare.
6. Allusion à la statue de Michel-Ange ornant à Florence le tombeau de Julien de Médicis. Dans la mythologie, la Nuit est mère des Titans.
7. Claude Pichois, dans l'édition de la Pléiade, donne deux explications pour *tors* : soit une graphie ancienne, soit une correction trop hâtive de « dors » (édition de 1851).
8. **Appas** : voir p. 20, note 5 ; ils désignent ici les seins de la statue.

Du temps que la Nature en sa verve[1] puissante
Concevait chaque jour des enfants monstrueux,
J'eusse aimé vivre auprès d'une jeune géante,
4 Comme aux pieds d'une reine un chat voluptueux.

J'eusse aimé voir son corps fleurir avec son âme
Et grandir librement dans ses terribles jeux ;
Deviner si son cœur couve une sombre flamme
8 Aux humides brouillards qui nagent dans ses yeux ;

Parcourir à loisir ses magnifiques formes ;
Ramper sur le versant de ses genoux énormes,
11 Et parfois en été, quand les soleils malsains,

Lasse, la font s'étendre à travers la campagne,
Dormir nonchalamment à l'ombre de ses seins,
14 Comme un hameau paisible au pied d'une montagne.

XX. LE MASQUE

Ce poème, dont le modèle est une statue du sculpteur Christophe que Baudelaire commenta dans le Salon de 1859, *apparaît comme un drame en plusieurs actes, construit sur l'effet de surprise : la douleur est l'envers de la beauté, puisque celle-ci est humaine, et la plus grande des souffrances réside dans le poids écrasant de la vie qui n'en finit pas.*

STATUE ALLÉGORIQUE
DANS LE GOÛT DE LA RENAISSANCE

À Ernest Christophe, statuaire.

Contemplons ce trésor de grâces florentines ;
Dans l'ondulation de ce corps musculeux
L'Élégance et la Force abondent, sœurs divines.
Cette femme, morceau vraiment miraculeux,
5 Divinement robuste, adorablement mince,
Est faite pour trôner sur des lits somptueux,
Et charmer les loisirs d'un pontife[2] ou d'un prince.

---

1. Verve : fantaisie créatrice (vieilli).
2. Pontife : haut dignitaire religieux.

– Aussi, vois ce souris[1] fin et voluptueux
Où la Fatuité[2] promène son extase ;
10 Ce long regard sournois, langoureux et moqueur ;
Ce visage mignard[3], tout encadré de gaze,
Dont chaque trait nous dit avec un air vainqueur :
« La Volupté m'appelle et l'Amour me couronne ! »
À cet être doué de tant de majesté
15 Vois quel charme excitant la gentillesse donne !
Approchons, et tournons autour de sa beauté.

Ô blasphème de l'art ! ô surprise fatale !
La femme au corps divin, promettant le bonheur,
Par le haut se termine en monstre bicéphale[4] !

20 – Mais non ! ce n'est qu'un masque, un décor suborneur[5],
Ce visage éclairé d'une exquise grimace,
Et, regarde, voici, crispée atrocement,
La véritable tête, et la sincère face
Renversée à l'abri de la face qui ment.
25 Pauvre grande beauté ! le magnifique fleuve
De tes pleurs aboutit dans mon cœur soucieux ;
Ton mensonge m'enivre, et mon âme s'abreuve
Aux flots que la Douleur fait jaillir de tes yeux !

– Mais pourquoi pleure-t-elle ? Elle, beauté parfaite
30 Qui mettrait à ses pieds le genre humain vaincu,
Quel mal mystérieux ronge son flanc d'athlète ?

– Elle pleure, insensé, parce qu'elle a vécu !
Et parce qu'elle vit ! Mais ce qu'elle déplore
Surtout, ce qui la fait frémir jusqu'aux genoux,
35 C'est que demain, hélas ! il faudra vivre encore !
Demain, après-demain et toujours ! – comme nous !

---

1. **Souris :** voir p. 32, note 4.
2. **Fatuité :** vanité.
3. **Mignard :** qui a une grâce délicate.
4. **Bicéphale :** qui possède deux têtes.
5. **Suborneur :** trompeur.

XXI. HYMNE À LA BEAUTÉ

Viens-tu du ciel profond ou sors-tu de l'abîme,
Ô Beauté ? ton regard, infernal et divin,
Verse confusément le bienfait et le crime,
4 Et l'on peut pour cela te comparer au vin.

Tu contiens dans ton œil le couchant et l'aurore ;
Tu répands des parfums comme un soir orageux ;
Tes baisers sont un philtre et ta bouche une amphore
8 Qui font le héros lâche et l'enfant courageux.

Sors-tu du gouffre noir ou descends-tu des astres ?
Le Destin charmé[1] suit tes jupons comme un chien ;
Tu sèmes au hasard la joie et les désastres,
12 Et tu gouvernes tout et ne réponds de rien.

Tu marches sur des morts, Beauté, dont tu te moques ;
De tes bijoux l'Horreur n'est pas le moins charmant,
Et le Meurtre, parmi tes plus chères breloques,
16 Sur ton ventre orgueilleux danse amoureusement.

L'éphémère[2] ébloui vole vers toi, chandelle,
Crépite, flambe et dit : Bénissons ce flambeau !
L'amoureux pantelant incliné sur sa belle
20 A l'air d'un moribond caressant son tombeau.

Que tu viennes du ciel ou de l'enfer, qu'importe,
Ô Beauté ! monstre énorme, effrayant, ingénu !
Si ton œil, ton souris[3], ton pied, m'ouvrent la porte
24 D'un Infini que j'aime et n'ai jamais connu ?

De Satan ou de Dieu, qu'importe ? Ange ou Sirène[4],
Qu'importe, si tu rends, – fée aux yeux de velours,
Rythme, parfum, lueur, ô mon unique reine ! –
28 L'univers moins hideux et les instants moins lourds ?

---

1. **Charmé** : au sens fort d'envoûté.
2. **Éphémère** : insecte qui ne vit que quelques heures.
3. **Souris** : voir p. 32, note 4.
4. **Sirènes** : monstres, de la mythologie grecque, à tête de femme qui par leurs chants merveilleux causaient la perte des marins et de leurs navires.

SITUER

Ce poème fait partie d'un « cycle de la beauté ». Il approfondit un thème abordé dans les poèmes précédents : ici il s'agit de définir l'essence même de la Beauté.

RÉFLÉCHIR

THÈMES : la Beauté, un être double
1. À quoi la beauté est-elle assimilée ? Par quels procédés ? Quelles autres abstractions sont représentées de la même façon dans le poème ?
2. Quelles caractéristiques antithétiques la Beauté possède-t-elle ? Quels procédés stylistiques (constructions syntaxiques, structure du vers et de la strophe*, etc.) mettent en relief ces aspects contradictoires ?
3. Relisez le vers 22 : quels aspects récurrents de la Beauté selon Baudelaire retrouve-t-on ici ? Quelles autres figures féminines des *Fleurs du Mal* ce vers vous rappelle-t-il ? Quelles sont leurs caractéristiques ?

STRATÉGIES : fonction de la Beauté
4. Quels détails montrent le pouvoir de séduction de la Beauté ?
5. Quelle réponse les deux dernières strophes apportent-elles à la question de la première strophe ? Et aux dernières strophes de l'adresse *Au lecteur* qui ouvre le recueil ?
6. Pourquoi pourrait-on hésiter à appeler ce poème un hymne ? Pourquoi en est-il cependant un ?
7. En quoi ce poème peut-il être mis en relation avec le titre du recueil ?

XXII. PARFUM EXOTIQUE

« Bien souvent on a l'impression qu'il "respire" les femmes plutôt qu'il ne fait l'amour avec elles. Mais les parfums ont pour lui, en outre, ce pouvoir particulier, tout en se donnant sans réserves, d'évoquer un au-delà inaccessible. [...] Il y a en eux quelque chose d'insatisfait qui se fond avec le désir qu'a Baudelaire d'être perpétuellement ailleurs. » (Jean-Paul Sartre).

Quand, les deux yeux fermés, en un soir chaud d'automne,
Je respire l'odeur de ton sein chaleureux,
Je vois se dérouler des rivages heureux
4 Qu'éblouissent les feux d'un soleil monotone ;

Une île paresseuse où la nature donne
Des arbres singuliers et des fruits savoureux ;
Des hommes dont le corps est mince et vigoureux,
8 Et des femmes dont l'œil par sa franchise étonne.

Guidé par ton odeur vers de charmants climats,
Je vois un port rempli de voiles et de mâts
11 Encor tout fatigués par la vague marine,

Pendant que le parfum des verts tamariniers[1],
Qui circule dans l'air et m'enfle la narine,
14 Se mêle dans mon âme au chant des mariniers.

XXIII. LA CHEVELURE

Ô toison, moutonnant jusque sur l'encolure !
Ô boucles ! Ô parfum chargé de nonchaloir[2] !
Extase ! Pour peupler ce soir l'alcôve[3] obscure
Des souvenirs dormant dans cette chevelure,
5 Je la veux agiter dans l'air comme un mouchoir !

---

1. Tamariniers : grands arbres exotiques à fleurs.
2. Nonchaloir : mot inusité après le XVIe siècle, repris par les poètes du XIXe, synonyme de « nonchalance ».
3. Alcôve : enfoncement ménagé dans une chambre pour un lit.

La langoureuse Asie et la brûlante Afrique,
Tout un monde lointain, absent, presque défunt,
Vit dans tes profondeurs, forêt aromatique !
Comme d'autres esprits voguent sur la musique,
10 Le mien, ô mon amour ! nage[1] sur ton parfum.

J'irai là-bas où l'arbre et l'homme, pleins de sève,
Se pâment longuement sous l'ardeur des climats ;
Fortes tresses, soyez la houle qui m'enlève !
Tu contiens, mer d'ébène, un éblouissant rêve
15 De voiles, de rameurs, de flammes[2] et de mâts :

Un port retentissant où mon âme peut boire
À grands flots le parfum, le son et la couleur ;
Où les vaisseaux, glissant dans l'or et dans la moire[3],
Ouvrent leurs vastes bras pour embrasser la gloire[4]
20 D'un ciel pur où frémit l'éternelle chaleur.

Je plongerai ma tête amoureuse d'ivresse
Dans ce noir océan où l'autre[5] est enfermé ;
Et mon esprit subtil que le roulis caresse
Saura vous retrouver, ô féconde paresse,
25 Infinis bercements du loisir embaumé !

Cheveux bleus, pavillon[6] de ténèbres tendues,
Vous me rendez[7] l'azur du ciel immense et rond ;
Sur les bords duvetés de vos mèches tordues
Je m'enivre ardemment des senteurs confondues
30 De l'huile de coco, du musc[8] et du goudron[9].

---

1. **Nage :** navigue (sens vieilli).
2. **Flammes :** bannières (*cf.* oriflammes).
3. **Moire :** tissu qui présente des reflets chatoyants.
4. **Gloire :** terme technique désignant en peinture la large auréole qui entoure le Christ.
5. Où l'autre océan, l'océan réel, est enfermé.
6. **Pavillon :** l'hésitation est possible sur le sens, drapeau ou tente. Mais plusieurs fois chez Gautier apparaît l'image de la chevelure-tente.
7. Vous me redonnez.
8. **Musc :** voir p. 29, note 2.
9. Utilisé pour enduire les carènes et les cordages des navires.

▰ SITUER

Le thème de la chevelure, déjà présent dans *Parfum exotique*, a inspiré de nombreux poètes, de Théophile de Viau à Gautier. Mais l'extase voluptueuse devient chez Baudelaire une « invitation au voyage » : il y a « Un hémisphère dans une chevelure » *(Le Spleen de Paris)*.

▰ RÉFLÉCHIR

GENRES : images poétiques et sensualité

1. Quels termes permettent de se représenter vraiment la chevelure féminine ? Quels termes la suggèrent ? Quelle est la caractéristique principale de cette chevelure ?

2. Quelles autres sensations la sensation olfactive engendre-t-elle ? Étudiez plus précisément leur association dans les strophes 4, 5 et 6.

3. D'après le vers 1, dites à quel aspect de la femme le poète est sensible. Quel autre terme, à la fin du poème, revient sur cet aspect ?

THÈMES : le voyage immobile

4. Qu'est-ce qui, dans la chevelure, suscite le souvenir ? Dans quels autres poèmes le souvenir naît-il de la même façon ?

5. Pourquoi peut-on parler ici d'« un hémisphère dans une chevelure » ?

6. Quels termes, quels rythmes suggèrent le mouvement ?

7. Comment s'organise dans le poème la relation entre le clos et l'ouvert ?

REGISTRES ET TONALITÉS : l'éloge, du blason à l'hymne

8. À qui s'adresse principalement le poète ? Quel changement remarquez-vous dans la dernière strophe ? En quoi ce poème est-il donc un blason* ?

9. Quelle modalité est très présente dans le poème ? Que suggère la modalité interrogative placée en fin de poème ? Comparez avec la fin de l'*Hymne à la Beauté*.

▰ ÉCRIRE

À la manière de Baudelaire, évoquez, dans un poème en vers ou en prose, « Un univers dans un regard ».

Longtemps ! toujours ! ma main dans ta crinière lourde
Sèmera le rubis, la perle et le saphir,
Afin qu'à mon désir tu ne sois jamais sourde !
N'es-tu pas l'oasis où je rêve, et la gourde
35 Où je hume à longs traits le vin du souvenir ?

XXIV

Le poète s'adresse-t-il ici à la femme ou à la lune ? Les méta-phores laudatives de la première partie font place aux images crues dans la seconde : dans ce poème apparaît toute l'inspira-tion baroque (voir p. 233) de Baudelaire.

Je t'adore à l'égal de la voûte nocturne,
Ô vase de tristesse, ô grande taciturne[1],
Et t'aime d'autant plus, belle, que tu me fuis,
Et que tu me parais, ornement de mes nuits,
5 Plus ironiquement accumuler les lieues
Qui séparent mes bras des immensités bleues.

Je m'avance à l'attaque, et je grimpe aux assauts,
Comme après un cadavre un chœur de vermisseaux,
Et je chéris, ô bête implacable et cruelle !
10 Jusqu'à cette froideur par où tu m'es plus belle !

---

1. **Taciturne :** qui a une nature silencieuse.

XXV

Dans ce poème de jeunesse, inspiré, selon certains critiques, par Louchette, une petite prostituée ou déjà par Jeanne selon d'autres, et qui s'inscrit dans la suite des pièces consacrées à l'amour charnel, apparaît déjà le lien entre le mal et la création poétique : la femme est cruelle, pleine d'artifice, démon et vampire, mais elle est un adjuvant nécessaire pour l'artiste. Ainsi, en lui, le désir se mêle à l'horreur.

Tu mettrais l'univers entier dans ta ruelle[1],
Femme impure ! L'ennui rend ton âme cruelle.
Pour exercer tes dents à ce jeu singulier,
Il te faut chaque jour un cœur au râtelier[2].
5 Tes yeux, illuminés ainsi que des boutiques
Et des ifs flamboyants[3] dans les fêtes publiques,
Usent insolemment d'un pouvoir emprunté,
Sans connaître jamais la loi de leur beauté.

Machine aveugle et sourde, en cruautés féconde !
10 Salutaire instrument, buveur du sang du monde,
Comment n'as-tu pas honte et comment n'as-tu pas
Devant tous les miroirs vu pâlir tes appas[4] ?
La grandeur de ce mal où tu te crois savante
Ne t'a donc jamais fait reculer d'épouvante,
15 Quand la nature, grande en ses desseins cachés,
De toi se sert, ô femme, ô reine des péchés,
– De toi, vil animal, – pour pétrir un génie ?

Ô fangeuse[5] grandeur ! sublime ignominie[6] !

---

1. **Ruelle :** espace libre entre un lit et le mur, et, par métonymie,* alcôve, chambre à coucher. Peut-être y a-t-il référence à un univers de libertinage.
2. **Râtelier :** dans l'étable, support contenant le fourrage du bétail. Ici c'est le cœur qui joue le rôle de nourriture pour le « vil animal » (v. 17).
3. **Ifs flamboyants :** arbres décorés de guirlandes ou de bougies.
4. **Appas :** voir p. 20, note 5.
5. **Fangeuse :** pleine de boue, d'où abjecte.
6. **Ignominie :** honte, infamie.

XXVI. SED NON SATIATA

Les nombreux mots rares contribuent à rendre étrange cette Vénus noire, inspirée peut-être par Jeanne Duval, mais aussi thème fréquent de la poésie baroque. Telle l'impératrice romaine Messaline qu'évoque la citation du titre, elle apparaît ici comme la femme lubrique entre toutes.

Bizarre déité[1], brune comme les nuits,
Au parfum mélangé de musc et de havane[2],
Œuvre de quelque obi[3], le Faust[4] de la savane,
4 Sorcière au flanc d'ébène, enfant des noirs minuits,

Je préfère au constance, à l'opium, au nuits[5],
L'élixir de ta bouche où l'amour se pavane[6] ;
Quand vers toi mes désirs partent en caravane,
8 Tes yeux sont la citerne où boivent mes ennuis.

Par ces deux grands yeux noirs, soupiraux de ton âme,
Ô démon sans pitié ! verse-moi moins de flamme ;
11 Je ne suis pas le Styx[7] pour t'embrasser neuf fois,

Hélas ! et je ne puis, Mégère[8] libertine,
Pour briser ton courage et te mettre aux abois,
14 Dans l'enfer de ton lit devenir Proserpine[9] !

---

1. **Déité** : déesse.
2. **Musc, havane** : parfum capiteux ; tabac.
3. **Obi** : sorcier.
4. **Faust** : personnage légendaire qui vendit son âme au diable contre des pouvoirs d'alchimiste et une éternelle jeunesse.
5. **Constance, nuits** : vin de Constance, récolté en Afrique du Sud, et cru de Bourgogne (nuits-saint-georges).
6. **Se pavane** : marche fièrement.
7. **Styx** : fleuve de la mythologie grecque qui fait neuf fois le tour des Enfers.
8. **Mégère** : une des trois Furies, divinités infernales latines qui frappent de folie leurs victimes.
9. **Proserpine** : reine des Enfers.

XXVII

La femme est un « serpent » qui danse, mais elle appartient aussi au monde minéral. Ambiguïté de celle qui apparaît à la fois comme un être stérile et une image de la beauté.

Avec ses vêtements ondoyants et nacrés,
Même quand elle marche on croirait qu'elle danse,
Comme ces longs serpents que les jongleurs sacrés
4 Au bout de leurs bâtons agitent en cadence.

Comme le sable morne et l'azur des déserts,
Insensibles tous deux à l'humaine souffrance,
Comme les longs réseaux de la houle des mers,
8 Elle se développe avec indifférence.

Ses yeux polis sont faits de minéraux charmants,
Et dans cette nature étrange et symbolique
11 Où l'ange inviolé se mêle au sphinx antique,

Où tout n'est qu'or, acier, lumière et diamants,
Resplendit à jamais, comme un astre inutile,
14 La froide majesté de la femme stérile.

XXVIII. LE SERPENT QUI DANSE

Dans une sorte de poème blason au rythme ondulant, et à travers un « jeu d'images contrariées », est encore célébré ici le charme du corps féminin et de son mouvement. Serpent, mer, navire ou vin, la femme est dangereuse mais elle est invitation au voyage, exotisme et ivresse.

Que j'aime voir, chère indolente,
    De ton corps si beau,
Comme une étoffe vacillante[1],
4   Miroiter la peau !

---

1. **Vacillante** : Claude Pichois, dans l'édition de la Pléiade, indique que dans l'édition de 1868 apparaît « comme une étoile vacillante ». Il en conclut à une faute typographique.

Sur ta chevelure profonde
    Aux âcres parfums,
Mer odorante et vagabonde
8   Aux flots bleus et bruns,

Comme un navire qui s'éveille
    Au vent du matin,
Mon âme rêveuse appareille
12   Pour un ciel lointain.

Tes yeux, où rien ne se révèle
    De doux ni d'amer,
Sont deux bijoux froids où se mêle
16   L'or avec le fer.

À te voir marcher en cadence,
    Belle d'abandon,
On dirait un serpent qui danse
20   Au bout d'un bâton.

Sous le fardeau de ta paresse
    Ta tête d'enfant
Se balance avec la mollesse
24   D'un jeune éléphant,

Et ton corps se penche et s'allonge
    Comme un fin vaisseau
Qui roule bord sur bord et plonge
28   Ses vergues[1] dans l'eau.

Comme un flot grossi par la fonte
    Des glaciers grondants,
Quand l'eau de ta bouche remonte
32   Au bord de tes dents,

Je crois boire un vin de Bohême,
    Amer et vainqueur,
Un ciel liquide qui parsème
36   D'étoiles mon cœur !

----

1. Vergue : longue pièce de bois placée horizontalement sur un mât et destinée à soutenir la voile.

XXIX. UNE CHAROGNE

Rappelez-vous l'objet que nous vîmes, mon âme,
    Ce beau matin d'été si doux :
Au détour d'un sentier une charogne infâme
4   Sur un lit semé de cailloux,

Les jambes en l'air, comme une femme lubrique[1],
    Brûlante et suant les poisons,
Ouvrait d'une façon nonchalante et cynique
8   Son ventre plein d'exhalaisons.

Le soleil rayonnait sur cette pourriture,
    Comme afin de la cuire à point,
Et de rendre au centuple à la grande Nature
12   Tout ce qu'ensemble elle avait joint ;

Et le ciel regardait la carcasse superbe
    Comme une fleur s'épanouir.
La puanteur était si forte, que sur l'herbe
16   Vous crûtes vous évanouir.

Les mouches bourdonnaient sur ce ventre putride[2],
    D'où sortaient de noirs bataillons
De larves, qui coulaient comme un épais liquide
20   Le long de ces vivants haillons.

Tout cela descendait, montait comme une vague,
    Ou s'élançait en pétillant ;
On eût dit que le corps, enflé d'un souffle vague,
24   Vivait en se multipliant.

Et ce monde rendait une étrange musique,
    Comme l'eau courante et le vent,
Ou le grain qu'un vanneur d'un mouvement rythmique
28   Agite et tourne dans son van[3].

---

1. Lubrique : qui a un penchant effréné pour une sensualité bestiale.
2. Putride : qui est en décomposition.
3. Van : sorte de panier plat qui servait au vanneur pour nettoyer le grain.

SITUER

« Toute forme, créée par l'homme, est immortelle. Car la forme est indépen-
dante de la matière. » (*Mon cœur mis à nu*, XLIII, 79.)

« C'est un des privilèges prodigieux de l'Art que l'horrible artistement exprimé
devienne beauté. » (*Première étude sur Théophile Gautier* dans *L'Art romantique*.).

Ce poème apparaît comme une mise en œuvre de ces réflexions.

RÉFLÉCHIR

STRUCTURE : une esthétique de la provocation

1. Étudiez le rapport entre la structure de la phrase, du vers et de la strophe
dans les strophes 1 à 5. En quoi la mise en scène de la charogne est-elle
saisissante ? Comparez avec la structure d'*Un Voyage à Cythère* (p. 178).

2. Que marque le tiret du vers 37 ? Sur quelles oppositions de lexique
s'organisent les strophes 10 à 12 ?

3. À l'issue de ces réflexions, dégagez la composition du poème.

GENRES : un poème galant ?

4. À qui s'adresse le poète ? De quels poèmes de Ronsard pouvez-vous
rapprocher ce poème, du point de vue de l'énonciation* et du thème ?

5. Le sens du spectacle vu par le poète en compagnie de la femme aimée
est-il le même chez Ronsard et chez Baudelaire ? Sur quelle impression
reste-t-on avec le vers final ?

THÈMES : la beauté de l'horrible et la fonction du poète

6. Relevez les procédés (images, oxymores*, etc.) qui donnent de la beauté
à ce spectacle horrible.

7. À quel thème antithétique est liée l'idée de mort dans les strophes 4 à 6 ?
Étudiez dans ce sens le lexique, les figures de style, les comparaisons. Quel
sens la mort prend-elle ?

8. Le vers 29 et le vers 47 sont-ils en contradiction ? Pourquoi ? En quoi
peut-on parler ici d'inspiration platonicienne (voir p. 231) ?

Les formes s'effaçaient et n'étaient plus qu'un rêve,
      Une ébauche lente à venir,
Sur la toile oubliée, et que l'artiste achève
32   Seulement par le souvenir.

Derrière les rochers une chienne inquiète
      Nous regardait d'un œil fâché,
Épiant le moment de reprendre au squelette
36   Le morceau qu'elle avait lâché.

– Et pourtant vous serez semblable à cette ordure,
      À cette horrible infection,
Étoile de mes yeux, soleil de ma nature,
40   Vous, mon ange et ma passion !

Oui ! telle vous serez, ô la reine des grâces,
      Après les derniers sacrements,
Quand vous irez, sous l'herbe et les floraisons grasses,
44   Moisir parmi les ossements.

Alors, ô ma beauté ! dites à la vermine
      Qui vous mangera de baisers,
Que j'ai gardé la forme et l'essence divine
48   De mes amours décomposés !

XXX. DE PROFUNDIS CLAMAVI

Le titre renvoie au début du psaume CXXIX (« Du fond de l'abîme, j'ai crié… » Bible, livre des Psaumes) associé par l'Église aux liturgies des défunts et au repentir du pêcheur.

J'implore ta pitié, Toi[1], l'unique que j'aime,
Du fond du gouffre obscur où mon cœur est tombé.
C'est un univers morne à l'horizon plombé[2],
Où nagent dans la nuit l'horreur et le blasphème ;

---

1. Variante (1851) : « J'implore ta pitié, toi l'unique que j'aime… ».
2. Plombé : scellé avec un sceau de plomb ou couleur de plomb, grisâtre.

SITUER

Placé entre deux représentations inquiétantes de la femme, *Une Charogne* et *Le Vampire*, ce poème qui eut successivement pour titre *La Béatrix* (voir p. 177, note 1) et *Le Spleen*, introduit un des thèmes principaux du recueil. Qui peut entendre le cri de désespoir du poète ?

RÉFLÉCHIR

THÈMES : vers une définition du Spleen

1. Quels termes, quels procédés stylistiques (vers 5 et 6 notamment), quelles marques temporelles font de la vie du poète un cercle vicieux sans passé et sans futur ? Retrouvez ce même rapport au temps dans *Spleen*, « J'ai plus de souvenirs... ».

2. En vous fondant sur des termes précis, dites quelles sont les caractéristiques essentielles de l'univers spatial du poète en proie au spleen. Comparez avec l'univers évoqué dans *Spleen* : « Quand le ciel bas et lourd... ». En fait, où se trouve ce paysage ?

QUI PARLE ? QUI VOIT ? un cri sans réponse

3. Certains commentateurs ont dit que « Toi » renvoyait à Dieu, d'autres à la femme aimée. Quels éléments du poème justifient ces interprétations ?

4. Comment le destinataire est-il mis en relief dans le premier vers ? Que peut-on conclure du fait qu'il ne réapparaît plus ensuite ?

STRUCTURE : de l'« horreur » au sommeil stupide

5. Comparez ce sonnet avec quelques poèmes évoquant l'Idéal (*La Vie antérieure, La Chevelure, L'Invitation au voyage*, etc.). En quoi la beauté du monde est-elle absente ici ? Quel élément, primordial dans le paysage baudelairien, est détourné ici de sa fonction première ?

6. Quel rôle, selon vous, est dévolu à « or » (v. 9) ? Quel changement pouvez-vous noter dans l'attitude du poète entre les quatrains et les tercets ?

7. Qu'est-ce qui, dans le système des rimes et des sonorités des tercets, suggère l'ennui d'un « univers morne » ?

Un soleil sans chaleur plane au-dessus six mois,
Et les six autres mois la nuit couvre la terre ;
C'est un pays plus nu que la terre polaire ;
8 – Ni bêtes, ni ruisseaux, ni verdure, ni bois !

Or il n'est pas d'horreur au monde qui surpasse
La froide cruauté de ce soleil de glace
11 Et cette immense nuit semblable au vieux Chaos[1] ;

Je jalouse le sort des plus vils animaux
Qui peuvent se plonger dans un sommeil stupide,
14 Tant l'écheveau du temps[2] lentement se dévide !

XXXI. LE VAMPIRE

*Ce poème, en deux parties de structure rimique identique,
est à la fois déclaration de haine et cri de révolte. Mais il ne
s'agit que d'une velléité : le mal est l'homme lui-même, et toute
tentative de libération se révèle illusoire...*

Toi qui, comme un coup de couteau,
Dans mon cœur plaintif es entrée ;
Toi qui, forte comme un troupeau
4 De démons, vins, folle et parée,

De mon esprit humilié
Faire ton lit et ton domaine ;
– Infâme à qui je suis lié
8 Comme le forçat à la chaîne,

Comme au jeu le joueur têtu,
Comme à la bouteille l'ivrogne,
Comme aux vermines la charogne,
12 – Maudite, maudite sois-tu !

---

1. **Chaos** : immensité vide, proprement indescriptible, que les Anciens
considéraient comme ayant préexisté à la constitution de l'Univers.
2. Allusion à la conception du temps, dans la mythologie grecque, qui était
symbolisé par un fil que filaient, enroulaient et coupaient les trois Parques.

J'ai prié le glaive rapide
De conquérir ma liberté,
Et j'ai dit au poison perfide
16 De secourir ma lâcheté.

Hélas ! le poison et le glaive
M'ont pris en dédain et m'ont dit :
« Tu n'es pas digne qu'on t'enlève
20 À ton esclavage maudit,

« Imbécile ! – de son empire
Si nos efforts te délivraient,
Tes baisers ressusciteraient
24 Le cadavre de ton vampire ! »

XXXII

Devant la laideur de la prostituée – on pense que ce sonnet de jeunesse s'inspire de Louchette, une jeune fille au « front plus pelé qu'un lépreux » et qui louchait – surgit la figure de la femme aimée mais insensible. À la créature qui se donne sans susciter la volupté s'oppose la guerrière inaccessible : l'assouvissement du désir est refusé de toutes parts au poète.

Une nuit que j'étais près d'une affreuse Juive,
Comme au long d'un cadavre un cadavre étendu,
Je me pris à songer près de ce corps vendu
4 À la triste beauté dont mon désir se prive.

Je me représentai sa majesté native[1],
Son regard de vigueur et de grâces armé,
Ses cheveux qui lui font un casque parfumé,
8 Et dont le souvenir pour l'amour me ravive.

---

1. **Native** : de naissance.

Car j'eusse avec ferveur baisé ton noble corps,
Et depuis tes pieds frais jusqu'à tes noires tresses
11 Déroulé le trésor des profondes caresses,

Si, quelque soir, d'un pleur obtenu sans effort
Tu pouvais seulement, ô reine des cruelles !
14 Obscurcir la splendeur de tes froides prunelles.

XXXIII. REMORDS POSTHUME

Le poème, par son inspiration, sa forme et son lexique, évoque Ronsard, mais la conclusion est différente : le poète n'a pas affaire à une vertu farouche qu'il doit convaincre, mais il souhaite que le remords éternel punisse la froideur de la femme. La poésie se fait ici vengeresse.

Lorsque tu dormiras, ma belle ténébreuse,
Au fond d'un monument[1] construit en marbre noir,
Et lorsque tu n'auras pour alcôve[2] et manoir
4 Qu'un caveau pluvieux et qu'une fosse creuse ;

Quand la pierre, opprimant ta poitrine peureuse
Et tes flancs qu'assouplit un charmant nonchaloir[3],
Empêchera ton cœur de battre et de vouloir,
8 Et tes pieds de courir leur course aventureuse,

Le tombeau, confident de mon rêve infini
(Car le tombeau toujours comprendra le poète),
11 Durant ces grandes nuits d'où le somme est banni,

Te dira : « Que vous sert, courtisane imparfaite,
De n'avoir pas connu ce que pleurent les morts ? »
14 — Et le ver rongera ta peau comme un remords.

---

1. Monument : tombeau destiné à rappeler le souvenir (sens du XVIᵉ siècle).
2. Alcôve : voir p. 55, note 3.
3. Nonchaloir : voir p. 55, note 2.

XXXIV. LE CHAT

Premier d'une série de poèmes sur ce thème, ce sonnet hétéro-métrique opère la confusion entre le chat et la femme : même grâce (Le serpent qui danse), *même parfum enivrant* (Sed non satiata), *même regard froid et minéral* (« Avec ses vête-ments ondoyants et nacrés… »).

Viens, mon beau chat, sur mon cœur amoureux ;
    Retiens les griffes de ta patte,
Et laisse-moi plonger dans tes beaux yeux,
4   Mêlés de métal et d'agate[1].

Lorsque mes doigts caressent à loisir
    Ta tête et ton dos élastique,
Et que ma main s'enivre du plaisir
8   De palper ton corps électrique,

Je vois ma femme en esprit. Son regard,
    Comme le tien, aimable bête,
11 Profond et froid, coupe et fend comme un dard,

    Et, des pieds jusques à la tête,
Un air subtil, un dangereux parfum
14   Nagent autour de son corps brun.

XXXV. DUELLUM

Ce poème a peut-être pour origine la méditation de Baude-laire sur une planche des Caprices de Goya. *C'est surtout, comme le suggère le dernier tercet, une allégorie de la haine qu'engendre une liaison vieillissante.*

Deux guerriers ont couru l'un sur l'autre ; leurs armes
Ont éclaboussé l'air de lueurs et de sang.
Ces jeux, ces cliquetis du fer sont les vacarmes
4 D'une jeunesse en proie à l'amour vagissant[2].

---

1. **Agate** : pierre précieuse aux reflets nuancés.
2. **Vagissant** : qui crie comme un nouveau-né.

Les glaives sont brisés ! comme notre jeunesse,
Ma chère ! Mais les dents, les ongles acérés,
Vengent bientôt l'épée et la dague[1] traîtresse.
8 Ô fureur des cœurs mûrs par l'amour ulcérés[2] !

Dans le ravin hanté des chats-pards[3] et des onces[4]
Nos héros, s'étreignant méchamment, ont roulé,
11 Et leur peau fleurira l'aridité des ronces.

– Ce gouffre, c'est l'enfer, de nos amis peuplé !
Roulons-y sans remords, amazone[5] inhumaine,
14 Afin d'éterniser l'ardeur de notre haine !

XXXVI. LE BALCON

Mère des souvenirs, maîtresse des maîtresses,
Ô toi, tous mes plaisirs ! ô toi, tous mes devoirs !
Tu te rappelleras la beauté des caresses,
La douceur du foyer et le charme des soirs,
5 Mère des souvenirs, maîtresse des maîtresses !

Les soirs illuminés par l'ardeur[6] du charbon,
Et les soirs au balcon, voilés de vapeurs roses.
Que ton sein m'était doux ! que ton cœur m'était bon !
Nous avons dit souvent d'impérissables choses
10 Les soirs illuminés par l'ardeur du charbon.

Que les soleils sont beaux dans les chaudes soirées !
Que l'espace est profond ! que le cœur est puissant !
En me penchant vers toi, reine des adorées,
Je croyais respirer le parfum de ton sang.
15 Que les soleils sont beaux dans les chaudes soirées !

---

1. **Dague** : poignard.
2. **Ulcérés** : fortement irrités, aux sens propre et figuré.
3. **Chats-pards** : lynx.
4. **Onces** : variété de panthère.
5. **Amazone** : dans l'Antiquité, femme guerrière d'Asie Mineure.
6. **Ardeur** : chaleur vive (sens propre).

■ SITUER

Dans ce poème du souvenir, le poète fait revivre le temps passé du bonheur.

■ RÉFLÉCHIR

GENRES : poésie et musique

1. Qu'est-ce qui donne, ici, une forte unité à chaque strophe ? En quoi cela convient-il au sujet du poème ? à l'état d'esprit du poète ?

2. Quels échos sonores trouvez-vous à l'intérieur des vers ? Commentez dans ce sens les vers 7, 16, 28 et 29.

THÈMES : temps et espace du souvenir

3. Quel moment de la journée est évoqué ? S'agit-il d'un moment unique ? Relevez les termes qui justifient votre réponse.

4. À quoi font allusion les vers 28 et 29 ? Rapprochez-les de la fin d'*Harmonie du soir* et de *Recueillement* (voir p. 84 et 203).

5. En quoi la comparaison du vers 16 a-t-elle pu choquer ? Entre quels éléments spatiaux et temporels permet-elle de faire le lien ?

6. Quels sont les différents temps verbaux utilisés ? le sont-ils chronologiquement ? Qu'est-ce que cela révèle de l'état d'esprit du poète en proie au souvenir ? Comparez dans ce sens ce poème avec *Le Flacon* (p. 86).

QUI PARLE ? QUI VOIT ? une invocation à quelle muse ?

7. À qui le poète s'adresse-t-il principalement ? Commentez le choix des apostrophes. Quel est le rôle de la femme dans l'évocation des souvenirs ?

8. Le « nous » du vers 27 est-il le même que celui du vers 9 ? Que peut marquer le tiret du début du vers 30 ? Comment comprendre la fin du poème ? Comparez cette fin à celle d'*Hymne à la Beauté* (p. 53).

■ ÉCRIRE

Rédigez un paragraphe où vous justifierez le titre du poème.

La nuit s'épaississait ainsi qu'une cloison,
Et mes yeux dans le noir devinaient tes prunelles,
Et je buvais ton souffle, ô douceur ! ô poison !
Et tes pieds s'endormaient dans mes mains fraternelles.
20 La nuit s'épaississait ainsi qu'une cloison.

Je sais l'art d'évoquer les minutes heureuses,
Et revis mon passé blotti dans tes genoux.
Car à quoi bon chercher tes beautés langoureuses
Ailleurs qu'en ton cher corps et qu'en ton cœur si doux ?
25 Je sais l'art d'évoquer les minutes heureuses !

Ces serments, ces parfums, ces baisers infinis,
Renaîtront-ils d'un gouffre interdit à nos sondes,
Comme montent au ciel les soleils rajeunis
Après s'être lavés au fond des mers profondes ?
30 – Ô serments ! ô parfums ! ô baisers infinis !

XXXVII. LE POSSÉDÉ

Dans un clair-obscur aux couleurs de l'enfer, le poète se plie aux caprices de la femme à l'humeur changeante, créature sans doute diabolique mais indispensable (voir Hymne à la Beauté*) : il y a ici une inspiration baroque (voir* p. 233*) revisitée par les obsessions de Baudelaire.*

Le soleil s'est couvert d'un crêpe[1]. Comme lui,
Ô Lune de ma vie ! emmitoufle-toi d'ombre ;
Dors ou fume à ton gré ; sois muette, sois sombre,
4 Et plonge tout entière au gouffre de l'Ennui ;

Je t'aime ainsi ! Pourtant, si tu veux aujourd'hui,
Comme un astre éclipsé qui sort de la pénombre,
Te pavaner[2] aux lieux que la Folie encombre,
8 C'est bien ! Charmant poignard, jaillis de ton étui !

---

1. **Crêpe** : voir p. 47, note 3.
2. **Te pavaner** : voir p. 60, note 6.

Allume ta prunelle à la flamme des lustres !
Allume le désir dans les regards des rustres[1] !
11 Tout de toi m'est plaisir, morbide ou pétulant ;

Sois ce que tu voudras, nuit noire, rouge aurore ;
Il n'est pas une fibre en tout mon corps tremblant
14 Qui ne crie : *Ô mon cher Belzébuth[2], je t'adore !*

XXXVIII. UN FANTÔME

Cette série, qui a peut-être été inspirée par Jeanne Duval malade, a encore une fois pour thématique le « temps retrouvé » (voir Le Balcon), ici par une rêverie entre songe et peinture. D'une forme très « libertine » (voir p. 242), ces sonnets célèbrent les artifices qui embellissent la femme, le parfum qui fait revivre ce qui n'est plus et la mémoire qui ressuscite le fantôme de l'être aimé.

I

LES TÉNÈBRES

Dans les caveaux d'insondable tristesse
Où le Destin m'a déjà relégué ;
Où jamais n'entre un rayon rose et gai ;
4 Où, seul avec la Nuit, maussade hôtesse,

Je suis comme un peintre qu'un Dieu moqueur
Condamne à peindre, hélas ! sur les ténèbres ;
Où, cuisinier aux appétits funèbres,
8 Je fais bouillir et je mange mon cœur,

---

1. **Rustres** : hommes grossiers.
2. **Belzébuth** : un des noms du diable.

Par instants brille, et s'allonge, et s'étale
Un spectre fait de grâce et de splendeur.
11 À sa rêveuse allure orientale,

Quand il atteint sa totale grandeur,
Je reconnais ma belle visiteuse :
14 C'est Elle ! noire et pourtant lumineuse.

II

LE PARFUM

Lecteur, as-tu quelquefois respiré
Avec ivresse et lente gourmandise
Ce grain d'encens qui remplit une église,
18 Ou d'un sachet le musc invétéré[1] ?

Charme profond, magique, dont nous grise
Dans le présent le passé restauré !
Ainsi l'amant sur un corps adoré
22 Du souvenir cueille la fleur exquise.

De ses cheveux élastiques et lourds,
Vivant sachet, encensoir[2] de l'alcôve,
25 Une senteur montait, sauvage et fauve,

Et des habits, mousseline ou velours,
Tout imprégnés de sa jeunesse pure,
28 Se dégageait un parfum de fourrure.

III

LE CADRE

Comme un beau cadre ajoute à la peinture,
Bien qu'elle soit d'un pinceau très vanté,
Je ne sais quoi d'étrange et d'enchanté
32 En l'isolant de l'immense nature,

---

1. **Musc invétéré :** parfum qui est devenu plus capiteux avec le temps.
2. **Encensoir :** voir p. 38, note 1.

Ainsi bijoux, meubles, métaux, dorure,
S'adaptaient juste à sa rare beauté ;
Rien n'offusquait[1] sa parfaite clarté,
36 Et tout semblait lui servir de bordure.

Même on eût dit parfois qu'elle croyait
Que tout voulait l'aimer ; elle noyait
39 Sa nudité voluptueusement,

Dans les baisers du satin et du linge,
Et, lente ou brusque, à chaque mouvement
42 Montrait la grâce enfantine du singe.

IV

LE PORTRAIT

La Maladie et la Mort font des cendres
De tout le feu qui pour nous flamboya.
De ces grands yeux si fervents et si tendres,
46 De cette bouche où mon cœur se noya,

De ces baisers puissants comme un dictame[2],
De ces transports plus vifs que des rayons,
Que reste-t-il ? C'est affreux, ô mon âme !
50 Rien qu'un dessin fort pâle, aux trois crayons,

Qui, comme moi, meurt dans la solitude,
Et que le Temps, injurieux vieillard,
53 Chaque jour frotte avec son aile rude...

Noir assassin de la Vie et de l'Art,
Tu ne tueras jamais dans ma mémoire
56 Celle qui fut mon plaisir et ma gloire !

---

1. **Offusquait :** obscurcissait (sens vieilli).
2. **Dictame :** baume, adoucissement.

XXXIX

Comme chez Ronsard (« Quand vous serez bien vieille… »),
c'est le poète qui donne à la femme aimée l'accès à l'immortalité.
Il ne lui demande pas ici de l'amour en échange : la femme,
éternellement vivante, est maudite et condamnée à l'isolement,
comme le poète dans De profundis clamavi. *Mais, contrairement*
à lui, elle n'en est pas affectée : cette femme minérale qui méprise
les « stupides mortels » n'est-elle pas, en fait, encore une représen-
tation de la Beauté (voir La Beauté*) ?*

Je te donne ces vers afin que si mon nom
Aborde heureusement aux époques lointaines,
Et fait rêver un soir les cervelles humaines,
4 Vaisseau favorisé par un grand aquilon[1],

Ta mémoire, pareille aux fables incertaines,
Fatigue le lecteur ainsi qu'un tympanon[2],
Et par un fraternel et mystique[3] chaînon
8 Reste comme pendue à mes rimes hautaines ;

Être maudit à qui, de l'abîme profond
Jusqu'au plus haut du ciel, rien, hors moi, ne répond !
11 – Ô toi qui, comme une ombre à la trace éphémère,

Foules d'un pied léger et d'un regard serein
Les stupides mortels qui t'ont jugée amère,
14 Statue aux yeux de jais, grand ange au front d'airain[4] !

---

1. **Aquilon :** vent violent.
2. **Tympanon :** instrument à cordes sur lequel on frappe avec de petits marteaux.
3. **Mystique :** voir p. 25, note 5.
4. **Airain :** bronze.

XL. SEMPER EADEM

Au poète désabusé et en proie à l'angoisse de la mort, la femme, « ange plein de gaieté », oppose son éternelle joie de vivre : « Toujours la même », dit le titre du poème. Elle semble incapable de comprendre le sens de la vie ; néanmoins le poète, même s'il sait qu'il s'agit d'un leurre, connaît un apaisement momentané auprès de celle qui devient comme une terre protectrice (voir La Géante, La Chevelure*).*

« D'où vous vient, disiez-vous, cette tristesse étrange,
Montant comme la mer sur le roc noir et nu ? »
– Quand notre cœur a fait une fois sa vendange,
4 Vivre est un mal. C'est un secret de tous connu,

Une douleur très simple et non mystérieuse,
Et, comme votre joie, éclatante pour tous.
Cessez donc de chercher, ô belle curieuse !
8 Et, bien que votre voix soit douce, taisez-vous !

Taisez-vous, ignorante ! âme toujours ravie !
Bouche au rire enfantin ! Plus encor que la Vie,
11 La Mort nous tient souvent par des liens subtils.

Laissez, laissez mon cœur s'enivrer d'un *mensonge*,
Plonger dans vos beaux yeux comme dans un beau songe,
14 Et sommeiller longtemps à l'ombre de vos cils !

XLI. TOUT ENTIÈRE

Comme dans « Que diras-tu ce soir… » *ou* Les Aveugles, *le poète interpelle son âme. Faisant face au démon qui vante les charmes voluptueux du corps féminin, elle prend la parole pour célébrer la femme ici « tout entière » consolation, « harmonie générale » et accession à la poésie.*

Le Démon, dans ma chambre haute,
Ce matin est venu me voir,
Et, tâchant à me prendre en faute,
4 Me dit : « Je voudrais bien savoir,

« Parmi toutes les belles choses
Dont est fait son enchantement,
Parmi les objets noirs ou roses
8 Qui composent son corps charmant,

« Quel est le plus doux. » – Ô mon âme !
Tu répondis à l'Abhorré :
« Puisqu'en Elle tout est dictame[1],
12 Rien ne peut être préféré.

« Lorsque tout me ravit, j'ignore
Si quelque chose me séduit.
Elle éblouit comme l'Aurore
16 Et console comme la Nuit ;

« Et l'harmonie est trop exquise,
Qui gouverne tout son beau corps,
Pour que l'impuissante analyse
20 En note les nombreux accords.

« Ô métamorphose mystique[2]
De tous mes sens fondus en un !
Son haleine fait la musique,
24 Comme sa voix fait le parfum ! »

XLII

Dans la veine pétrarquiste*, ce poème, qui a des allures de cantique biblique avec ses parallélismes et ses échos sonores, fut envoyé à madame Sabatier. Ici, la femme, désincarnée, est toute luminosité et inspiration divine : amour mystique et idéal...

Que diras-tu ce soir, pauvre âme solitaire,
Que diras-tu, mon cœur, cœur autrefois flétri,
À la très belle, à la très bonne, à la très chère,
4 Dont le regard divin t'a soudain refleuri ?

---

1. **Dictame :** voir p. 76, note 2.
2. **Mystique :** voir p. 25, note 5.

– Nous mettrons notre orgueil à chanter ses louanges :
Rien ne vaut la douceur de son autorité ;
Sa chair spirituelle a le parfum des Anges,
8 Et son œil nous revêt d'un habit de clarté.

Que ce soit dans la nuit et dans la solitude,
Que ce soit dans la rue et dans la multitude,
11 Son fantôme dans l'air danse comme un flambeau.

Parfois il parle et dit : « Je suis belle, et j'ordonne
Que pour l'amour de moi vous n'aimiez que le Beau ;
14 Je suis l'Ange gardien, la Muse et la Madone[1]. »

XLIII. LE FLAMBEAU VIVANT

Envoyé lui aussi à madame Sabatier, ce sonnet célèbre, à la manière pétrarquiste[2], les yeux-flambeaux. Les yeux, lumière en marche, apparaissent aussi chez Poe, dont Baudelaire s'inspire ici parfois textuellement. Ils constituent le charme de la maîtresse mais également le reflet de la perfection divine et l'accès à l'inspiration poétique, à l'idéal.

Ils marchent devant moi, ces Yeux pleins de lumières,
Qu'un Ange très savant a sans doute aimantés ;
Ils marchent, ces divins frères qui sont mes frères,
4 Secouant dans mes yeux leurs feux diamantés.

Me sauvant de tout piège et de tout péché grave,
Ils conduisent mes pas dans la route du Beau ;
Ils sont mes serviteurs et je suis leur esclave[3] ;
8 Tout mon être obéit à ce vivant flambeau.

Charmants Yeux, vous brillez de la clarté mystique[4]
Qu'ont les cierges brûlant en plein jour ; le soleil
11 Rougit, mais n'éteint pas leur flamme fantastique[5] ;

---

1. **Madone :** de l'italien *madonna*, « madame », nom donné à la Vierge.
2. Voir p. 233.
3. Cf. le poème de Poe, *To Helen* : « *They are my ministers – yet I their slave* » (Ils sont mes serviteurs, pourtant je suis leur esclave).
4. **Mystique :** voir p. 25, note 5.
5. **Fantastique :** qui est créée par l'imagination, surnaturelle.

Ils célèbrent la Mort, vous chantez le Réveil ;
Vous marchez en chantant le réveil de mon âme,
14 Astres dont nul soleil ne peut flétrir la flamme[1] !

XLIV. RÉVERSIBILITÉ[2]

Ce poème appartient comme le précédent au cycle de l'amour spirituel. La forme strophique accentue son apparence de litanie*. Mais le Bien apparaît totalement insensible aux souffrances humaines et c'est au Mal qu'est accordée la plus grande place. Le salut est-il possible, et l'amour spirituel apportera-t-il une réponse consolatrice aux angoisses du poète ?

Ange plein de gaieté, connaissez-vous l'angoisse,
La honte, les remords, les sanglots, les ennuis,
Et les vagues terreurs de ces affreuses nuits
Qui compriment le cœur comme un papier qu'on froisse ?
5 Ange plein de gaieté, connaissez-vous l'angoisse ?

Ange plein de bonté, connaissez-vous la haine,
Les poings crispés dans l'ombre et les larmes de fiel[3],
Quand la Vengeance bat son infernal rappel,
Et de nos facultés se fait le capitaine ?
10 Ange plein de bonté, connaissez-vous la haine ?

Ange plein de santé, connaissez-vous les Fièvres,
Qui, le long des grands murs de l'hospice blafard,
Comme des exilés, s'en vont d'un pied traînard,
Cherchant le soleil rare et remuant les lèvres ?
15 Ange plein de santé, connaissez-vous les Fièvres ?

---

1. Voir *To Helen* : « *two sweetly scintillant / Venuses, unextinguished by the sun* » (deux Vénus délicieusement scintillantes, que le soleil ne peut éteindre).
2. Réversibilité : notion de la théologie catholique : le juste, en acceptant la souffrance, rachète les péchés de ses frères.
3. Fiel : bile des animaux de boucherie, d'où toute substance amère ; métaphoriquement : amertume.

Ange plein de beauté, connaissez-vous les rides,
Et la peur de vieillir, et ce hideux tourment
De lire la secrète horreur du dévouement
Dans des yeux où longtemps burent nos yeux avides ?
20   Ange plein de beauté, connaissez-vous les rides ?

Ange plein de bonheur, de joie et de lumières,
David[1] mourant aurait demandé la santé
Aux émanations de ton corps enchanté ;
Mais de toi je n'implore, ange, que tes prières,
25   Ange plein de bonheur, de joie et de lumières !

XLV. CONFESSION

« C'est à peu près la seule fois, dans toute l'œuvre de Baude-laire, que la femme aimée est traitée en être pensant » (Jean Prévost). Dans un « tableau parisien » nocturne, « celle qui est trop gaie » montre soudain que derrière le masque souriant se cache la même angoisse que celle du poète face au temps qui passe (voir Le Masque*).*

Une fois, une seule, aimable et douce femme,
    À mon bras votre bras poli
S'appuya (sur le fond ténébreux de mon âme
4   Ce souvenir n'est point pâli) ;

Il était tard ; ainsi qu'une médaille neuve
    La pleine lune s'étalait,
Et la solennité de la nuit, comme un fleuve,
8   Sur Paris dormant ruisselait.

---

1. Pour réchauffer le roi David devenu vieux (Bible, livre des Rois), ses serviteurs firent coucher à ses côtés une jeune vierge, Abisag.

Et le long des maisons, sous les portes cochères[1],
    Des chats passaient furtivement,
L'oreille au guet, ou bien, comme des ombres chères,
12   Nous accompagnaient lentement.

Tout à coup, au milieu de l'intimité libre
    Éclose à la pâle clarté,
De vous, riche et sonore instrument où ne vibre
16   Que la radieuse gaieté,

De vous, claire et joyeuse ainsi qu'une fanfare
    Dans le matin étincelant,
Une note plaintive, une note bizarre
20   S'échappa, tout en chancelant

Comme une enfant chétive, horrible, sombre, immonde,
    Dont sa famille rougirait,
Et qu'elle aurait longtemps, pour la cacher au monde,
24   Dans un caveau mise au secret.

Pauvre ange, elle chantait, votre note criarde :
    « Que rien ici-bas n'est certain,
Et que toujours, avec quelque soin qu'il se farde,
28   Se trahit l'égoïsme humain ;

« Que c'est un dur métier que d'être belle femme,
    Et que c'est le travail banal
De la danseuse folle et froide qui se pâme
32   Dans un sourire machinal ;

« Que bâtir sur les cœurs est une chose sotte ;
    Que tout craque, amour et beauté,
Jusqu'à ce que l'Oubli les jette dans sa hotte
36   Pour les rendre à l'Éternité ! »

J'ai souvent évoqué cette lune enchantée,
    Ce silence et cette langueur,
Et cette confidence horrible chuchotée
40   Au confessionnal du cœur.

---

1. **Porte cochère** : grande porte d'immeuble par laquelle, à l'origine, pouvaient passer les voitures à cheval.

XLVI. L'AUBE SPIRITUELLE

*Étrangement, c'est au milieu des turpitudes que l'Idéal paraît, « comme une véritable grâce » (*Paradis artificiels*). Selon un schéma fréquent, il y a ici passage de la condition générale de l'homme à l'évocation de l'état d'âme propre au poète, à qui un amour pur permet d'accéder à la lumière spirituelle.*

Quand chez les débauchés l'aube blanche et vermeille
Entre en société de l'Idéal rongeur,
Par l'opération[1] d'un mystère vengeur
4 Dans la brute assoupie un ange se réveille[2].

Des Cieux Spirituels l'inaccessible azur,
Pour l'homme terrassé qui rêve encore et souffre,
S'ouvre et s'enfonce avec l'attirance du gouffre.
8 Ainsi, chère Déesse, Être lucide[3] et pur,

Sur les débris fumeux des stupides orgies
Ton souvenir plus clair, plus rose, plus charmant,
11 À mes yeux agrandis voltige incessamment.

Le soleil a noirci la flamme des bougies ;
Ainsi, toujours vainqueur, ton fantôme est pareil,
14 Âme resplendissante, à l'immortel soleil !

XLVII. HARMONIE DU SOIR

Voici venir les temps[4] où vibrant sur sa tige
Chaque fleur s'évapore[5] ainsi qu'un encensoir[6] ;
Les sons et les parfums tournent dans l'air du soir ;
4 Valse mélancolique et langoureux vertige !

---

1. *Voir* « par l'opération du Saint Esprit » : la tournure a une connotation théologique.
2. *Voir* « L'homme n'est ni ange ni bête. » (Pascal)
3. **Lucide** : lumineux (sens vieilli).
4. **Voici venir les temps** : formulation fréquente dans l'Ancien Testament.
5. C'est le parfum qui s'évapore de la fleur, ainsi que d'un encensoir (emploi métonymique★.
6. **Encensoir** : voir p. 38, note 1.

▪ SITUER

Qu'elle soit inspirée ou non par madame Sabatier, cette pièce s'inscrit entre deux poèmes, *L'Aube spirituelle* et *Le Flacon*, qui la placent dans le cycle de l'amour spirituel et de la poésie du souvenir.

▪ RÉFLÉCHIR

REGISTRES ET TONALITÉS : une incantation religieuse

1. En quoi les premiers vers créent-ils l'atmosphère du poème ?

2. Sur combien de rimes le poème est-il construit ? Est-ce un vrai pantoum (voir p. 244) ? Quelle progression conduit au vers final ?

3. Quels sons extérieurs perçoit-on dans cette description ? Que permettent-ils de créer ? Montrez comment les sonorités et les rythmes sont en harmonie avec eux.

4. Relevez les comparaisons contenues dans le poème. Qu'est-ce qui les apparente ?

THÈMES : une conception du monde

5. En quoi cette description n'est-elle pas statique ?

6. À quoi les couleurs, les sons et les parfums sont-ils associés ?

7. Quels sens peut-on alors donner au mot « harmonie » ? De quel autre poème se rapproche celui-ci ?

STRUCTURE : de l'ombre à la lumière

8. Relevez les termes qui révèlent l'état psychologique du poète au crépuscule. Quel lien logique établissez-vous entre les deux derniers vers ? Quel sens donnez-vous aux points de suspension ?

9. À qui s'adresse le poète dans le dernier vers ? Que suscite donc le soir chez le poète ? Comparez dans ce sens ce poème avec *Le Balcon* et *Recueillement*.

10. Qu'est-ce que le souvenir permet de vaincre ?

Chaque fleur s'évapore ainsi qu'un encensoir ;
Le violon frémit comme un cœur qu'on afflige ;
Valse mélancolique et langoureux vertige !
8 Le ciel est triste et beau comme un grand reposoir[1].

Le violon frémit comme un cœur qu'on afflige,
Un cœur tendre, qui hait le néant vaste et noir !
Le ciel est triste et beau comme un grand reposoir ;
12 Le soleil s'est noyé dans son sang qui se fige.

Un cœur tendre, qui hait le néant vaste et noir,
Du passé lumineux recueille tout vestige !
Le soleil s'est noyé dans son sang qui se fige...
16 Ton souvenir en moi luit comme un ostensoir[2] !

XLVIII. LE FLACON

*Claude Pichois, dans l'édition de la Pléiade, « traduit » ainsi
ce poème dont la complexité a dérouté bien des lecteurs : « De
même que le parfum d'un vieil amour contenu dans un flacon
fait chavirer l'âme (...), de même (...) je (...) ferai chavirer la
mémoire des hommes avec le souvenir (...) de ton amour (...). »*

Il est de forts parfums pour qui toute matière
Est poreuse. On dirait qu'ils pénètrent le verre.
En ouvrant un coffret venu de l'Orient
4 Dont la serrure grince et rechigne en criant,

Ou dans une maison déserte quelque armoire
Pleine de l'âcre odeur des temps, poudreuse[3] et noire,
Parfois on trouve un vieux flacon qui se souvient,
8 D'où jaillit toute vive une âme qui revient.

---

1. **Reposoir** : support en forme d'autel sur lequel est placé le Saint Sacrement lors d'une procession.
2. **Ostensoir** : pièce d'orfèvrerie en forme de soleil rayonnant qui contient l'hostie consacrée exposée à l'adoration des fidèles.
3. **Poudreuse** : poussiéreuse (voir p. 138, note 1).

Mille pensers[1] dormaient, chrysalides[2] funèbres,
Frémissant doucement dans les lourdes ténèbres,
Qui dégagent leur aile et prennent leur essor,
12   Teintés d'azur, glacés de rose, lamés d'or.

Voilà le souvenir enivrant qui voltige
Dans l'air troublé ; les yeux se ferment ; le Vertige
Saisit l'âme vaincue et la pousse à deux mains
16   Vers un gouffre obscurci de miasmes[3] humains ;

Il la terrasse au bord d'un gouffre séculaire,
Où, Lazare[4] odorant déchirant son suaire,
Se meut dans son réveil le cadavre spectral
20   D'un vieil amour ranci, charmant et sépulcral.

Ainsi, quand je serai perdu dans la mémoire
Des hommes, dans le coin d'une sinistre armoire
Quand on m'aura jeté, vieux flacon désolé,
24   Décrépit, poudreux[5], sale, abject, visqueux, fêlé,

Je serai ton cercueil, aimable[6] pestilence[7] !
Le témoin de ta force et de ta virulence,
Cher poison[8] préparé par les anges ! liqueur[9]
28   Qui me ronge, ô la vie et la mort de mon cœur !

---

1. **Pensers :** voir p. 28, note 4.
2. **Chrysalide :** enveloppe d'un insecte avant qu'il ne devienne papillon.
3. **Miasmes :** voir p. 28, note 2.
4. Dans le Nouveau Testament, Jésus ressuscite Lazare en l'appelant ; Lazare alors sort de son tombeau avec son suaire, drap dans lequel on enveloppe les morts.
5. **Décrépit, poudreux :** usé par la vieillesse, poussiéreux.
6. **Aimable :** digne d'être aimée.
7. **Pestilence :** odeur infecte ; la sœur de Lazare, à propos du cadavre, avait dit à Jésus : « Il pue déjà. »
8. Le mot appelle le poème suivant.
9. **Liqueur :** voir p. 28, note 3.

XLIX. LE POISON

C'est le premier poème d'une série que l'on a dite inspirée par Marie Daubrun, la femme aux yeux verts. Les thèmes et les images, déjà présents dans La Vie antérieure, *la structure de la strophe, tout traduit le vertige que donnent à la fois le vin, l'opium, les yeux et les baisers de la femme aimée...*

Le vin sait revêtir le plus sordide bouge[1]
    D'un luxe miraculeux,
Et fait surgir plus d'un portique fabuleux
    Dans l'or de sa vapeur rouge,
5 Comme un soleil couchant dans un ciel nébuleux[2].

L'opium agrandit ce qui n'a pas de bornes,
    Allonge l'illimité,
Approfondit le temps, creuse la volupté,
    Et de plaisirs noirs et mornes
10 Remplit l'âme au-delà de sa capacité.

Tout cela ne vaut pas le poison qui découle
    De tes yeux, de tes yeux verts,
Lacs où mon âme tremble et se voit à l'envers...
    Mes songes viennent en foule
15 Pour se désaltérer à ces gouffres amers.

Tout cela ne vaut pas le terrible prodige
    De ta salive qui mord,
Qui plonge dans l'oubli mon âme sans remord[3],
    Et, charriant le vertige,
20 La roule défaillante aux rives de la mort !

---

1. **Bouge :** café, cabaret mal famé.
2. **Nébuleux :** brumeux, nuageux.
3. Licence poétique permettant la rime régulière avec « mort ».

L. CIEL BROUILLÉ

Ce poème, tout entier construit sur des rimes masculines, célèbre le regard de la femme aimée, aussi ambigu que le ciel avec lequel il s'inscrit en correspondance jusqu'à la fusion finale. Le paysage s'apparente à celui de L'Invitation au voyage, *mais son sens est plus hermétique : « l'implacable hiver » est-il celui de la vieillesse, des passions apaisées, ou désigne-t-il la cruauté de l'être aimé ?*

On dirait ton regard d'une vapeur couvert ;
Ton œil mystérieux (est-il bleu, gris ou vert ?)
Alternativement tendre, rêveur, cruel,
4 Réfléchit l'indolence et la pâleur du ciel.

Tu rappelles ces jours blancs, tièdes et voilés,
Qui font se fondre en pleurs les cœurs ensorcelés,
Quand, agités d'un mal inconnu qui les tord,
8 Les nerfs trop éveillés raillent l'esprit qui dort.

Tu ressembles parfois à ces beaux horizons
Qu'allument les soleils des brumeuses saisons…
Comme tu resplendis, paysage mouillé
12 Qu'enflamment les rayons tombant d'un ciel brouillé !

Ô femme dangereuse, ô séduisants[1] climats !
Adorerai-je aussi ta neige et vos frimas[2],
Et saurai-je tirer de l'implacable hiver
16 Des plaisirs plus aigus que la glace et le fer ?

---

1. Séduisants : a ici le sens courant de « charmant » et celui, étymologique, de « trompeur ».
2. Frimas : brouillard épais qui se dépose en givre.

LI. LE CHAT

Cette fois-ci le chat – être énigmatique, habitant du cerveau mais que l'on peut caresser – n'est pas explicitement assimilé à la femme (voir l'autre poème Le Chat*) mais comme elle, il est apaisement, source d'inspiration et d'harmonie. Son parfum et ses yeux le rapprochent de toutes les femmes aimées par le poète et qui participent de la Beauté.*

I

Dans ma cervelle se promène,
Ainsi qu'en son appartement,
Un beau chat, fort, doux et charmant.
4 Quand il miaule, on l'entend à peine,

Tant son timbre est tendre et discret ;
Mais que sa voix s'apaise ou gronde,
Elle est toujours riche et profonde.
8 C'est là son charme et son secret.

Cette voix, qui perle et qui filtre
Dans mon fonds[1] le plus ténébreux,
Me remplit comme un vers nombreux[2]
12 Et me réjouit comme un philtre.

Elle endort les plus cruels maux
Et contient toutes les extases ;
Pour dire les plus longues phrases,
16 Elle n'a pas besoin de mots.

Non, il n'est pas d'archet qui morde
Sur mon cœur, parfait instrument,
Et fasse plus royalement
20 Chanter sa plus vibrante corde,

---

1. **Fonds :** ensemble de tendances qui caractérisent une personne.
2. **Nombreux :** cadencé, harmonieux.

Que ta voix, chat mystérieux,
Chat séraphique[1], chat étrange,
En qui tout est, comme en un ange,
24 Aussi subtil qu'harmonieux !

II

De sa fourrure blonde et brune
Sort un parfum si doux, qu'un soir
J'en fus embaumé, pour l'avoir
28 Caressée une fois, rien qu'une.

C'est l'esprit familier du lieu ;
Il juge, il préside, il inspire
Toutes choses dans son empire ;
32 Peut-être est-il fée, est-il dieu ?

Quand mes yeux, vers ce chat que j'aime
Tirés comme par un aimant,
Se retournent docilement
36 Et que je regarde en moi-même,

Je vois avec étonnement
Le feu de ses prunelles pâles,
Clairs fanaux[2], vivantes opales[3],
40 Qui me contemplent fixement.

LII. LE BEAU NAVIRE

Dans ce poème blason d'esthétique baroque, le poète assimile les différentes parties du corps féminin à des éléments plus ou moins inattendus. Navire – déjà présent chez Ronsard, et ici dans La Chevelure –, *armoire, bouclier, sorcière, boa, la femme est un être mouvant, protéiforme, étrange. La reprise des trois*

---

1. **Séraphique :** angélique.
2. **Fanaux :** lanternes, d'où guides.
3. **Opales :** pierres précieuses à reflets irisés.

premières strophes dans la suite du poème donne à cette pièce un caractère envoûtant, en harmonie avec la « molle enchanteresse ».

Je veux te raconter, ô molle enchanteresse !
Les diverses beautés qui parent ta jeunesse ;
    Je veux te peindre ta beauté,
4 Où l'enfance s'allie à la maturité.

Quand tu vas balayant l'air de ta jupe large,
Tu fais l'effet d'un beau vaisseau qui prend le large,
    Chargé de toile, et va roulant
8 Suivant un rythme doux, et paresseux, et lent.

Sur ton cou large et rond, sur tes épaules grasses,
Ta tête se pavane[1] avec d'étranges grâces ;
    D'un air placide et triomphant
12 Tu passes ton chemin, majestueuse enfant.

Je veux te raconter, ô molle enchanteresse !
Les diverses beautés qui parent ta jeunesse ;
    Je veux te peindre ta beauté,
16 Où l'enfance s'allie à la maturité.

Ta gorge qui s'avance et qui pousse la moire[2],
Ta gorge triomphante est une belle armoire
    Dont les panneaux bombés et clairs
20 Comme les boucliers accrochent des éclairs ;

Boucliers provocants, armés de pointes roses !
Armoire à doux secrets, pleine de bonnes choses,
    De vins, de parfums, de liqueurs
24 Qui feraient délirer les cerveaux et les cœurs !

Quand tu vas balayant l'air de ta jupe large,
Tu fais l'effet d'un beau vaisseau qui prend le large,
    Chargé de toile, et va roulant
28 Suivant un rythme doux, et paresseux, et lent.

---

1. Se pavane : voir p. 60, note 6.
2. Moire : voir p. 56, note 3.

Tes nobles jambes, sous les volants qu'elles chassent,
Tourmentent les désirs obscurs et les agacent,
    Comme deux sorcières qui font
32 Tourner un philtre noir dans un vase profond.

Tes bras, qui se joueraient des précoces hercules[1],
Sont des boas luisants les solides émules,
    Faits pour serrer obstinément,
36 Comme pour l'imprimer dans ton cœur, ton amant.

Sur ton cou large et rond, sur tes épaules grasses,
Ta tête se pavane avec d'étranges grâces ;
    D'un air placide et triomphant
40 Tu passes ton chemin, majestueuse enfant.

LIII. L'INVITATION AU VOYAGE

    Mon enfant, ma sœur,
    Songe à la douceur
D'aller là-bas[2] vivre ensemble !
    Aimer à loisir[3],
5   Aimer et mourir
Au pays qui te ressemble !
    Les soleils mouillés
    De ces ciels brouillés
Pour mon esprit ont les charmes[4]
10   Si mystérieux
    De tes traîtres yeux,
Brillant à travers leurs larmes.

Là, tout n'est qu'ordre et beauté,
Luxe, calme et volupté.

---

1. Allusion à Hercule qui étouffa dès le berceau les serpents venus le dévorer.
2. Voir *L'Étranger (Le Spleen de Paris)* : « J'aime les nuages, les nuages qui passent… là-bas… là-bas… les merveilleux nuages ! »
3. À loisir : à l'aise.
4. Charmes : du latin *carmen*, chant, vers, paroles magiques, d'où le sens fort de « séduction mystérieuse, inexplicable, quasi magique ».

15 Des meubles luisants,
      Polis par les ans,
Décoreraient notre chambre ;
      Les plus rares fleurs
      Mêlant leurs odeurs
20 Aux vagues senteurs de l'ambre[1],
      Les riches plafonds,
      Les miroirs profonds,
La splendeur orientale,
      Tout y parlerait
25   À l'âme en secret
Sa douce langue natale.

      Là, tout n'est qu'ordre et beauté,
      Luxe, calme et volupté.

      Vois sur ces canaux
30   Dormir ces vaisseaux
Dont l'humeur est vagabonde ;
      C'est pour assouvir
      Ton moindre désir
Qu'ils viennent du bout du monde.
35   – Les soleils couchants
      Revêtent les champs,
Les canaux, la ville entière,
      D'hyacinthe[2] et d'or ;
      Le monde s'endort
40 Dans une chaude lumière.

      Là, tout n'est qu'ordre et beauté,
      Luxe, calme et volupté.

---

1. **Ambre** : parfum d'origine exotique.
2. **Hyacinthe** : teinture d'un jaune rougeâtre, mais c'est aussi une substance qui chauffée devient bleue ; le terme est souvent utilisé dans la Bible.

◼ SITUER

Ce poème, dont le titre est inspiré par *l'Invitation à la valse* de Weber (1819) et qui a été mis en musique notamment par Henri Duparc, est surtout une invitation au rêve dans un « pays de Cocagne » (*Le Spleen de Paris*, XVIII). Après *Le Beau Navire* et *Ciel brouillé*, il établit une nouvelle correspondance entre la femme et l'univers.

◼ RÉFLÉCHIR

STRUCTURE : un beau rêve qui prend le large…

1. Comment le poète s'adresse-t-il à la femme aimée ? Comparez avec *Le Vin des amants*. Quel thème vous semble commun aux deux poèmes ?

2. Quel est le temps des verbes de la strophe 2 ? Quel est le mode du premier vers des strophes 1 et 3 ? Quelles sont leurs valeurs ?

3. À partir de ces réflexions, dégagez le mouvement du poème. En fait, de quel « voyage » s'agit-il ?

REGISTRES ET TONALITÉS : une chanson douce

4. Quels sont les différents mètres employés dans le poème ? Quel terme peut-on employer pour désigner les vers du distique* présent à la fin de chaque strophe ?

5. Pourquoi Baudelaire a-t-il préféré les vers courts et impairs ? Reportez-vous à l'« Art poétique » (dans *Jadis et Naguère*) de Verlaine pour préciser votre point de vue.

6. Quel travail sur les sonorités contribue à la musicalité du poème ?

THÈMES : un poème de l'ambiguïté

7. Un univers double : dans le doublet en prose de ce poème (*Le Spleen de Paris*, XVIII), le poète parle d'un pays « qu'on pourrait appeler l'Orient de l'Occident ». À quels détails cela peut-il renvoyer ici ? Quelle atmosphère est ainsi créée ? À quel pays peut-il faire référence ?

8. « Pays singulier, supérieur aux autres, comme l'Art l'est à la nature » *(Le Spleen de Paris)* : Baudelaire part-il du paysage réel pour les paysages qu'il évoque ? Quelles sont ses sources possibles (voir p. 14) ? Quel sens donne-riez-vous au mot « ciels » (v. 8) ?

9. Comment, dans la première strophe, s'opère la correspondance entre la femme et le paysage ?

10. Le poète va-t-il vers une découverte ou vers des retrouvailles ? Reportez-vous à la strophe 2. Quelle est la symbolique de ce voyage ?

◼ DIRE

Vous présenterez à l'oral deux interprétations du poème. Vous justifierez ensuite brièvement vos deux lectures.

LIV. L'IRRÉPARABLE

En 1855, ce poème avait pour titre : À la Belle aux cheveux d'or. *C'était aussi le titre de la féerie théâtrale dans laquelle s'était illustrée Marie Daubrun et on trouve ici de nombreuses allusions à cette pièce. Sous cette forme métaphorique est évoqué, lié à un passé « irréparable », le désespoir du poète damné.*

Pouvons-nous étouffer le vieux, le long Remords,
    Qui vit, s'agite et se tortille,
Et se nourrit de nous comme le ver des morts,
    Comme du chêne la chenille ?
5 Pouvons-nous étouffer l'implacable Remords ?

Dans quel philtre, dans quel vin, dans quelle tisane,
    Noierons-nous ce vieil ennemi,
Destructeur et gourmand comme la courtisane,
    Patient comme la fourmi ?
10 Dans quel philtre ? – dans quel vin ? – dans quelle tisane ?

Dis-le, belle sorcière, oh ! dis, si tu le sais,
    À cet esprit comblé d'angoisse
Et pareil au mourant qu'écrasent les blessés,
    Que le sabot du cheval froisse,
15 Dis-le, belle sorcière, oh ! dis, si tu le sais,

À cet agonisant que le loup déjà flaire
    Et que surveille le corbeau,
À ce soldat brisé ! s'il faut qu'il désespère
    D'avoir sa croix et son tombeau ;
20 Ce pauvre agonisant que déjà le loup flaire !

Peut-on illuminer un ciel bourbeux et noir ?
    Peut-on déchirer des ténèbres
Plus denses que la poix, sans matin et sans soir,
    Sans astres, sans éclairs funèbres ?
25 Peut-on illuminer un ciel bourbeux et noir ?

L'Espérance qui brille aux carreaux de l'Auberge
    Est soufflée, est morte à jamais !
Sans lune et sans rayons, trouver où l'on héberge
    Les martyrs d'un chemin mauvais !
30 Le Diable a tout éteint aux carreaux de l'Auberge !

Adorable sorcière, aimes-tu les damnés ?
Dis, connais-tu l'irrémissible[1] ?
Connais-tu le Remords, aux traits empoisonnés,
À qui notre cœur sert de cible ?
35 Adorable sorcière, aimes-tu les damnés ?

L'Irréparable ronge avec sa dent maudite
Notre âme, piteux monument,
Et souvent il attaque, ainsi que le termite,
Par la base le bâtiment.
40 L'Irréparable ronge avec sa dent maudite !

– J'ai vu parfois, au fond d'un théâtre banal
Qu'enflammait l'orchestre sonore,
Une fée allumer dans un ciel infernal
Une miraculeuse aurore ;
45 J'ai vu parfois au fond d'un théâtre banal

Un être, qui n'était que lumière, or et gaze,
Terrasser l'énorme Satan ;
Mais mon cœur, que jamais ne visite l'extase,
Est un théâtre où l'on attend
50 Toujours, toujours en vain, l'Être aux ailes de gaze !

LV. CAUSERIE

Ici, vis-à-vis de la femme aimée, le poète hésite entre désir et renoncement, comme entre tutoiement et vouvoiement. Le passé semble lui interdire d'aimer encore, mais la femme – douceur, sensualité ou allégorie de la Beauté cruelle ? – est une tentation impossible à conjurer…

Vous êtes un beau ciel d'automne, clair et rose !
Mais la tristesse en moi monte comme la mer,
Et laisse, en refluant, sur ma lèvre morose
4 Le souvenir cuisant de son limon amer.

---

1. **Irrémissible** : impardonnable.

– Ta main se glisse en vain sur mon sein qui se pâme ;
Ce qu'elle cherche, amie, est un lieu saccagé
Par la griffe et la dent féroce de la femme.
8 Ne cherchez plus mon cœur ; les bêtes l'ont mangé.

Mon cœur est un palais flétri par la cohue ;
On s'y soûle, on s'y tue, on s'y prend aux cheveux !
11 – Un parfum nage autour de votre gorge nue !…

Ô Beauté, dur fléau des âmes, tu le veux !
Avec tes yeux de feu, brillants comme des fêtes,
14 Calcine ces lambeaux qu'ont épargnés les bêtes !

LVI. CHANT D'AUTOMNE

Prédominance de la lumière et regret poignant qu'entraîne sa disparition ; confusion entre l'angoisse du poète et les bruits qui l'environnent ; image ambiguë de la femme, dont la tendresse semble vaine mais à laquelle il aspire encore : ce Chant d'automne *est un douloureux pressentiment d'un hiver intérieur où domine la pensée de la mort.*

I

Bientôt nous plongerons dans les froides ténèbres ;
Adieu, vive clarté de nos étés trop courts !
J'entends déjà tomber avec des chocs funèbres
4 Le bois retentissant sur le pavé des cours.

Tout l'hiver va rentrer dans mon être : colère,
Haine, frissons, horreur, labeur dur et forcé,
Et, comme le soleil dans son enfer polaire,
8 Mon cœur ne sera plus qu'un bloc rouge et glacé.

J'écoute en frémissant chaque bûche qui tombe ;
L'échafaud qu'on bâtit n'a pas d'écho plus sourd.
Mon esprit est pareil à la tour qui succombe
12 Sous les coups du bélier infatigable et lourd.

Il me semble, bercé par ce choc monotone,
Qu'on cloue en grande hâte un cercueil quelque part.

Pour qui ? – C'était hier l'été ; voici l'automne !
16 Ce bruit mystérieux sonne comme un départ.

II

J'aime de vos longs yeux la lumière verdâtre,
Douce beauté, mais tout aujourd'hui m'est amer,
Et rien, ni votre amour, ni le boudoir, ni l'âtre,
20 Ne me vaut le soleil rayonnant sur la mer.

Et pourtant aimez-moi, tendre cœur ! soyez mère,
Même pour un ingrat, même pour un méchant ;
Amante ou sœur, soyez la douceur éphémère
24 D'un glorieux automne ou d'un soleil couchant.

Courte tâche ! La tombe attend ; elle est avide !
Ah ! laissez-moi, mon front posé sur vos genoux,
Goûter, en regrettant l'été blanc et torride,
28 De l'arrière-saison le rayon jaune et doux !

LVII. À UNE MADONE[1]

À la fois idole richement parée, Immaculée Conception au croissant de lune foulant des pieds le serpent, et Vierge aux Sept Glaives, cette Madone composite, inspirée de l'art espagnol et peut-être de la célèbre légende du Jongleur de Notre-Dame, *devient une statuette sur laquelle le poète exerce son envoûtement et sa vengeance. Comme dans l'*Héautontimorouménos, *souffrance subie et infligée sont indissociables.*

EX-VOTO[2] DANS LE GOÛT ESPAGNOL

Je veux bâtir pour toi, Madone, ma maîtresse,
Un autel souterrain au fond de ma détresse,
Et creuser dans le coin le plus noir de mon cœur,

---

1. **Madone :** voir p. 80, note 1.
2. **Ex-voto :** objet portant une formule de reconnaissance qu'on place dans une église en remerciement d'une grâce obtenue.

Loin du désir mondain[1] et du regard moqueur,
5 Une niche, d'azur et d'or tout émaillée,
Où tu te dresseras, Statue émerveillée.
Avec mes Vers polis, treillis d'un pur métal
Savamment constellé de rimes de cristal,
Je ferai pour ta tête une énorme Couronne ;
10 Et dans ma Jalousie, ô mortelle Madone,
Je saurai te tailler un Manteau, de façon
Barbare, roide et lourd, et doublé de soupçon,
Qui, comme une guérite, enfermera tes charmes ;
Non de Perles brodé, mais de toutes mes Larmes !
15 Ta Robe, ce sera mon Désir, frémissant,
Onduleux, mon Désir qui monte et qui descend,
Aux pointes se balance, aux vallons se repose,
Et revêt d'un baiser tout ton corps blanc et rose.
Je te ferai de mon Respect de beaux Souliers
20 De satin, par tes pieds divins humiliés,
Qui, les emprisonnant dans une molle étreinte,
Comme un moule fidèle en garderont l'empreinte.
Si je ne puis, malgré tout mon art diligent,
Pour Marchepied tailler une Lune d'argent,
25 Je mettrai le Serpent[2] qui me mord les entrailles
Sous tes talons, afin que tu foules et railles,
Reine victorieuse et féconde en rachats[3],
Ce monstre tout gonflé de haine et de crachats.
Tu verras mes Pensers[4], rangés comme les Cierges
30 Devant l'autel fleuri de la Reine des Vierges,
Étoilant de reflets le plafond peint en bleu,
Te regarder toujours avec des yeux de feu ;
Et comme tout en moi te chérit et t'admire,

---

1. Mondain : qui s'oppose à ce qui est religieux, qui est attaché aux choses de ce monde, frivole, futile.
2. Le Serpent qui a tenté Ève dans la Genèse symbolise le péché, la tache originelle. Il est ici symboliquement écrasé par la Vierge, qui a eu le privilège d'être conçue sans tache (dogme de l'Immaculée Conception). Il désigne aussi, métaphoriquement, la jalousie du poète.
3. Rachats : pardons d'une faute.
4. Pensers : voir p. 28, note 4.

Tout se fera Benjoin[1], Encens[1], Oliban[2], Myrrhe[1],
35 Et sans cesse vers toi, sommet blanc et neigeux,
En Vapeurs montera mon Esprit orageux.

Enfin, pour compléter ton rôle de Marie,
Et pour mêler l'amour avec la barbarie,
Volupté noire ! des sept Péchés capitaux,
40 Bourreau plein de remords, je ferai sept Couteaux
Bien affilés, et, comme un jongleur[3] insensible,
Prenant le plus profond de ton amour pour cible,
Je les planterai tous dans ton Cœur pantelant[4],
Dans ton Cœur sanglotant, dans ton Cœur ruisselant !

LVIII. CHANSON D'APRÈS-MIDI

La femme est une sorcière comme dans Le Beau Navire, *ses cheveux renvoient aux mêmes paysages que ceux de* La Chevelure, *elle ressemble au sphinx de* La Beauté, *sa chair a les parfums d'*Harmonie du soir, *elle ressuscite les morts comme l'ange de* Réversibilité. *Comme la femme du* Poison, *elle mord et embrasse, elle est douce et cruelle à la fois ainsi que la Beauté de* L'Hymne à la Beauté, *saccageant l'âme du poète comme dans* À une Madone. *Langoureuse comme dans* Tristesses de la Lune, *c'est également un être solaire, seul capable de combattre le sombre spleen du poète. Ce poème convoque de nombreux thèmes baudelairiens et souligne une fois de plus l'ambiguïté de la figure féminine chez le poète.*

Quoique tes sourcils méchants
Te donnent un air étrange
Qui n'est pas celui d'un ange,
4 Sorcière aux yeux alléchants,

---

1. Benjoin, encens, myrrhe : voir p. 29, note 3 et p. 24, note 5.
2. Oliban : autre nom de l'encens.
3. Dans *Le Jongleur de Notre-Dame*, récit anonyme du Moyen Âge, un pauvre jongleur sans instruction vénère la Vierge en donnant devant sa statue une représentation complète de ses tours.
4. Pantelant : qui vient d'être tué et qui palpite encore ; au sens figuré : suffoqué d'émotion.

Je t'adore, ô ma frivole,
Ma terrible passion !
Avec la dévotion
8 Du prêtre pour son idole.

Le désert et la forêt
Embaument tes tresses rudes,
Ta tête a les attitudes
12 De l'énigme et du secret.

Sur ta chair le parfum rôde
Comme autour d'un encensoir[1] ;
Tu charmes comme le soir,
16 Nymphe ténébreuse et chaude.

Ah ! les philtres les plus forts
Ne valent pas ta paresse,
Et tu connais la caresse
20 Qui fait revivre les morts !

Tes hanches sont amoureuses
De ton dos et de tes seins,
Et tu ravis les coussins
24 Par tes poses langoureuses.

Quelquefois, pour apaiser
Ta rage mystérieuse,
Tu prodigues, sérieuse,
28 La morsure et le baiser ;

Tu me déchires, ma brune,
Avec un rire moqueur,
Et puis tu mets sur mon cœur
32 Ton œil doux comme la lune.

Sous tes souliers de satin,
Sous tes charmants pieds de soie,
Moi, je mets ma grande joie,
36 Mon génie et mon destin,

---

1. Encensoir : voir p. 38, note 1.

Mon âme par toi guérie,
Par toi, lumière et couleur !
Explosion de chaleur
40 Dans ma noire Sibérie !

LIX. SISINA

Ce poème, peut-être inspiré par une « séduisante aventurière » (Fusées) amie de madame Sabatier, multiplie pour le lecteur interpellé les tableaux d'une héroïne guerrière en plein mouvement. Chasse, révolution, aventures amoureuses sont autant de combats. L'humour n'est peut-être pas absent de ce sonnet qui se clôt sur une note optimiste : la femme ici sait faire preuve de douceur pour ses amants.

Imaginez Diane en galant équipage,
Parcourant les forêts ou battant les halliers[1],
Cheveux et gorge au vent, s'enivrant de tapage,
4 Superbe et défiant les meilleurs cavaliers !

Avez-vous vu Théroigne[2], amante du carnage,
Excitant à l'assaut un peuple sans souliers,
La joue et l'œil en feu, jouant son personnage,
8 Et montant, sabre au poing, les royaux escaliers ?

Telle la Sisina ! Mais la douce guerrière
A l'âme charitable autant que meurtrière ;
11 Son courage, affolé de poudre et de tambours,

Devant les suppliants sait mettre bas les armes,
Et son cœur, ravagé par la flamme, a toujours,
14 Pour qui s'en montre digne, un réservoir de larmes.

---

1. **Halliers :** buissons épais.
2. **Théroigne de Méricourt :** héroïne de la Révolution française.

LX. FRANCISCÆ MEÆ LAUDES

Pièce légère – un sous-titre dans l'édition de 1857 annonçait que ces vers étaient composés « pour une modiste érudite et dévote » – qui dans la versification imite les Psaumes. Le poète loue une Françoise inconnue, « femme délicieuse par qui les péchés sont remis » : sur le mode plaisant, il reprend les thèmes de « Que diras-tu ce soir… » *et du* Flambeau vivant.

Novis te cantabo chordis,
O novelletum quod ludis
3   In solitudine cordis.

Esto sertis implicata,
O femina delicata
6   Per quam solvuntur peccata !

Sicut beneficum Lethe,
Hauriam oscula de te,
9   Quæ imbuta es magnete.

Quum vitiorum tempestas
Turbabat omnes semitas,
12   Apparuisti, Deitas,

Velut stella salutaris
In naufragiis amaris…
15   Suspendam cor tuis aris !

Piscina plena virtutis,
Fons æternæ juventutis,
18   Labris vocem redde mutis !

Quod erat spurcum, cremasti ;
Quod rudius, exæquasti ;
21   Quod debile, confirmasti.

In fame mea taberna,
In nocte mea lucerna,
24   Recte me semper guberna.

Adde nunc vires viribus,
Dulce balneum suavibus
27   Unguentatum odoribus !

Meos circa lumbos mica,
O castitatis lorica,
30 Aqua tincta seraphica ;

Patera gemmis corusca,
Panis salsus, mollis esca,
33 Divinum vinum, Francisca !

LOUANGES DE MA FRANÇOISE

Je te chanterai sur des cordes nouvelles,
Ô ma bichette qui te joues
3 Dans la solitude de mon cœur.

Sois parée de guirlandes,
Ô femme délicieuse
6 Par qui les péchés sont remis !

Comme d'un bienfaisant Léthé,
Je puiserai des baisers de toi,
9 Qui es imprégnée d'aimant.

Quand la tempête des vices
Troublait toutes les routes,
12 Tu m'es apparue, Déité,

Comme une étoile salutaire
Dans les naufrages amers...
15 – Je suspendrai mon cœur à tes autels !

Piscine pleine de vertu,
Fontaine d'éternelle jouvence,
18 Rends la voix à mes lèvres muettes !

Ce qui était vil, tu l'as brûlé ;
Rude, tu l'as aplani ;
21 Débile, tu l'as affermi.

Dans la faim mon auberge,
Dans la nuit ma lampe,
24 Guide-moi toujours comme il faut.

Ajoute maintenant des forces à mes forces,
Doux bain parfumé
27 De suaves odeurs !

Brille autour de mes reins,
Ô ceinture de chasteté,
30 Trempée d'eau séraphique ;

Coupe étincelante de pierreries,
Pain relevé de sel, mets délicat,
33 Vin divin, Françoise.

LXI. À UNE DAME CRÉOLE

*Inspirés par la femme de son hôte à l'île Bourbon (voir p. 14),
ces vers mêlent la veine exotique aux thèmes et au lexique
ronsardiens.*

Au pays parfumé que le soleil caresse,
J'ai connu, sous un dais[1] d'arbres tout empourprés
Et de palmiers d'où pleut sur les yeux la paresse,
4 Une dame créole aux charmes ignorés.

Son teint est pâle et chaud ; la brune enchanteresse
A dans le cou des airs noblement maniérés ;
Grande et svelte en marchant comme une chasseresse,
8 Son sourire est tranquille et ses yeux assurés.

Si vous alliez, Madame, au vrai pays de gloire,
Sur les bords de la Seine ou de la verte Loire,
11 Belle digne d'orner les antiques manoirs,

Vous feriez, à l'abri des ombreuses retraites,
Germer mille sonnets dans le cœur des poètes,
14 Que vos grands yeux rendraient plus soumis que vos noirs.

---

1. **Dais** : baldaquin.

LXII. MŒSTA ET ERRABUNDA[1]

*Antithèses alliant un enfermement inexorable et l'ouverture
sur l'infini, rythme plein d'élan : ici les vers répétés évoquent
un ailleurs pur et lumineux, domaine de l'innocence retrouvée, qui s'oppose aux chagrins de la vie et de la ville.*

Dis-moi, ton cœur parfois s'envole-t-il, Agathe,
Loin du noir océan de l'immonde cité,
Vers un autre océan où la splendeur éclate,
Bleu, clair, profond, ainsi que la virginité ?
5 Dis-moi, ton cœur parfois s'envole-t-il, Agathe ?

La mer, la vaste mer, console nos labeurs !
Quel démon a doté la mer, rauque chanteuse
Qu'accompagne l'immense orgue des vents grondeurs,
De cette fonction sublime de berceuse ?
10 La mer, la vaste mer, console nos labeurs !

Emporte-moi, wagon ! enlève-moi, frégate[2] !
Loin ! loin ! ici la boue est faite de nos pleurs !
– Est-il vrai que parfois le triste cœur d'Agathe
Dise : Loin des remords, des crimes, des douleurs,
15 Emporte-moi, wagon, enlève-moi, frégate ?

Comme vous êtes loin, paradis parfumé,
Où sous un clair azur tout n'est qu'amour et joie,
Où tout ce que l'on aime est digne d'être aimé,
Où dans la volupté pure le cœur se noie !
20 Comme vous êtes loin, paradis parfumé !

Mais le vert paradis des amours enfantines,
Les courses, les chansons, les baisers, les bouquets,
Les violons vibrant derrière les collines,
Avec les brocs de vin, le soir, dans les bosquets,
25 – Mais le vert paradis des amours enfantines,

---

1. *Mœsta et errabunda* : « triste et vagabonde ».
2. **Frégate :** grand bateau à voiles.

L'innocent paradis, plein de plaisirs furtifs,
Est-il déjà plus loin que l'Inde et que la Chine ?
Peut-on le rappeler avec des cris plaintifs,
Et l'animer encor d'une voix argentine,
30 L'innocent paradis plein de plaisirs furtifs ?

LXIII. LE REVENANT

Le poète, dans ce sonnet, prend des caractéristiques qu'il donne le plus souvent à la femme : ange démoniaque (voir « Avec ses vêtements ondoyants et nacrés... ») qui tient de la lune (voir « Je t'adore à l'égal de la voûte nocturne... ») et du serpent. Comme dans À celle qui est trop gaie, *il prend sa revanche sur son habituel bourreau.*

Comme les anges à l'œil fauve,
Je reviendrai dans ton alcôve
Et vers toi glisserai sans bruit
4 Avec les ombres de la nuit ;

Et je te donnerai, ma brune,
Des baisers froids comme la lune
Et des caresses de serpent
8 Autour d'une fosse rampant.

Quand viendra le matin livide,
Tu trouveras ma place vide,
11 Où jusqu'au soir il fera froid.

Comme d'autres par la tendresse,
Sur ta vie et sur ta jeunesse,
13 Moi, je veux régner par l'effroi.

LXIV. SONNET D'AUTOMNE

Cette Marguerite associée à la fleur de même nom est-elle une référence à la poésie de la Renaissance, où cette pratique se trouve chez Ronsard et du Bellay ? Y a-t-il une allusion à Faust et à son « secret infernal » ? Ou Baudelaire a-t-il en tête un certain nombre de chansons populaires dans lesquelles ce prénom féminin est fréquent ? Quelle qu'elle soit, la femme apparaît une fois de plus (voir Semper eadem*) incapable de comprendre le poète qui aspire à un amour plus calme, loin des tourments de la passion charnelle (voir* Madrigal triste*).*

Ils me disent, tes yeux, clairs comme le cristal :
« Pour toi, bizarre amant, quel est donc mon mérite ? »
– Sois charmante et tais-toi ! Mon cœur, que tout irrite,
4 Excepté la candeur de l'antique animal,

Ne veut pas te montrer son secret infernal,
Berceuse dont la main aux longs sommeils m'invite,
Ni sa noire légende avec la flamme écrite.
8 Je hais la passion et l'esprit me fait mal !

Aimons-nous doucement. L'Amour dans sa guérite[1],
Ténébreux, embusqué, bande son arc fatal.
11 Je connais les engins de son vieil arsenal :

Crime, horreur et folie ! – Ô pâle marguerite !
Comme moi n'es-tu pas un soleil automnal,
14 Ô ma si blanche, ô ma si froide Marguerite ?

LXV. TRISTESSES DE LA LUNE

Ici, comme dans « Je t'adore à l'égal de la voûte nocturne… », Le Vin du solitaire, *ou le poème en prose* Bienfaits de la lune, *la femme et la lune sont mises en parallèle. L'originalité du poème est de prêter à la lune des attitudes langoureuses qui se retrouvent dans* Les Bijoux. *La lune, comme la femme, est source d'inspiration poétique.*

Ce soir, la lune rêve avec plus de paresse ;
Ainsi qu'une beauté, sur de nombreux coussins,
Qui d'une main distraite et légère caresse
4 Avant de s'endormir le contour de ses seins,

---

1. **Guérite :** abri pour les sentinelles.

Sur le dos satiné des molles avalanches,
Mourante, elle se livre aux longues pâmoisons[1],
Et promène ses yeux sur les visions blanches
8 Qui montent dans l'azur comme des floraisons.

Quand parfois sur ce globe[2], en sa langueur oisive,
Elle laisse filer une larme furtive,
11 Un poète pieux, ennemi du sommeil,

Dans le creux de sa main prend cette larme pâle,
Aux reflets irisés comme un fragment d'opale,
14 Et la met dans son cœur loin des yeux du soleil.

LXVI. LES CHATS

Les amoureux fervents et les savants austères
Aiment également, dans leur mûre saison,
Les chats puissants et doux, orgueil de la maison,
4 Qui comme eux sont frileux et comme eux sédentaires.

Amis de la science et de la volupté,
Ils cherchent le silence et l'horreur des ténèbres ;
L'Érèbe[3] les eût pris pour ses coursiers funèbres,
8 S'ils pouvaient au servage incliner leur fierté.

Ils prennent en songeant les nobles attitudes
Des grands sphinx allongés au fond des solitudes[4],
11 Qui semblent s'endormir dans un rêve sans fin ;

Leurs reins féconds sont pleins d'étincelles magiques,
Et des parcelles d'or, ainsi qu'un sable fin,
14 Étoilent vaguement leurs prunelles mystiques.

---

1. **Pâmoisons :** défaillances, évanouissements.
2. La Terre.
3. **Érèbe :** fils de Chaos et frère de la Nuit, il incarne les Ténèbres infernales dans la mythologie grecque.
4. **Solitudes :** lieux solitaires, d'où ici désert (terme vieilli ou poétique).

LES CHATS

SITUER

Avec d'autres pièces du recueil, ce poème rend hommage à ces animaux « philosophes ». Poème le plus célèbre du vivant de Baudelaire, c'est celui qui a engendré le plus de commentaires, dont la mémorable étude du linguiste Roman Jakobson et de l'anthropologue Claude Lévi-Strauss.

RÉFLÉCHIR

THÈMES : des chats et des hommes

1. À qui renvoie le pronom « Ils » du vers 6 ? Pourquoi y a-t-il ambiguïté sur le référent ? Quel est l'effet produit ?

2. En vous fondant sur des termes précis, analysez en quoi « amoureux », « savants » et « chats » se ressemblent. Comment passe-t-on de ressemblances superficielles à une sympathie ésotérique, c'est-à-dire entre initiés ?

REGISTRES ET TONALITÉS : le « grain de sel » de l'ironie

3. Où peut-on déceler de l'ironie dans le premier quatrain ? Qui le poète raille-t-il en fait ?

4. « Les matous aiment être dans le noir » écrit le critique Michael Riffaterre pour expliquer le sens des vers 6 et 7. Quelle intention peut-on prêter à Baudelaire dans la manière dont il exprime cela ? En même temps, en quoi le vers 7 prépare-t-il la suite ?

STRUCTURE : du « réel » au « surréel »

5. Dans quels lieux les chats apparaissent-ils successivement ? Rapprochez la structure de ce poème de celle de *La Beauté*. En quoi peut-on aussi les comparer au poète ?

6. Qu'apporte le rapprochement avec les sphinx ? En quoi le rythme et les sonorités du premier tercet rendent-ils les « nobles attitudes » ?

7. Trouvez le sens de « mystique » chez Baudelaire en relisant *La Vie antérieure*. Pourquoi les chats sont-ils donc chers aux « amis de la science et de la volupté » ?

LXVII. LES HIBOUX

« Presque tous nos malheurs nous viennent de ne pas avoir su rester dans notre chambre », écrit Baudelaire dans le poème en prose La Solitude, *citant de mémoire Pascal. Les hiboux, sédentaires et amis de la nuit comme les chats du poème précédent, mettent en garde contre le leurre que constitue le rêve d'évasion, si présent dans de nombreux poèmes (voir* Mœsta et errabunda*).*

Sous les ifs noirs qui les abritent,
Les hiboux se tiennent rangés,
Ainsi que des dieux étrangers,
4 Dardant leur œil rouge. Ils méditent.

Sans remuer ils se tiendront
Jusqu'à l'heure mélancolique
Où, poussant le soleil oblique,
8 Les ténèbres s'établiront.

Leur attitude au sage enseigne
Qu'il faut en ce monde qu'il craigne
11 Le tumulte et le mouvement ;

L'homme ivre d'une ombre qui passe
Porte toujours le châtiment
14 D'avoir voulu changer de place.

LXVIII. LA PIPE

Le motif de la pipe, amie du poète, se trouve déjà chez le baroque Saint-Amant. Ici, Baudelaire s'amuse en faisant parler la pipe et en mêlant métaphore recherchée et comparaison triviale. Les tercets associent implicitement le pouvoir apaisant de la pipe à celui de la femme.

Je suis la pipe d'un auteur ;
On voit, à contempler ma mine
D'Abyssinienne ou de Cafrine[1],
4 Que mon maître est un grand fumeur.

---

1. **Abyssinienne, Cafrine :** femmes de deux régions d'Afrique noire.

Quand il est comblé de douleur,
Je fume comme la chaumine[1]
Où se prépare la cuisine
8 Pour le retour du laboureur.

J'enlace et je berce son âme
Dans le réseau mobile et bleu
11 Qui monte de ma bouche en feu,

Et je roule un puissant dictame[2]
Qui charme son cœur et guérit
14 De ses fatigues son esprit.

LXIX. LA MUSIQUE

*Alternance d'alexandrins et de vers de cinq syllabes, impor-
tance des échos sonores : ce sonnet, de structure si inhabituelle, se
fait « musique ». Mais cette musique est aussi l'image de
l'inspiration poétique, indissociable des visions d'espace et de
mouvement. C'est par sa conclusion pessimiste que ce poème se
rattache à ceux qui l'entourent.*

La musique souvent me prend comme une mer !
    Vers ma pâle étoile,
Sous un plafond de brume ou dans un vaste éther[3],
4   Je mets à la voile ;

La poitrine en avant et les poumons gonflés
    Comme de la toile,
J'escalade le dos des flots amoncelés
8   Que la nuit me voile ;

Je sens vibrer en moi toutes les passions
    D'un vaisseau qui souffre ;
11 Le bon vent, la tempête et ses convulsions

    Sur l'immense gouffre
Me bercent. D'autres fois, calme plat, grand miroir
14   De mon désespoir !

---

1. **Chaumine :** petite chaumière.
2. **Dictame :** voir p. 76, note 2.
3. **Éther :** en poésie, désigne l'air le plus pur ou, par extension, les espaces célestes.

LXX. SÉPULTURE

Cette pièce est la première d'une suite de poèmes macabres aux « émanations de cimetières d'Hamlet » (lettre de Vigny). En évoquant le sort posthume d'une actrice (Marie Daubrun ?) – les acteurs jadis n'avaient pas le droit d'être enterrés en « terre chrétienne » – le poète multiplie les détails effroyables, propres à l'esthétique baroque, shakespearienne notamment, et des Jeunes-France (voir p. 235).

Si par une nuit lourde et sombre
Un bon chrétien, par charité,
Derrière quelque vieux décombre
4   Enterre votre corps vanté,

À l'heure où les chastes étoiles
Ferment leurs yeux appesantis,
L'araignée y fera ses toiles,
8   Et la vipère ses petits ;

Vous entendrez toute l'année
Sur votre tête condamnée
11   Les cris lamentables des loups

Et des sorcières faméliques[1],
Les ébats des vieillards lubriques[2]
14   Et les complots des noirs filous.

---

1. **Faméliques :** qui ne mangent pas à leur faim.
2. **Lubriques :** qui recherchent frénétiquement les plaisirs sexuels.

LXXI. UNE GRAVURE FANTASTIQUE

Ce poème très pictural a peut-être pour source une gravure de Joseph Haynes inspirée de l'Apocalypse, mais le paysage évoqué a bien des points communs avec l'univers mental du poète (voir De profundis clamavi, Spleen « Quand le ciel bas et lourd... »).*

Ce spectre singulier n'a pour toute toilette,
Grotesquement campé sur son front de squelette,
Qu'un diadème affreux sentant le carnaval.
Sans éperons, sans fouet, il essouffle un cheval,
5 Fantôme comme lui, rosse[1] apocalyptique,
Qui bave des naseaux comme un épileptique.
Au travers de l'espace ils s'enfoncent tous deux,
Et foulent l'infini d'un sabot hasardeux[2].
Le cavalier promène un sabre qui flamboie
10 Sur les foules sans nom que sa monture broie,
Et parcourt, comme un prince inspectant sa maison,
Le cimetière immense et froid, sans horizon,
Où gisent, aux lueurs d'un soleil blanc et terne,
Les peuples de l'histoire ancienne et moderne.

LXXII. LE MORT JOYEUX

L'antithèse du titre est le signe d'un paroxysme, d'un défi : « il s'agit d'évoquer sans tristesse les images les plus affreuses [...]. Le poète y réussit par le choix d'images qui respirent l'énergie plus que le néant. » (Jean Prévost)

Dans une terre grasse et pleine d'escargots
Je veux creuser moi-même une fosse profonde,
Où je puisse à loisir étaler mes vieux os
4 Et dormir dans l'oubli comme un requin dans l'onde.

---

1. **Rosse :** mauvais cheval.
2. **Hasardeux :** qui va au hasard.

Je hais les testaments et je hais les tombeaux ;
Plutôt que d'implorer une larme du monde,
Vivant, j'aimerais mieux inviter les corbeaux
8 À saigner tous les bouts de ma carcasse immonde.

Ô vers, noirs compagnons sans oreille et sans yeux,
Voyez venir à vous un mort libre et joyeux ;
11 Philosophes viveurs[1], fils de la pourriture,

À travers ma ruine[2] allez donc sans remords,
Et dites-moi s'il est encor quelque torture
14 Pour ce vieux corps sans âme et mort parmi les morts !

LXXIII. LE TONNEAU DE LA HAINE

Avec ce sonnet, on pénètre graduellement dans l'univers du spleen qui clôt la section. La haine, créature démoniaque, à la fois inextinguible et vaine, qui engendre le désespoir, apparaît ici sous l'aspect de deux allégories complémentaires : le tonneau sans fond et l'ivrogne.

La Haine est le tonneau des pâles Danaïdes[3] ;
La Vengeance éperdue aux bras rouges et forts
A beau précipiter dans ses ténèbres vides
4 De grands seaux pleins du sang et des larmes des morts,

Le Démon fait des trous secrets à ces abîmes,
Par où fuiraient mille ans de sueurs et d'efforts,
Quand même elle saurait ranimer ses victimes,
8 Et pour les pressurer[4] ressusciter leurs corps[5].

---

1. **Viveurs** : hommes qui mènent une vie de plaisirs, fêtards.
2. **Ruine** : ici au sens propre : débris d'un édifice (la « carcasse immonde »).
3. Parce qu'elles avaient tué leur époux la nuit de leurs noces sur ordre de leur père, les quarante-neuf filles de Danaos, personnage de la mythologie grecque, furent condamnées, dans les Enfers, à remplir sans cesse d'eau un tonneau sans fond.
4. **Pressurer** : presser, tirer de quelque chose tout ce qu'on peut tirer (à partir du sens propre : soumettre à l'action du pressoir).
5. Allusion à *La Pharsale* de Lucain, poète latin du Ier siècle de notre ère, où une magicienne saigne des cadavres pour ressusciter un mort.

La Haine est un ivrogne au fond d'une taverne,
Qui sent toujours la soif naître de la liqueur[1]
11 Et se multiplier comme l'hydre de Lerne[2].

– Mais les buveurs heureux connaissent leur vainqueur,
Et la Haine est vouée à ce sort lamentable
14 De ne pouvoir jamais s'endormir sous la table.

LXXIV. LA CLOCHE FÊLÉE

Faisant alterner exaltation et amertume, ce poème, situé juste avant la série des Spleens, *contribue à donner une note sombre à la fin de la section « Spleen et Idéal ». La cloche fêlée, image de la stérilité de l'âme du poète et de la difficulté insurmontable de la création poétique ?*

Il est amer et doux, pendant les nuits d'hiver,
D'écouter, près du feu qui palpite et qui fume,
Les souvenirs lointains lentement s'élever[3]
4 Au bruit des carillons qui chantent dans la brume.

Bienheureuse la cloche au gosier vigoureux
Qui, malgré sa vieillesse, alerte et bien portante,
Jette fidèlement son cri religieux,
8 Ainsi qu'un vieux soldat qui veille sous la tente !

Moi, mon âme est fêlée, et lorsqu'en ses ennuis
Elle veut de ses chants peupler l'air froid des nuits,
11 Il arrive souvent que sa voix affaiblie

Semble le râle épais d'un blessé qu'on oublie
Au bord d'un lac de sang, sous un grand tas de morts,
14 Et qui meurt, sans bouger, dans d'immenses efforts.

---

1. **Liqueur :** toute substance liquide.
2. **Hydre de Lerne :** monstre de la mythologie grecque dont les têtes multiples, si on les coupait, repoussaient immédiatement. Héraclès parvint à la tuer en brûlant chacune de ses blessures.
3. Rime normande.

LXXV. SPLEEN[1]

« Pour ne point parler de soi, Baudelaire prête son rhume à sa pendule », écrit plaisamment Prévost. Mais tous les lieux, tous les objets, prenant vie, clament l'ennui du poète.

Pluviôse[2], irrité contre la ville entière,
De son urne à grands flots verse un froid ténébreux
Aux pâles habitants du voisin cimetière
4 Et la mortalité sur les faubourgs brumeux.

Mon chat sur le carreau cherchant une litière
Agite sans repos son corps maigre et galeux ;
L'âme d'un vieux poète erre dans la gouttière
8 Avec la triste voix d'un fantôme frileux.

Le bourdon[3] se lamente, et la bûche enfumée
Accompagne en fausset[4] la pendule enrhumée,
11 Cependant qu'en un jeu plein de sales parfums,

Héritage fatal d'une vieille hydropique[5],
Le beau valet de cœur et la dame de pique
14 Causent sinistrement de leurs amours défunts.

---

1. **Spleen :** voir p. 250.
2. **Pluviôse :** cinquième mois du calendrier républicain (du 20 ou 21 janvier au 18 ou 19 février).
3. **Bourdon :** grosse cloche à son grave.
4. **Fausset :** voix grêle et nasillarde.
5. **Hydropique :** atteinte d'hydropisie, maladie caractérisée par une accumulation de liquides organiques, notamment à l'intérieur de l'abdomen.

LXXVI. SPLEEN

J'ai plus de souvenirs que si j'avais mille ans.

Un gros meuble à tiroirs encombré de bilans,
De vers, de billets doux, de procès, de romances,
Avec de lourds cheveux roulés dans des quittances,
5   Cache moins de secrets que mon triste cerveau.
C'est une pyramide, un immense caveau,
Qui contient plus de morts que la fosse commune.
– Je suis un cimetière abhorré de la lune,
Où comme des remords se traînent de longs vers
10 Qui s'acharnent toujours sur mes morts les plus chers[1].
Je suis un vieux boudoir plein de roses fanées,
Où gît tout un fouillis de modes surannées[2],
Où les pastels[3] plaintifs et les pâles Boucher[4],
Seuls, respirent l'odeur d'un flacon débouché[5].

15 Rien n'égale en longueur les boiteuses journées,
Quand sous les lourds flocons des neigeuses années
L'ennui, fruit de la morne incuriosité,
Prend les proportions de l'immortalité.
– Désormais tu n'es plus, ô matière vivante !
20 Qu'un granit entouré d'une vague épouvante,
Assoupi dans le fond d'un Sahara brumeux ;
Un vieux sphinx ignoré du monde insoucieux,
Oublié sur la carte, et dont l'humeur farouche
Ne chante qu'aux rayons du soleil qui se couche[6].

---

1. Il s'agit des souvenirs.
2. **Surannées** : qui évoquent une époque révolue, démodées, vieillottes.
3. **Pastel** : tableau réalisé avec des crayons aux teintes douces.
4. **Boucher** : peintre du XVIIIᵉ siècle dont les tableaux, au thème galant et aux couleurs douces, étaient souvent destinés aux boudoirs.
5. On a vu dans ces vers une allusion au père de Baudelaire, collectionneur d'art et pastelliste.
6. Ce sphinx fait le contraire de la statue de Memnon en Égypte, qui, selon la légende, émettait des sons harmonieux au soleil levant.

▮ SITUER

Quatre poèmes qui portent le même titre sont une subtile variation sur un thème primordial des *Fleurs du Mal*, un approfondissement continu de l'analyse du « véritable esprit de spleen ». Flaubert écrivait à Baudelaire : « Ah ! vous comprenez l'embêtement de l'existence, vous ! »

▮ RÉFLÉCHIR

THÈMES : espace et temps, la terreur d'un infini sans limites

1. Répertoriez les différentes « boîtes à souvenirs » qui sont évoquées dans le poème. Quelle progression remarque-t-on ?

2. Quels types de paysages symbolisent le spleen ? Dans quels autres poèmes se retrouvent-ils ?

3. Comment l'espace évolue-t-il au fil du poème ? Comparez avec le poème *Les Chats* (p. 110).

4. Comment les rimes, les sonorités, les diérèses*, le rythme des vers 15 à 18 créent-ils l'impression d'ennui ?

STRUCTURE : l'inspiration, fruit du spleen ?

5. Quels sens peut-on donner au mot « vers » (v. 9) ? Quel est l'intérêt de cette ambiguïté ?

6. Comment prosaïsme et poésie se mêlent-ils ? Dans quels autres poèmes trouve-t-on ce mélange ? Quelle est sa signification ici ?

7. Quel sens donneriez-vous à la disposition typographique du poème ? Mettez-la en rapport avec le titre.

8. Pourquoi le Sphinx ne chante-t-il que le soir ? Faites un rapprochement avec *Les Chats* et *Recueillement*. Que désigne donc l'expression "matière vivante" ?

▮ ÉCRIRE

Évoquez le bonheur par le biais d'une énumération d'éléments qui, selon vous, s'y rapportent.

LXXVII. SPLEEN

Comme dans Marion de Lorme *de Hugo, le roi baudelairien s'ennuie. C'est l'allégorie qui, comme dans le texte précédent, occupe tout le poème : l'impuissance, la cruauté, la morbidité, le rejet des plaisirs charnels appartiennent aussi au poète.*

Je suis comme le roi d'un pays pluvieux,
Riche, mais impuissant, jeune et pourtant très vieux,
Qui, de ses précepteurs[1] méprisant les courbettes,
S'ennuie avec ses chiens comme avec d'autres bêtes.
5 Rien ne peut l'égayer, ni gibier, ni faucon,
Ni son peuple mourant en face du balcon.
Du bouffon favori la grotesque ballade
Ne distrait plus le front de ce cruel malade ;
Son lit fleurdelisé[2] se transforme en tombeau,
10 Et les dames d'atour[3], pour qui tout prince est beau,
Ne savent plus trouver d'impudique toilette
Pour tirer un souris[4] de ce jeune squelette.
Le savant qui lui fait de l'or n'a jamais pu
De son être extirper l'élément corrompu,
15 Et dans ces bains de sang qui des Romains nous viennent,
Et dont sur leurs vieux jours les puissants se souviennent,
Il n'a su réchauffer ce cadavre hébété
Où coule au lieu de sang l'eau verte du Léthé[5].

---

1. **Précepteur :** personne chargée de l'instruction d'un enfant de famille riche qui ne va pas à l'école.
2. **Fleurdelisé :** décoré de fleurs de lys.
3. **Dames d'atour :** dames qui président à la toilette d'une reine.
4. **Souris :** sourire (mot vieilli).
5. **Léthé :** fleuve des Enfers qui procurait l'oubli à ceux qui y buvaient.

LXXVIII. SPLEEN

Dernier de la série des quatre Spleen *qu'a écrits Baudelaire, c'est peut-être celui qui permet d'appréhender le mieux l'ennui du poète : ce « vide strictement borné », inscrit à l'intérieur de l'image centrale du crâne et au sein d'un véritable drame qui se résout dans le désespoir. Doit-on voir ici l'évocation de ce que Baudelaire lui-même appelle son « hystérie » ?*

Quand le ciel bas et lourd pèse comme un couvercle
Sur l'esprit gémissant en proie aux longs ennuis,
Et que de l'horizon embrassant tout le cercle
4 Il nous verse un jour noir plus triste que les nuits ;

Quand la terre est changée en un cachot humide,
Où l'Espérance, comme une chauve-souris,
S'en va battant les murs de son aile timide
8 Et se cognant la tête à des plafonds pourris ;

Quand la pluie étalant ses immenses traînées
D'une vaste prison imite les barreaux,
Et qu'un peuple muet d'infâmes araignées
12 Vient tendre ses filets au fond de nos cerveaux,

Des cloches tout à coup sautent avec furie
Et lancent vers le ciel un affreux hurlement,
Ainsi que des esprits errants et sans patrie
16 Qui se mettent à geindre opiniâtrement.

– Et de longs corbillards, sans tambours ni musique,
Défilent lentement dans mon âme ; l'Espoir,
Vaincu, pleure, et l'Angoisse atroce, despotique,
20 Sur mon crâne incliné plante son drapeau noir.

LXXIX. OBSESSION

Dans une page du Génie du christianisme, *Chateaubriand dit que « les hommes ont pris dans les forêts la première idée de l'architecture ». Ici se retrouvent, dans un rythme brisé par les enjambements et les contre-rejets, les thèmes qui obsèdent le* *poète : une certaine répulsion face à ce qui lui ressemble (*Au lecteur, *L'Homme et la Mer) et la nature (*Rêve parisien*), un goût paradoxal pour la « sombre nuit » (*De profundis clamavi, L'Irrémédiable, *Le Crépuscule du soir, etc.), et le sens qu'il donne à sa mission (*Les Phares*).*

Grands bois, vous m'effrayez comme des cathédrales ;
Vous hurlez comme l'orgue ; et dans nos cœurs maudits,
Chambres d'éternel deuil où vibrent de vieux râles,
4 Répondent les échos de vos *De profundis*[1].

Je te hais, Océan ! tes bonds et tes tumultes,
Mon esprit les retrouve en lui ; ce rire amer
De l'homme vaincu, plein de sanglots et d'insultes,
8 Je l'entends dans le rire énorme de la mer.

Comme tu me plairais, ô nuit ! sans ces étoiles
Dont la lumière parle un langage connu !
11 Car je cherche le vide, et le noir, et le nu !

Mais les ténèbres sont elles-mêmes des toiles
Où vivent, jaillissant de mon œil par milliers,
14 Des êtres disparus aux regards familiers.

LXXX. LE GOÛT DU NÉANT

Comme les poèmes de cette fin de section, cette pièce a une tonalité sombre : le Temps dont on redoutait l'action destructrice (voir L'Ennemi, Le Guignon*) a accompli son œuvre, et le poète s'achemine en trois temps de la résignation à l'anéantissement.*

Morne esprit, autrefois amoureux de la lutte,
L'Espoir, dont l'éperon attisait ton ardeur,
Ne veut plus t'enfourcher ! Couche-toi sans pudeur,
Vieux cheval dont le pied à chaque obstacle bute.
5 Résigne-toi, mon cœur ; dors ton sommeil de brute.

1. Voir p. 65, note 1.

Esprit vaincu, fourbu ! Pour toi, vieux maraudeur[1],
L'amour n'a plus de goût, non plus que la dispute ;
Adieu donc, chants du cuivre et soupirs de la flûte !
Plaisirs, ne tentez plus un cœur sombre et boudeur !
10 Le Printemps adorable a perdu son odeur !

Et le Temps m'engloutit minute par minute,
Comme la neige immense un corps pris de roideur ;
Je contemple d'en haut le globe[2] en sa rondeur
Et je n'y cherche plus l'abri d'une cahute[3].
15 Avalanche, veux-tu m'emporter dans ta chute ?

LXXXI. ALCHIMIE[4] DE LA DOULEUR

*Sans doute inspiré d'*Un mangeur d'opium *de Thomas de Quincey, que Baudelaire venait de traduire, ce sonnet met en lumière l'action déterminante du spleen, qui transmue tout objet de joie ou de plaisir en sujet de deuil ou de dégoût, détournant ainsi sans cesse le poète de sa quête de l'idéal. Mais la poésie du spleen transfigure à son tour la triste réalité. C'est le sens du vers d'un poème sans titre destiné un moment à compléter la préface des* Fleurs du Mal *: « Tu m'as donné ta boue et j'en ai fait de l'or. »*

L'un t'éclaire avec son ardeur,
L'autre en toi met son deuil, Nature !
Ce qui dit à l'un : Sépulture !
4 Dit à l'autre : Vie et splendeur !

Hermès[5] inconnu qui m'assistes
Et qui toujours m'intimidas,
Tu me rends l'égal de Midas[6],
8 Le plus triste des alchimistes ;

---

1. **Maraudeur :** voleur.
2. **Le globe :** voir p. 110, note 2.
3. **Cahute :** pauvre cabane.
4. **Alchimie :** science occulte qui visait notamment à transformer le fer en or.
5. **Hermès :** voir p. 20, note 2.
6. **Midas :** dans la mythologie grecque, roi de Phrygie qui avait reçu le pouvoir de transformer en or tout ce qu'il touchait. Mais il s'était condamné ainsi à périr de faim et de soif…

Par toi je change l'or en fer
Et le paradis en enfer ;
11 Dans le suaire[1] des nuages

Je découvre un cadavre cher,
Et sur les célestes rivages
14 Je bâtis de grands sarcophages.

LXXXII. HORREUR SYMPATHIQUE[2]

Contrairement au Cygne *ou aux* Aveugles, *le « libertin » n'interroge pas le ciel sinistre qui est ici, comme le suggère le titre, à l'unisson de son âme entièrement en proie aux tourments infernaux.*

De ce ciel bizarre et livide,
Tourmenté comme ton destin,
Quels pensers dans ton âme vide
4 Descendent ? réponds, libertin.

– Insatiablement avide
De l'obscur et de l'incertain,
Je ne geindrai pas comme Ovide[3]
8 Chassé du paradis latin.

Cieux déchirés comme des grèves,
En vous se mire mon orgueil ;
11 Vos vastes nuages en deuil

Sont les corbillards de mes rêves,
Et vos lueurs sont le reflet
14 De l'Enfer où mon cœur se plaît.

---

1. **Suaire :** voir p. 33, note 1.
2. **Sympathique :** qui est lié par affinité avec quelque chose ou quelqu'un.
3. **Ovide :** poète latin qui exprime dans *Les Tristes* la douleur de l'exil.

LXXXIII. L'HÉAUTONTIMOROUMÉNOS[1]

À J. G. F.

Je te frapperai sans colère
Et sans haine, comme un boucher,
Comme Moïse[2] le rocher !
4 Et je ferai de ta paupière,

Pour abreuver mon Sahara,
Jaillir les eaux de la souffrance.
Mon désir gonflé d'espérance
8 Sur tes pleurs salés nagera

Comme un vaisseau qui prend le large,
Et dans mon cœur qu'ils soûleront
Tes chers sanglots retentiront
12 Comme un tambour qui bat la charge !

Ne suis-je pas un faux accord
Dans la divine symphonie,
Grâce à la vorace Ironie
16 Qui me secoue et qui me mord ?

Elle est dans ma voix, la criarde !
C'est tout mon sang, ce poison noir !
Je suis le sinistre miroir
20 Où la mégère[3] se regarde.

Je suis la plaie et le couteau !
Je suis le soufflet et la joue !
Je suis les membres et la roue[4],
24 Et la victime et le bourreau !

---

1. *L'Héautontimorouménos* : « celui qui se punit lui-même », titre d'une comédie de Térence, poète comique latin du IIe siècle avant J.-C.
2. **Moïse** : voir p. 42, note 4.
3. **Mégère** : 1. L'une des trois divinités de la justice et de la vengeance. 2. Couramment, femme méchante et acariâtre.
4. **Roue** : instrument sur lequel on brisait les membres des suppliciés.

■ SITUER

La dédicataire est-elle Jeanne, à propos de laquelle il écrit : « Je me suis amusé à martyriser et j'ai été martyrisé à mon tour » ? Est-elle Marie Daubrun, et serait-ce ici un poème-conclusion à leur aventure ? Les initiales gardent leur secret...

■ RÉFLÉCHIR

THÈMES : *je* est-il un *autre* ?

1. À partir de quelle strophe se justifie le titre du poème ?

2. Quel qualificatif peut s'appliquer aux relations du poète et de l'être aimé ? En quoi la fin du poème modifie-t-elle cet éclairage ? Quelle différence de tonalité notez-vous avec *À une Madone* (p. 99) ?

3. Baudelaire écrit dans *Journaux intimes* : « Moi je dis : la volupté unique et suprême de l'amour gît dans la certitude de faire le mal ». Qui souffre ici ? Comparez avec le poème *Le Vampire* (p. 67).

4. Comment l'image du vampire est-elle amenée dans le poème ? En quoi le dédoublement de soi-même conduit-il à l'ironie ? Dans *Recueillement* (p. 203), quelle forme ce dédoublement prend-il ?

REGISTRES ET TONALITÉS : la conscience dans le Mal

5. À quel effet concourent le choix du mètre, les répétitions de figure, les anaphores* ?

6. Relisez les quelques poèmes qui précèdent celui-ci et ceux qui le suivent. Quelle est la tonalité de la fin de cette partie des *Fleurs du Mal* ?

7. Relevez les images contenues dans les trois premières strophes. À quoi sert la souffrance de l'être aimé pour le poète des *Fleurs du Mal* ?

8. La figure satanique à laquelle le poète s'assimile pour finir vous semble-t-elle triomphante ? Pourquoi ?

Je suis de mon cœur le vampire,
– Un de ces grands abandonnés
Au rire éternel condamnés,
28 Et qui ne peuvent plus sourire !

LXXXIV. L'IRRÉMÉDIABLE

Ce poème, sans doute inspiré par les études que Baudelaire venait d'écrire sur Poe, est encore un examen de conscience. Ange, malheureux puis damné ; azur, gouffre puis geôle : la chute est irrémédiable, et la Providence diabolique. Mais la lucidité, source de désespoir, engendre aussi l'orgueil chez le poète et lui permet d'accéder à un autre univers, celui de la création poétique.

I

Une Idée, une Forme, un Être
Parti de l'azur et tombé
Dans un Styx[1] bourbeux et plombé
4 Où nul œil du Ciel ne pénètre ;

Un Ange, imprudent voyageur
Qu'a tenté l'amour du difforme,
Au fond d'un cauchemar énorme
8 Se débattant comme un nageur,

Et luttant, angoisses funèbres !
Contre un gigantesque remous
Qui va chantant comme les fous
12 Et pirouettant dans les ténèbres ;

Un malheureux ensorcelé
Dans ses tâtonnements futiles,
Pour fuir d'un lieu plein de reptiles,
16 Cherchant la lumière et la clé ;

---

1. **Styx** : voir p. 45, note 1 ; il symbolise ici la matière.

Un damné descendant sans lampe,
Au bord d'un gouffre dont l'odeur
Trahit l'humide profondeur,
20 D'éternels escaliers sans rampe,

Où veillent des monstres visqueux
Dont les larges yeux de phosphore
Font une nuit plus noire encore
24 Et ne rendent visibles qu'eux ;

Un navire pris dans le pôle,
Comme en un piège de cristal,
Cherchant par quel détroit fatal
28 Il est tombé dans cette geôle ;

– Emblèmes nets, tableau parfait
D'une fortune irrémédiable,
Qui donne à penser que le Diable
32 Fait toujours bien tout ce qu'il fait !

II

Tête-à-tête sombre et limpide
Qu'un cœur devenu son miroir !
Puits de Vérité, clair et noir,
36 Où tremble une étoile livide,

Un phare ironique, infernal[1],
Flambeau des grâces sataniques,
Soulagement et gloire uniques,
40 – La conscience dans le Mal !

---

1. Ce vers signifie peut-être que la conscience de soi sert à éclairer les beautés ou les voluptés coupables (édition Crépet-Blin).

LXXXV. L'HORLOGE

Horloge ! dieu sinistre, effrayant, impassible,
Dont le doigt nous menace et nous dit : « *Souviens-toi !*
Les vibrantes Douleurs dans ton cœur plein d'effroi
4 Se planteront bientôt comme dans une cible ;

« Le Plaisir vaporeux[1] fuira vers l'horizon
Ainsi qu'une sylphide[2] au fond de la coulisse ;
Chaque instant te dévore un morceau du délice
8 À chaque homme accordé pour toute sa saison.

« Trois mille six cents fois par heure, la Seconde
Chuchote : *Souviens-toi !* – Rapide, avec sa voix
D'insecte, Maintenant dit : Je suis Autrefois,
12 Et j'ai pompé ta vie avec ma trompe immonde !

« *Remember ! Souviens-toi*, prodigue ! *Esto memor !*
(Mon gosier de métal parle toutes les langues.)
Les minutes, mortel folâtre[3], sont des gangues[4]
16 Qu'il ne faut pas lâcher sans en extraire l'or !

« *Souviens-toi* que le Temps est un joueur avide
Qui gagne sans tricher, à tout coup ! c'est la loi.
Le jour décroît ; la nuit augmente ; *souviens-toi !*
20 Le gouffre a toujours soif ; la clepsydre[5] se vide.

« Tantôt[6] sonnera l'heure où le divin Hasard,
Où l'auguste Vertu, ton épouse encor[7] vierge,
Où le Repentir même (oh ! la dernière auberge !),
24 Où tout te dira : Meurs, vieux lâche ! il est trop tard ! »

---

1. **Vaporeux** : voir p. 20, note 4.
2. **Sylphide** : génie féminin, plein de grâce aérienne, qui était un personnage traditionnel du théâtre de l'époque. C'était aussi une créature de rêve, fille de l'imagination (voir les *Mémoires d'outre-tombe* de Chateaubriand).
3. **Folâtre** : qui aime à jouer (sens vieilli). Voir Pascal qui blâme l'homme de penser davantage à oublier la mort dans le divertissement qu'à son salut.
4. **Gangue** : substance qui entoure un minerai, une pierre précieuse à l'état naturel.
5. **Clepsydre** : horloge à eau.
6. **Tantôt** : bientôt (sens vieilli).
7. **Encor** : cette orthographe est une licence poétique.

L'HORLOGE

SITUER

Avec *L'Héautontimorouménos*, *L'Irrémédiable* et ce poème final, s'accentue le pessimisme de cette section, dans l'édition de 1861. Le thème du temps qui s'enfuit n'est pas nouveau, mais il constitue une hantise pour Baudelaire. Il avait, dit-on, ôté les aiguilles de sa pendule et inscrit sur le cadran : « Il est plus tard que tu ne crois. »

RÉFLÉCHIR

THÈMES : le renouvellement d'un lieu commun

1. Citez d'autres écrivains ayant évoqué la fuite du temps. D'après les deux premières strophes, quelles sont les perspectives d'avenir pour l'homme ?

2. Dans les strophes 3 à 5, relevez les enjambements externes et internes. Quel rythme donnent-ils aux vers ? Quel sentiment du poète peuvent-ils traduire ?

3. Le « Memento » (« Souviens-toi ») apparaissait souvent dans la bouche des prédicateurs, au cours de leurs sermons. Par qui est-il prononcé ici ? À qui est assimilée l'horloge ? Quel est le rôle des allégories* ?

STRATÉGIES : vers un dernier bilan

4. Rapprochez la quatrième strophe des poèmes *L'Ennemi* et *Le Guignon* (p. 39 et 40). Quelle est la principale obsession du poète ?

5. En quoi l'heure de la mort apparaît-elle comme un ultime examen de conscience, comme ceux auxquels s'obligeait quotidiennement Baudelaire ? Quel est le constat final ?

6. Quel sens donnez-vous aux futurs contenus dans le poème ? Est-il déjà trop tard ?

DIRE

Le poète, au moment du Jugement dernier, justifie la manière dont il a vécu. Imaginez son discours argumenté.

TABLEAUX PARISIENS

LXXXVI. PAYSAGE

Je veux, pour composer chastement mes églogues[1],
Coucher auprès du ciel, comme les astrologues,
Et, voisin des clochers, écouter en rêvant
Leurs hymnes solennels emportés par le vent.
5 Les deux mains au menton, du haut de ma mansarde,
Je verrai l'atelier qui chante et qui bavarde ;
Les tuyaux, les clochers, ces mâts de la cité,
Et les grands ciels qui font rêver d'éternité.

Il est doux, à travers les brumes, de voir naître
10 L'étoile dans l'azur, la lampe à la fenêtre,
Les fleuves de charbon monter au firmament
Et la lune verser son pâle enchantement.
Je verrai les printemps, les étés, les automnes ;
Et quand viendra l'hiver aux neiges monotones,
15 Je fermerai partout portières et volets
Pour bâtir dans la nuit mes féeriques palais.
Alors je rêverai des horizons bleuâtres,
Des jardins, des jets d'eau pleurant dans les albâtres,
Des baisers, des oiseaux chantant soir et matin,
20 Et tout ce que l'Idylle a de plus enfantin.
L'Émeute[2], tempêtant vainement à ma vitre,
Ne fera pas lever mon front de mon pupitre ;
Car je serai plongé dans cette volupté
D'évoquer le Printemps avec ma volonté,
25 De tirer un soleil de mon cœur, et de faire
De mes pensers[3] brûlants une tiède atmosphère.

---

1. **Églogues :** petits poèmes mettant en scène des bergers. Voir *l'Idylle* et la poésie imaginée par le poète aux vers 17 à 20.
2. **Émeute :** s'agit-il d'une tournure métaphorique désignant la tourmente de l'hiver ou les plaisirs de la foule (voir *Recueillement*), ou est-ce une allusion aux émeutes de 1848 ?
3. Voir p. 28, note 4.

SITUER

Dans ce premier poème des *Tableaux parisiens*, le poète rend un hommage ambigu au paysage de la ville moderne qu'il contemple du haut de sa mansarde : le ciel parisien l'incite au rêve et son imagination lui fait entrevoir d'autres paysages (voir *Rêve parisien*) dans une solitude de « tour d'ivoire » qui le tient à l'écart du monde.

RÉFLÉCHIR

STRATÉGIES : la fonction du poète
1. Quelle est l'attitude du poète par rapport aux autres hommes ? Établissez des comparaisons avec *À une passante*, *Les Aveugles* et *Recueillement*.
2. Dans la première séquence du poème, à quoi la cité est-elle assimilée ? Qu'est-ce que cette similitude suscite chez le poète ? À quoi correspond la seconde séquence du poème ?

REGISTRES ET TONALITÉS : un art poétique ambigu
3. De quelle sorte de poésie rêve le poète ? Quelles remarques pouvez-vous faire si vous la comparez avec celle qu'il a écrite ? Cet « art poétique » est-il entièrement sérieux ?
4. En quoi ce poème est-il une bonne introduction à la section *Tableaux parisiens* ? Quels points communs a-t-il avec *Le Soleil* (p. 134) ? Comparez la tonalité des deux premiers poèmes de la section avec celle des deux derniers.
5. Du vers 5 au vers 16, relevez les éléments de paysage qui évoquent la ville dans sa modernité et son prosaïsme. Par quels procédés stylistiques cette description devient-elle poétique ?

ÉCRIRE

6. Le critique Léon Daudet écrit : « Dans ses poèmes parisiens, Baudelaire extrait la quintessence, toxique et salubre, de cet immense laboratoire de pierre, où fument les pires instincts, où flamboient les aspirations les plus hautes et que domine, en somme, le Sacré-Cœur. » En vous référant aux quatre poèmes évoqués dans la question 4, dites clairement en quelques lignes quels sont les deux aspects de la poésie de Baudelaire distingués par le critique, puis dégagez-les dans les poèmes et dites quel est celui qui vous semble dominer.

LXXXVII. LE SOLEIL

Dans cette pièce d'inspiration baroque[1] – par les thèmes du soleil bienfaisant et du poète à la recherche de la rime –, Baudelaire évoque les tristes faubourgs populaires. Seul le poète, semblable à un soleil, est capable de faire naître la poésie de cet univers sordide et morbide.

Le long du vieux faubourg, où pendent aux masures
Les persiennes, abri des secrètes luxures[2],
Quand le soleil cruel frappe à traits redoublés
Sur la ville et les champs, sur les toits et les blés,
5 Je vais m'exercer seul à ma fantasque[3] escrime,
Flairant dans tous les coins les hasards de la rime,
Trébuchant sur les mots comme sur les pavés,
Heurtant parfois des vers depuis longtemps rêvés.

Ce père nourricier, ennemi des chloroses[4],
10 Éveille dans les champs les vers comme les roses ;
Il fait s'évaporer les soucis vers le ciel,
Et remplit les cerveaux et les ruches de miel.
C'est lui qui rajeunit les porteurs de béquilles
Et les rend gais et doux comme des jeunes filles,
15 Et commande aux moissons de croître et de mûrir
Dans le cœur immortel qui toujours veut fleurir !

Quand, ainsi qu'un poète, il descend dans les villes,
Il ennoblit le sort des choses les plus viles,
Et s'introduit en roi, sans bruit et sans valets,
20 Dans tous les hôpitaux et dans tous les palais.

---

1. Voir p. 233.
2. Luxures : débauches, orgies.
3. Fantasque : fantaisiste.
4. Chloroses : voir p. 50, note 2.

LXXXVIII. À UNE MENDIANTE ROUSSE

Baudelaire reprend le thème baroque[1] de la belle mendiante, mais les derniers quatrains l'inscrivent dans la réalité parisienne contemporaine : elle devient une figure de la misère et du vice des villes modernes, dont le poète seul sait extraire la beauté.

Blanche fille aux cheveux roux,
Dont la robe par ses trous
Laisse voir la pauvreté
4   Et la beauté,

Pour moi, poète chétif,
Ton jeune corps maladif,
Plein de taches de rousseur,
8   A sa douceur.

Tu portes plus galamment
Qu'une reine de roman
Ses cothurnes[2] de velours
12   Tes sabots lourds.

Au lieu d'un haillon trop court,
Qu'un superbe habit de cour
Traîne à plis bruyants et longs
16   Sur tes talons ;

En place de bas troués,
Que pour les yeux des roués[3]
Sur ta jambe un poignard d'or
20   Reluise encor ;

Que des nœuds mal attachés
Dévoilent pour nos péchés
Tes deux beaux seins, radieux
24   Comme des yeux ;

---

1. Voir p. 233.
2. Cothurnes : à l'origine, chaussures que portaient les acteurs tragiques du théâtre antique. Au XIXᵉ siècle, chaussures lacées par des rubans.
3. Roués : débauchés.

Que pour te déshabiller
Tes bras se fassent prier
Et chassent à coups mutins[1]
28   Les doigts lutins[2],

Perles de la plus belle eau,
Sonnets de maître Belleau[3]
Par tes galants mis aux fers[4]
32   Sans cesse offerts,

Valetaille de rimeurs
Te dédiant leurs primeurs[5]
Et contemplant ton soulier
36   Sous l'escalier,

Maint page épris du hasard,
Maint seigneur et maint Ronsard
Épieraient pour le déduit[6]
40   Ton frais réduit !

Tu compterais dans tes lits
Plus de baisers que de lis
Et rangerais sous tes lois
44   Plus d'un Valois[7] !

– Cependant tu vas gueusant
Quelque vieux débris gisant
Au seuil de quelque Véfour[8]
48   De carrefour ;

Tu vas lorgnant en dessous
Des bijoux de vingt-neuf sous
Dont je ne puis, oh ! pardon !
52   Te faire don.

---

1. **Mutins** : espiègles.
2. **Lutins** : qui lutinent, qui caressent.
3. **Belleau** : poète de la Pléiade, comme Ronsard.
4. **Fers** : les « chaînes » de l'amour.
5. **Primeurs** : nouveautés.
6. **Déduit** : plaisirs de l'amour (mot vieilli).
7. **Valois** : branche des Capétiens qui régna en France de 1328 à 1589.
8. **Véfour** : nom de deux grands restaurants parisiens. Le terme est utilisé par antonomase (le nom propre est mis pour le nom commun).

Va donc, sans autre ornement,
Parfum, perles, diamant,
Que ta maigre nudité,
56   Ô ma beauté !

LXXXIX. LE CYGNE

À Victor Hugo.

I

Andromaque[1], je pense à vous ! Ce petit fleuve,
Pauvre et triste miroir où jadis resplendit
L'immense majesté de vos douleurs de veuve,
4 Ce Simoïs menteur qui par vos pleurs grandit,

A fécondé soudain ma mémoire fertile,
Comme je traversais le nouveau Carrousel[2].
Le vieux Paris n'est plus (la forme d'une ville
8 Change plus vite, hélas ! que le cœur d'un mortel) ;

Je ne vois qu'en esprit tout ce camp de baraques,
Ces tas de chapiteaux ébauchés et de fûts[3],
Les herbes, les gros blocs verdis par l'eau des flaques,
12 Et, brillant aux carreaux, le bric-à-brac confus.

Là s'étalait jadis une ménagerie ;
Là je vis, un matin, à l'heure où sous les cieux
Froids et clairs le Travail s'éveille, où la voirie[4]
16 Pousse un sombre ouragan dans l'air silencieux,

---

1. Après la prise de Troie, Andromaque, veuve d'Hector, devint l'esclave de Pyrrhus, fils d'Achille. Elle fut ensuite cédée par celui-ci à l'esclave troyen Hélénus, frère d'Hector. Elle avait fait alors reproduire en miniature le Simoïs, fleuve de la plaine troyenne. La source est l'*Énéide* de Virgile.

2. **Carrousel :** esplanade entre le Louvre et les Tuileries, aménagée sous le second Empire, après la destruction du vieux quartier.

3. Désigne les colonnes en construction des bâtiments destinés à agrandir le palais du Louvre.

4. Bien qu'il ne soit pas attesté dans les dictionnaires du temps, le sens de « véhicule chargé du nettoiement » paraît préférable à celui de « ensemble des voies entretenues par l'administration publique ».

Un cygne qui s'était évadé de sa cage,
Et, de ses pieds palmés frottant le pavé sec,
Sur le sol raboteux traînait son blanc plumage.
20 Près d'un ruisseau sans eau la bête ouvrant le bec

Baignait nerveusement ses ailes dans la poudre[1],
Et disait, le cœur plein de son beau lac natal :
« Eau, quand donc pleuvras-tu ? quand tonneras-tu, foudre ? »
24 Je vois ce malheureux, mythe[2] étrange et fatal,

Vers le ciel quelquefois, comme l'homme d'Ovide[3],
Vers le ciel ironique et cruellement bleu,
Sur son cou convulsif tendant sa tête avide,
28 Comme s'il adressait des reproches à Dieu !

II

Paris change ! mais rien dans ma mélancolie
N'a bougé ! palais neufs, échafaudages, blocs,
Vieux faubourgs, tout pour moi devient allégorie,
32 Et mes chers souvenirs sont plus lourds que des rocs.

Aussi devant ce Louvre une image m'opprime :
Je pense à mon grand cygne, avec ses gestes fous,
Comme les exilés, ridicule et sublime,
36 Et rongé d'un désir sans trêve ! et puis à vous,

Andromaque, des bras d'un grand époux tombée,
Vil bétail, sous la main du superbe Pyrrhus,
Auprès d'un tombeau vide[4] en extase courbée ;
40 Veuve d'Hector, hélas ! et femme d'Hélénus !

---

1. **Poudre :** poussière (sens vieilli).
2. L'image du cygne a souvent été appliquée au poète : ainsi on appelait Virgile « le cygne de Mantoue ». On croyait par ailleurs que le cygne, avant de mourir, chantait d'une manière très mélodieuse. L'expression « chant du cygne » s'applique à la dernière œuvre d'un homme de talent.
3. Ce poète latin, exilé, raconte que celui qui créa l'homme lui ordonna de contempler les cieux, contrairement aux autres animaux.
4. Andromaque l'avait construit sur les lieux de sa captivité pour honorer la mémoire d'Hector.

▰ SITUER

Ce poème, écrit après le bouleversement qu'a provoqué chez Baudelaire la révolution de 1848, et dédié à Victor Hugo, le grand exilé, s'inscrit comme une réflexion sur la condition de l'étranger parmi les hommes et le pouvoir fertile du souvenir...

▰ RÉFLÉCHIR

STRUCTURE : de l'anecdote au drame humain

1. À quoi correspondent les deux parties du poème ? À quel type de poésie pouvez-vous rattacher chacune d'elles ?

2. En quoi le début du poème est-il surprenant ? En quoi les deux premières strophes annoncent-elles tous les thèmes du poème ? Étudiez dans ce sens le lexique.

3. Comment passe-t-on d'Andromaque au cygne et comment revient-on à elle et « à bien d'autres encore » ?

REGISTRES ET TONALITÉS : un lyrisme maîtrisé

4. Relevez dans la première partie les discordances* entre la phrase et le vers, entre la phrase et la strophe. Dans quel sens infléchissent-elles le ton de cette partie ?

5. Dans la seconde partie, étudiez les procédés (répétitions, modalités, lexique) par lesquels le ton se fait de plus en plus lyrique.

STRATÉGIES : « En tout spectacle, il se cherche... » (Jean Prévost)

6. D'après les vers 37 à 40, quel est le sentiment du poète vis-à-vis de la veuve d'Hector ? Quel rapprochement peut-on faire avec la vie de Baudelaire (voir p. 16) ?

7. Comment, dans les vers 9 à 12 et 29 à 32, se marquent formellement les profonds bouleversements que subit Paris ? D'après ces vers, quel regard le poète porte-t-il sur le nouveau Paris en construction ?

8. À quel autre oiseau, évoqué dans un autre poème, le cygne ressemble-t-il ? À qui peut-on donc l'assimiler également ?

9. Quelle strophe met en lumière le point commun entre tous les êtres évoqués par le poète ? En quoi le poète leur ressemble-t-il ?

Je pense à la négresse, amaigrie et phtisique[1],
Piétinant dans la boue, et cherchant, l'œil hagard,
Les cocotiers absents de la superbe[2] Afrique
Derrière la muraille immense du brouillard ;
45 À quiconque a perdu ce qui ne se retrouve
Jamais, jamais ! à ceux qui s'abreuvent de pleurs
Et tettent la Douleur comme une bonne louve[3] !
Aux maigres orphelins séchant comme des fleurs !

Ainsi dans la forêt où mon esprit s'exile
50 Un vieux Souvenir sonne à plein souffle du cor !
Je pense aux matelots oubliés dans une île,
Aux captifs, aux vaincus !... à bien d'autres encor[4] !

XC. LES SEPT VIEILLARDS

Comme Hugo, Baudelaire « voit le mystère partout », saisit « la monstruosité qui enveloppe l'homme ». Il sait traduire « tout ce qu'il y a d'humain dans n'importe quoi, et aussi tout ce qu'il y a de divin, de sacré ou de diabolique » (Baudelaire, Réflexions sur quelques-uns de mes contemporains, « Sur Victor Hugo ») : *dans la brume parisienne, la ville devient un vestibule de l'Enfer. « Vous créez un frisson nouveau », lui répondit Hugo à la réception de ce poème.*

À Victor Hugo.

Fourmillante cité, cité pleine de rêves,
Où le spectre en plein jour raccroche[5] le passant !
Les mystères partout coulent comme des sèves
4 Dans les canaux étroits du colosse puissant.

---

1. **Phtisique :** tuberculeuse.
2. **Superbe :** fière.
3. Allusion à la louve de la mythologie latine qui allaita Rémus et Romulus, le futur roi de Rome.
4. **Encor :** voir p. 130, note 7.
5. **Raccroche :** aborde comme le fait une prostituée.

Un matin, cependant que dans la triste rue
Les maisons, dont la brume allongeait la hauteur,
Simulaient les deux quais d'une rivière accrue,
8 Et que, décor semblable à l'âme de l'acteur,

Un brouillard sale et jaune inondait tout l'espace,
Je suivais, roidissant mes nerfs comme un héros
Et discutant avec mon âme déjà lasse,
12 Le faubourg secoué par les lourds tombereaux[1].

Tout à coup, un vieillard dont les guenilles jaunes
Imitaient la couleur de ce ciel pluvieux,
Et dont l'aspect aurait fait pleuvoir les aumônes,
16 Sans la méchanceté qui luisait dans ses yeux,

M'apparut. On eût dit sa prunelle trempée
Dans le fiel ; son regard aiguisait les frimas[2],
Et sa barbe à longs poils, roide[3] comme une épée,
20 Se projetait, pareille à celle de Judas[4].

Il n'était pas voûté, mais cassé, son échine
Faisant avec sa jambe un parfait angle droit,
Si bien que son bâton, parachevant sa mine,
24 Lui donnait la tournure et le pas maladroit

D'un quadrupède infirme ou d'un juif à trois pattes[5].
Dans la neige et la boue il allait s'empêtrant,
Comme s'il écrasait des morts sous ses savates,
28 Hostile à l'univers plutôt qu'indifférent.

Son pareil le suivait : barbe, œil, dos, bâton, loques,
Nul trait ne distinguait, du même enfer venu,
Ce jumeau centenaire, et ces spectres baroques
32 Marchaient du même pas vers un but inconnu.

---

1. **Tombereaux :** lourdes charrettes.
2. **Frimas :** brouillard givrant.
3. **Roide :** raide (mot vieilli).
4. **Judas :** disciple qui a vendu le Christ.
5. **À trois pattes :** allusion à l'énigme que le Sphinx avait posée à Œdipe. L'homme a trois pattes quand il marche avec une canne.

À quel complot infâme étais-je donc en butte,
Ou quel méchant hasard ainsi m'humiliait ?
Car je comptai sept fois, de minute en minute,
36 Ce sinistre vieillard qui se multipliait !

Que celui-là qui rit de mon inquiétude,
Et qui n'est pas saisi d'un frisson fraternel,
Songe bien que malgré tant de décrépitude
40 Ces sept monstres hideux avaient l'air éternel !

Aurais-je, sans mourir, contemplé le huitième,
Sosie inexorable, ironique et fatal,
Dégoûtant Phénix[1], fils et père de lui-même ?
44 – Mais je tournai le dos au cortège infernal.

Exaspéré comme un ivrogne qui voit double,
Je rentrai, je fermai ma porte, épouvanté,
Malade et morfondu, l'esprit fiévreux et trouble,
48 Blessé par le mystère et par l'absurdité !

Vainement ma raison voulait prendre la barre ;
La tempête en jouant déroutait ses efforts,
Et mon âme dansait, dansait, vieille gabarre[2]
52 Sans mâts, sur une mer monstrueuse et sans bords !

---

1. **Phénix** : oiseau mythologique qui renaît de ses cendres.
2. **Gabarre** : bateau de transport dans la marine de guerre.

XCI. LES PETITES VIEILLES

« Pastiche d'admiration » de Hugo, mais thème tout baude-lairien : d'une vision extérieure sur ces vieilles femmes pitoya-bles et ridicules, si éloignées de lui, le poète passe à une perception interne, empreinte d'une profonde sympathie. Son imagination recrée leur vie antérieure et lui permet de vivre la multiplicité de leurs sentiments : à la décrépitude physique s'oppose la flamme intérieure – et inversement.

À *Victor Hugo.*

I

Dans les plis sinueux des vieilles capitales,
Où tout, même l'horreur, tourne aux enchantements,
Je guette, obéissant à mes humeurs fatales,
4 Des êtres singuliers, décrépits et charmants.

Ces monstres disloqués furent jadis des femmes,
Éponine[1] ou Laïs[2] ! Monstres brisés, bossus
Ou tordus, aimons-les ! ce sont encor des âmes.
8 Sous des jupons troués et sous de froids tissus

Ils rampent, flagellés par les bises iniques,
Frémissant au fracas roulant des omnibus,
Et serrant sur leur flanc, ainsi que des reliques,
12 Un petit sac brodé de fleurs ou de rébus ;

Ils trottent, tout pareils à des marionnettes ;
Se traînent, comme font les animaux blessés,
Ou dansent, sans vouloir danser, pauvres sonnettes
16 Où se pend un Démon sans pitié ! Tout cassés

---

1. **Éponine** : femme gauloise qui se sacrifia pour suivre dans la mort son époux, un des chefs d'une insurrection contre les Romains.
2. **Laïs** : nom porté par plusieurs courtisanes dans l'Antiquité grecque.

Qu'ils sont, ils ont des yeux perçants comme une vrille,
Luisants comme ces trous où l'eau dort dans la nuit ;
Ils ont les yeux divins de la petite fille
20 Qui s'étonne et qui rit à tout ce qui reluit.

– Avez-vous observé que maints cercueils de vieilles
Sont presque aussi petits que celui d'un enfant ?
La Mort savante met dans ces bières[1] pareilles
24 Un symbole d'un goût bizarre et captivant,

Et lorsque j'entrevois un fantôme débile[2]
Traversant de Paris le fourmillant tableau,
Il me semble toujours que cet être fragile
28 S'en va tout doucement vers un nouveau berceau ;

À moins que, méditant sur la géométrie,
Je ne cherche, à l'aspect de ces membres discords[3],
Combien de fois il faut que l'ouvrier varie
32 La forme de la boîte où l'on met tous ces corps.

– Ces yeux sont des puits faits d'un million de larmes,
Des creusets qu'un métal refroidi pailleta…
Ces yeux mystérieux ont d'invincibles charmes
36 Pour celui que l'austère Infortune allaita !

II

De Frascati[4] défunt Vestale[5] enamourée ;
Prêtresse de Thalie[6], hélas ! dont le souffleur
Enterré sait le nom ; célèbre évaporée
40 Que Tivoli[7] jadis ombragea dans sa fleur,

---

1. **Bières :** cercueils.
2. **Débile :** sans force (sens étymologique).
3. **Discords :** mal accordés.
4. **Frascati :** seule maison de jeu à Paris (disparue en 1836) où les femmes étaient admises.
5. **Vestale :** prêtresse de Vesta, divinité romaine. Ici, au sens métaphorique, comme *prêtresse* au vers suivant.
6. **Prêtresse de Thalie :** comédienne (Thalie est la Muse de la Comédie).
7. **Tivoli :** nom de deux établissements successifs, à Paris, où se trouvaient toutes sortes d'attractions.

Toutes m'enivrent ; mais parmi ces êtres frêles
Il en est qui, faisant de la douleur un miel,
Ont dit au Dévouement qui leur prêtait ses ailes :
44 Hippogriffe[1] puissant, mène-moi jusqu'au ciel !

L'une, par sa patrie au malheur exercée,
L'autre, que son époux surchargea de douleurs,
L'autre, par son enfant Madone transpercée[2],
48 Toutes auraient pu faire un fleuve avec leurs pleurs !

III

Ah ! que j'en ai suivi de ces petites vieilles !
Une, entre autres, à l'heure où le soleil tombant
Ensanglante le ciel de blessures vermeilles,
52 Pensive, s'asseyait à l'écart sur un banc,

Pour entendre un de ces concerts, riches de cuivre,
Dont les soldats parfois inondent nos jardins[3],
Et qui, dans ces soirs d'or où l'on se sent revivre,
56 Versent quelque héroïsme au cœur des citadins.

Celle-là, droite encor, fière et sentant la règle[4],
Humait avidement ce chant vif et guerrier ;
Son œil parfois s'ouvrait comme l'œil d'un vieil aigle ;
60 Son front de marbre avait l'air fait pour le laurier !

---

1. **Hippogriffe** : animal fabuleux, monstre ailé, moitié cheval, moitié griffon.
2. Voir p. 101, v. 43.
3. Il s'agit des concerts donnés par les militaires dans les kiosques à musique des jardins publics.
4. **Sentant la règle** : pleine d'une rigueur due à son éducation.

IV

Telles vous cheminez, stoïques et sans plaintes,
À travers le chaos des vivantes cités,
Mères au cœur saignant, courtisanes ou saintes,
64 Dont autrefois les noms par tous étaient cités.

Vous qui fûtes la grâce ou qui fûtes la gloire,
Nul ne vous reconnaît ! un ivrogne incivil
Vous insulte en passant d'un amour dérisoire ;
68 Sur vos talons gambade un enfant lâche et vil.

Honteuses d'exister, ombres ratatinées,
Peureuses, le dos bas, vous côtoyez les murs ;
Et nul ne vous salue, étranges destinées !
72 Débris d'humanité pour l'éternité mûrs !

Mais moi, moi qui de loin tendrement vous surveille,
L'œil inquiet, fixé sur vos pas incertains,
Tout comme si j'étais votre père, ô merveille !
76 Je goûte à votre insu des plaisirs clandestins :

Je vois s'épanouir vos passions novices ;
Sombres ou lumineux, je vis vos jours perdus ;
Mon cœur multiplié jouit de tous vos vices !
80 Mon âme resplendit de toutes vos vertus !

Ruines ! ma famille ! ô cerveaux congénères !
Je vous fais chaque soir un solennel adieu !
Où serez-vous demain, Èves octogénaires,
84 Sur qui pèse la griffe effroyable de Dieu ?

XCII. LES AVEUGLES

Contemple-les, mon âme ; ils sont vraiment affreux !
Pareils aux mannequins[1] ; vaguement ridicules ;
Terribles, singuliers comme les somnambules ;
4 Dardant on ne sait où leurs globes ténébreux.

---

1. **Mannequins :** statues articulées auxquelles on peut donner différentes attitudes, modèles pour les peintres et les sculpteurs.

■ **SITUER**

Inspiré par un tableau de Breughel ou par un « tableau parisien », ce poème reprend le thème déjà présent dans les *Évangiles*, de l'aveuglement de l'âme symbolisé par la cécité physique. L'apparente cruauté du ton a fait que, il y a quelques années encore, ce poème ne figurait pas dans les ouvrages en braille.

■ **RÉFLÉCHIR**

QUI PARLE ? QUI VOIT ? paroles et regards

1. En quoi le titre est-il indispensable ?

2. Relisez *Crépuscule du soir* et *Recueillement* : quelle ressemblance pouvez-vous établir du point de vue de l'énonciation* et des thèmes ?

3. Repérez les discordances* métriques fréquentes dans tout le poème. Que peuvent-elles exprimer ?

STRUCTURE : du tableau parisien à la méditation

4. Quels éléments de la description des aveugles sont à la fois suggestifs et cruels ? À quel endroit du poème se trouvent-ils ?

5. « Baudelaire s'identifie souvent avec la partie la plus triste du spectacle », écrit Jean Prévost. En quoi est-ce le cas ici ?

6. Pourquoi « ciel » est-il écrit d'abord avec une minuscule puis avec une majuscule ? Commentez la place des deux termes dans le vers.

7. À quel moment du poème la description des aveugles se transforme-t-elle en parabole ? Commentez dans cette perspective la place et le sens du dernier mot du poème.

8. Pascal, décrivant le cosmos, a écrit : « Le silence éternel de ces espaces infinis m'effraie. » Où retrouve-t-on cette allusion ici ? Quel sentiment du poète transparaît ainsi ? Commentez dans ce sens l'interrogation du dernier vers.

Leurs yeux, d'où la divine étincelle est partie,
Comme s'ils regardaient au loin, restent levés
Au ciel ; on ne les voit jamais vers les pavés
8 Pencher rêveusement leur tête appesantie.

Ils traversent ainsi le noir illimité,
Ce frère du silence éternel. Ô cité !
11 Pendant qu'autour de nous tu chantes, ris et beugles,

Éprise du plaisir jusqu'à l'atrocité[1],
Vois ! je me traîne aussi ! mais, plus qu'eux hébété,
14 Je dis : Que cherchent-ils au Ciel, tous ces aveugles ?

XCIII. À UNE PASSANTE

La rue assourdissante autour de moi hurlait.
Longue, mince, en grand deuil, douleur majestueuse,
Une femme passa, d'une main fastueuse[2]
4 Soulevant, balançant le feston et l'ourlet ;

Agile et noble, avec sa jambe de statue.
Moi, je buvais, crispé comme un extravagant[3],
Dans son œil, ciel livide où germe l'ouragan,
8 La douceur qui fascine et le plaisir qui tue.

Un éclair… puis la nuit ! – Fugitive beauté
Dont le regard m'a fait soudainement renaître,
11 Ne te verrai-je plus que dans l'éternité ?

Ailleurs, bien loin d'ici ! trop tard ! *jamais* peut-être !
Car j'ignore où tu fuis, tu ne sais où je vais,
14 Ô toi que j'eusse aimée, ô toi qui le savais !

---

1. Claude Pichois se demande, dans l'édition de la Pléiade, s'il faut rendre à *atrocité* son sens étymologique (*ater, atra* en latin signifie *noir*) de « noire action ».
2. **Fastueuse :** qui marque un déploiement de magnificence.
3. **Extravagant :** égaré, fou.

SITUER

On pourrait dire ici de Baudelaire ce que lui-même dit de l'aquarelliste Constantin Guys : c'est « le peintre de la circonstance et de tout ce qu'elle suggère d'éternel »...

RÉFLÉCHIR

STRUCTURE : du critique d'art au poète lyrique

1. Commentez le choix des termes de la première phrase. Qu'est-ce qui, pour le poète, semble indissociable de l'atmosphère urbaine ? En quoi cela favorise-t-il le coup de foudre ?

2. « Ce fut comme une apparition » (Flaubert, *L'Éducation sentimentale*). En quoi, dans les vers 2 à 5, la structure de la phrase correspond-elle à la vision du poète ?

3. Dans *Le Peintre de la vie moderne*, Baudelaire parle ainsi de la femme chez Constantin Guys : « Elle s'avance, glisse, danse, roule avec son poids de jupons brodés qui lui sert à la fois de piédestal et de balancier; elle darde son regard sous son chapeau, comme un portrait dans son cadre.» Dans quel texte la description est-elle la plus précise ? la plus suggestive ? Pourquoi ?

4. En quoi l'aquarelle de la p. 12 rappelle-t-elle le poème ? Qu'est-ce qui différencie la vision du poète de celle du peintre ?

5. Quel élément fait naître le rêve mystique du poète ? Quels changements (énonciation, modalités, métrique) remarquez-vous à partir de là dans la suite du poème?

THÈMES : le mystère de la dame en noir

6. À quel élément biographique (voir p. 14) peut renvoyer « en grand deuil » ? À qui la femme aimée s'assimile-t-elle donc ?

7. En vous fondant sur les vers 5, 8, 11 et 14, dites de quelles obsessions baudelairiennes la passante pourrait être l'allégorie.

8. « *Un éclair... puis la nuit !* » Un critique écrit : « Cet éclair peut se rapporter [...] à une soudaine illumination poétique... ». Justifiez ce point de vue.

ÉCRIRE

À la manière de Baudelaire, faites en quelques lignes le « croquis » au choix d'un vieillard, d'un enfant qui apprend à marcher, d'un mannequin, ou d'un musicien dans le métro.

XCIV. LE SQUELETTE LABOUREUR

Baudelaire a toujours été fasciné par la « beauté mystérieuse et abstraite » du squelette, qui est « comme le plan du poème humain » (Salon de 1859) *et qu'il évoque également dans* Danse macabre. *De la visite d'un flâneur aux bouquinistes des quais de la Seine, on passe dans la seconde partie du poème à une réflexion angoissée : la mort apportera-t-elle enfin le repos ou, comme le poète de* L'Ennemi *ou du* Guignon, *l'homme est-il condamné à un éternel labeur ?*

I

Dans les planches d'anatomie
Qui traînent sur ces quais poudreux[1]
Où maint livre cadavéreux[2]
4 Dort comme une antique momie,

Dessins auxquels la gravité
Et le savoir d'un vieil artiste,
Bien que le sujet en soit triste,
8 Ont communiqué la Beauté,

On voit, ce qui rend plus complètes
Ces mystérieuses horreurs,
Bêchant comme des laboureurs,
12 Des Écorchés[3] et des Squelettes.

II

De ce terrain que vous fouillez,
Manants[4] résignés et funèbres,
De tout l'effort de vos vertèbres,
16 Ou de vos muscles dépouillés,

---

1. **Poudreux :** poussiéreux.
2. Il s'agit des vieux livres d'anatomie que l'on pouvait trouver sur les étals des bouquinistes.
3. **Écorché :** image d'homme dépouillé de sa peau, destinée aux études d'anatomie.
4. **Manants :** paysans (péjoratif et vieilli).

Dites, quelle moisson étrange,
Forçats arrachés au charnier,
Tirez-vous, et de quel fermier
20 Avez-vous à remplir la grange ?

Voulez-vous (d'un destin trop dur
Épouvantable et clair emblème !)
Montrer que dans la fosse même
24 Le sommeil promis n'est pas sûr ;

Qu'envers nous le Néant est traître ;
Que tout, même la Mort, nous ment,
Et que sempiternellement[1],
28 Hélas ! il nous faudra peut-être

Dans quelque pays inconnu
Écorcher la terre revêche
Et pousser une lourde bêche
32 Sous notre pied sanglant et nu ?

XCV. LE CRÉPUSCULE DU SOIR

Le moment ambigu qui sépare le jour de la nuit est très présent dans l'œuvre de Baudelaire (voir le Petit Poème *en* prose *du même nom,* Recueillement, *etc.). Temps des passions, de la volupté, du crime, la nuit urbaine est pleine d'une activité louche, bestiale et démoniaque. Mais c'est aussi, pour le poète, le temps du recueillement et de la compassion.*

Voici le soir charmant, ami du criminel ;
Il vient comme un complice, à pas de loup ; le ciel
Se ferme lentement comme une grande alcôve[2],
Et l'homme impatient se change en bête fauve.
5 Ô soir, aimable soir, désiré par celui
Dont les bras, sans mentir, peuvent dire : Aujourd'hui

---

1. **Sempiternellement** : éternellement.
2. **Alcôve** : voir p. 55, note 3.

Nous avons travaillé ! – C'est le soir qui soulage
Les esprits que dévore une douleur sauvage,
Le savant obstiné dont le front s'alourdit,
10 Et l'ouvrier courbé qui regagne son lit.
Cependant des démons malsains dans l'atmosphère
S'éveillent lourdement, comme des gens d'affaire,
Et cognent en volant les volets et l'auvent[1].
À travers les lueurs que tourmente le vent
15 La Prostitution s'allume dans les rues ;
Comme une fourmilière elle ouvre ses issues ;
Partout elle se fraye un occulte[2] chemin,

Ainsi que l'ennemi qui tente un coup de main ;
Elle remue au sein de la cité de fange[3]
20 Comme un ver qui dérobe à l'Homme ce qu'il mange.
On entend çà et là les cuisines siffler,
Les théâtres glapir, les orchestres ronfler ;
Les tables d'hôte, dont le jeu fait les délices,
S'emplissent de catins[4] et d'escrocs, leurs complices,
25 Et les voleurs qui n'ont ni trêve ni merci[5],
Vont bientôt commencer leur travail, eux aussi,
Et forcer doucement les portes et les caisses
Pour vivre quelques jours et vêtir leurs maîtresses.

Recueille-toi, mon âme, en ce grave moment,
30 Et ferme ton oreille à ce rugissement.
C'est l'heure où les douleurs des malades s'aigrissent !
La sombre Nuit les prend à la gorge ; ils finissent
Leur destinée et vont vers le gouffre commun ;
L'hôpital se remplit de leurs soupirs. – Plus d'un
35 Ne viendra plus chercher la soupe parfumée,
Au coin du feu, le soir, auprès d'une âme aimée.

Encore la plupart n'ont-ils jamais connu
La douceur du foyer et n'ont jamais vécu !

---

1. **Auvent :** petit toit en saillie pour protéger de la pluie.
2. **Occulte :** secret, clandestin.
3. **Fange :** boue souillée, d'où, métaphoriquement, abjection, ignominie.
4. **Catins :** voir p. 20, note 6.
5. **Merci :** pitié (terme vieilli).

XCVI. LE JEU

« *La vie n'a qu'un charme vrai ; c'est le charme du Jeu.*
Mais s'il nous est indifférent de gagner ou de perdre ? »
(*Baudelaire*, Fusées.)

Dans des fauteuils fanés des courtisanes vieilles,
Pâles, le sourcil peint, l'œil câlin et fatal,
Minaudant, et faisant de leurs maigres oreilles
4 Tomber un cliquetis de pierre et de métal ;

Autour des verts tapis des visages sans lèvre,
Des lèvres sans couleur, des mâchoires sans dent,
Et des doigts convulsés d'une infernale fièvre,
8 Fouillant la poche vide ou le sein palpitant ;

Sous de sales plafonds un rang de pâles lustres
Et d'énormes quinquets[1] projetant leurs lueurs
Sur des fronts ténébreux de poètes illustres
12 Qui viennent gaspiller leurs sanglantes sueurs ;

Voilà le noir tableau qu'en un rêve nocturne
Je vis se dérouler sous mon œil clairvoyant.
Moi-même, dans un coin de l'antre taciturne,
16 Je me vis accoudé, froid, muet, enviant,

Enviant de ces gens la passion tenace,
De ces vieilles putains la funèbre gaieté,
Et tous gaillardement trafiquant à ma face,
20 L'un de son vieil honneur, l'autre de sa beauté !

Et mon cœur s'effraya d'envier maint pauvre homme
Courant avec ferveur à l'abîme béant,
Et qui, soûl de son sang, préférerait en somme
24 La douleur à la mort et l'enfer au néant !

---

1. **Quinquets** : anciennes lampes à huile.

XCVII. DANSE MACABRE

Les humains ne devinent pas à leurs côtés la présence de la mort, créature satanique, comme le démontre la mise en scène de ce poème qui ne révèle clairement l'identité de la danseuse qu'au vers 20. Ils s'enivrent de plaisirs, alors qu'ils ne devraient pas oublier qu'ils sont destinés à mourir. Ce memento mori *(voir p. 234) s'inscrit dans une tradition qu'attestent les représentations picturales anciennes, tandis que son aspect macabre l'apparente à l'esthétique de Gautier et des Jeunes-France (voir p. 235).*

À *Ernest Christophe.*

Fière, autant qu'un vivant, de sa noble stature,
Avec son gros bouquet, son mouchoir et ses gants,
Elle a la nonchalance et la désinvolture
4 D'une coquette maigre aux airs extravagants.

Vit-on jamais au bal une taille plus mince ?
Sa robe exagérée, en sa royale ampleur,
S'écroule abondamment sur un pied sec que pince
8 Un soulier pomponné, joli comme une fleur.

La ruche[1] qui se joue au bord des clavicules,
Comme un ruisseau lascif qui se frotte au rocher,
Défend pudiquement des lazzi[2] ridicules
12 Les funèbres appas qu'elle tient à cacher.

Ses yeux profonds sont faits de vide et de ténèbres,
Et son crâne, de fleurs artistement coiffé,
Oscille mollement sur ses frêles vertèbres.
16 Ô charme d'un néant follement attifé !

Aucuns t'appelleront une caricature,
Qui ne comprennent pas, amants ivres de chair,
L'élégance sans nom de l'humaine armature.
20 Tu réponds, grand squelette, à mon goût le plus cher !

---

1. **Ruche :** volant.
2. **Lazzi :** moqueries.

Viens-tu troubler, avec ta puissante grimace,
La fête de la Vie ? ou quelque vieux désir,
Éperonnant encor ta vivante carcasse,
24 Te pousse-t-il, crédule, au sabbat[1] du Plaisir ?

Au chant des violons, aux flammes des bougies,
Espères-tu chasser ton cauchemar moqueur,
Et viens-tu demander au torrent des orgies
28 De rafraîchir l'enfer allumé dans ton cœur ?

Inépuisable puits de sottise et de fautes !
De l'antique douleur éternel alambic[2] !
À travers le treillis recourbé de tes côtes
32 Je vois, errant encor, l'insatiable aspic[3].

Pour dire vrai, je crains que ta coquetterie
Ne trouve pas un prix digne de ses efforts ;
Qui, de ces cœurs mortels, entend la raillerie ?
36 Les charmes de l'horreur n'enivrent que les forts !

Le gouffre de tes yeux, plein d'horribles pensées,
Exhale le vertige, et les danseurs prudents
Ne contempleront pas sans d'amères nausées
40 Le sourire éternel de tes trente-deux dents.

Pourtant, qui n'a serré dans ses bras un squelette,
Et qui ne s'est nourri des choses du tombeau ?
Qu'importe le parfum, l'habit ou la toilette ?
44 Qui fait le dégoûté montre qu'il se croit beau.

Bayadère[4] sans nez, irrésistible gouge[5],
Dis donc à ces danseurs qui font les offusqués :
« Fiers mignons[6], malgré l'art des poudres et du rouge
48 Vous sentez tous la mort ! Ô squelettes musqués[7],

---

1. **Sabbat** : assemblée nocturne et bruyante des sorciers et sorcières.
2. **Alambic** : instrument servant à la distillation.
3. **Aspic** : vipère.
4. **Bayadère** : danseuse hindoue sacrée.
5. **Gouge** : prostituée qui suit l'armée.
6. **Mignons** : hommes efféminés.
7. **Musqués** : qui sentent le musc (voir p. 29, note 2).

« Antinoüs[1] flétris, dandys à face glabre[2],
Cadavres vernissés, lovelaces[3] chenus[4],
Le branle[5] universel de la danse macabre
52 Vous entraîne en des lieux qui ne sont pas connus !

« Des quais froids de la Seine au bords brûlants du Gange,
Le troupeau mortel saute et se pâme, sans voir
Dans un trou du plafond la trompette de l'Ange
56 Sinistrement béante ainsi qu'un tromblon[6] noir.

« En tout climat, sous tout soleil, la Mort t'admire
En tes contorsions, risible Humanité,
Et souvent, comme toi, se parfumant de myrrhe,
60 Mêle son ironie à ton insanité[7] ! »

XCVIII. L'AMOUR DU MENSONGE

Le poète célèbre ici une femme mûre, sans doute danseuse de profession, sur laquelle les critiques ne sont pas parvenus à mettre un nom. Il vaut mieux voir avant tout dans ce poème l'évocation d'un thème cher au poète : celui de la beauté féminine, objet frivole et insensible, mais qui demeure néanmoins une représentation de la beauté.

Quand je te vois passer, ô ma chère indolente,
Au chant des instruments qui se brise au plafond
Suspendant ton allure harmonieuse et lente,
4 Et promenant l'ennui de ton regard profond ;

---

1. **Antinoüs** : esclave et favori de l'empereur Hadrien, type de la beauté antique.
2. **Glabre** : rasée.
3. Lovelace est le personnage d'un roman de Richardson, type du séducteur. Le mot est employé en antonomase (voir p. 136, note 8).
4. **Chenus** : blancs de vieillesse.
5. **Branle** : ample mouvement d'oscillation, et également nom d'une danse.
6. **Tromblon** : arme à feu à canon évasé.
7. **Insanité** : folie.

Quand je contemple, aux feux du gaz[1] qui le colore,
Ton front pâle, embelli par un morbide[2] attrait,
Où les torches du soir allument une aurore,
8 Et tes yeux attirants comme ceux d'un portrait,

Je me dis : Qu'elle est belle ! et bizarrement fraîche !
Le souvenir massif, royale et lourde tour,
La couronne, et son cœur, meurtri comme une pêche,
12 Est mûr, comme son corps, pour le savant amour.

Es-tu le fruit d'automne aux saveurs souveraines ?
Es-tu vase funèbre attendant quelques pleurs,
Parfum qui fait rêver aux oasis lointaines,
16 Oreiller caressant, ou corbeille de fleurs ?

Je sais qu'il est des yeux, des plus mélancoliques,
Qui ne recèlent point de secrets précieux ;
Beaux écrins sans joyaux, médaillons sans reliques,
20 Plus vides, plus profonds que vous-mêmes, ô Cieux !

Mais ne suffit-il pas que tu sois l'apparence,
Pour réjouir un cœur qui fuit la vérité ?
Qu'importe ta bêtise ou ton indifférence ?
24 Masque ou décor, salut ! J'adore ta beauté.

XCIX

Baudelaire, dans une lettre à sa mère, parle, à propos de ce poème et de celui qui suit, de deux pièces « allusionnelles à des détails intimes de [leur] ancienne vie, de cette époque de veuvage qui [lui a] laissé de singuliers et tristes souvenirs ».

Je n'ai pas oublié, voisine de la ville,
Notre blanche maison, petite mais tranquille ;
Sa Pomone[3] de plâtre et sa vieille Vénus
Dans un bosquet chétif cachant leurs membres nus,

----

1. Gaz : sans doute les feux de la rampe qui éclairent la scène.
2. Morbide : maladif, malsain.
3. Pomone : déesse romaine des jardins.

5 Et le soleil, le soir, ruisselant et superbe,
Qui, derrière la vitre où se brisait sa gerbe,
Semblait, grand œil ouvert dans le ciel curieux,
Contempler nos dîners longs et silencieux,
Répandant largement ses beaux reflets de cierge
10 Sur la nappe frugale et les rideaux de serge.

C

Ce poème, probablement un des plus anciens de Baudelaire, fait allusion à une servante de sa famille, Mariette, qui suscita sans doute les premiers émois amoureux du poète et dont sa mère, imagine-t-il, était jalouse. Valéry ne voulait pas y voir « une histoire de domestique » mais une œuvre qui se compose d'après un premier vers, donné par l'inspiration, « un vers-événement, celui qui entraîne tout le poème vers le haut », comme disait Cocteau en citant l'opinion d'Apollinaire sur ce même début.

La servante au grand cœur dont vous étiez jalouse,
Et qui dort son sommeil sous une humble pelouse,
Nous devrions pourtant lui porter quelques fleurs.
Les morts, les pauvres morts, ont de grandes douleurs,
5 Et quand Octobre souffle, émondeur[1] des vieux arbres,
Son vent mélancolique à l'entour de leurs marbres,
Certe[2], ils doivent trouver les vivants bien ingrats,
À dormir, comme ils font, chaudement dans leurs draps,
Tandis que, dévorés de noires songeries,
10 Sans compagnon de lit, sans bonnes causeries,
Vieux squelettes gelés travaillés par le ver,
Ils sentent s'égoutter les neiges de l'hiver
Et le siècle couler, sans qu'amis ni famille
Remplacent les lambeaux[3] qui pendent à leur grille.

---

1. **Émondeur :** celui qui débarrasse les arbres de leurs branches mortes.
2. L'absence du *s* est une licence poétique.
3. Les fleurs et les couronnes flétries qui ne sont pas renouvelées.

15 Lorsque la bûche siffle et chante, si le soir,
   Calme, dans le fauteuil je la voyais s'asseoir,
   Si, par une nuit bleue et froide de décembre,
   Je la trouvais tapie en un coin de ma chambre,
   Grave, et venant du fond de son lit éternel
20 Couver l'enfant grandi de son œil maternel,
   Que pourrais-je répondre à cette âme pieuse,
   Voyant tomber des pleurs de sa paupière creuse ?

CI. BRUMES ET PLUIES

Les tristes saisons sont en harmonie avec l'âme du poète, pour qui les amours sans lendemain sont avant tout un remède au spleen.

Ô fins d'automne, hivers, printemps trempés de boue,
Endormeuses saisons ! je vous aime et vous loue
D'envelopper ainsi mon cœur et mon cerveau
4 D'un linceul vaporeux et d'un vague tombeau.

Dans cette grande plaine où l'autan[1] froid se joue,
Où par les longues nuits la girouette s'enroue,
Mon âme mieux qu'au temps du tiède renouveau
8 Ouvrira largement ses ailes de corbeau.

Rien n'est plus doux au cœur plein de choses funèbres,
Et sur qui dès longtemps descendent les frimas[2],
11 Ô blafardes saisons, reines de nos climats,

Que l'aspect permanent de vos pâles ténèbres,
– Si ce n'est, par un soir sans lune, deux à deux,
14 D'endormir la douleur sur un lit hasardeux.

---

1. **Autan :** vent impétueux du large.
2. **Frimas :** voir p. 89, note 2.

CII. RÊVE PARISIEN

« Je préfère contempler quelques décors de théâtre, où je trouve artistement exprimés et tragiquement concentrés mes rêves les plus chers. Ces choses, parce qu'elles sont fausses, sont infiniment plus près du vrai ; tandis que la plupart de nos paysagistes sont des menteurs, justement parce qu'ils ont négligé de mentir. »

« Le Paysage », Salon de 1859.

À Constantin Guys.

I

De ce terrible paysage,
Tel que jamais mortel n'en vit,
Ce matin encore l'image,
4 Vague et lointaine, me ravit.

Le sommeil est plein de miracles !
Par un caprice singulier,
J'avais banni de ces spectacles
8 Le végétal irrégulier,

Et, peintre fier de mon génie,
Je savourais dans mon tableau
L'enivrante monotonie
12 Du métal, du marbre et de l'eau.

Babel[1] d'escaliers et d'arcades,
C'était un palais infini,
Plein de bassins et de cascades
16 Tombant dans l'or mat ou bruni ;

Et des cataractes[2] pesantes,
Comme des rideaux de cristal,
Se suspendaient, éblouissantes,
20 À des murailles de métal.

---

1. Allusion à la tour de Babel, dans l'Ancien Testament, immense pyramide à étages que les hommes voulurent construire pour s'égaler à Dieu.
2. Cataractes : cascades.

Non d'arbres, mais de colonnades
Les étangs dormants s'entouraient,
Où de gigantesques naïades[1],
24 Comme des femmes, se miraient.

Des nappes d'eau s'épanchaient, bleues,
Entre des quais roses et verts,
Pendant des millions de lieues,
28 Vers les confins de l'univers ;

C'étaient des pierres inouïes
Et des flots magiques ; c'étaient
D'immenses glaces éblouies
32 Par tout ce qu'elles reflétaient !

Insouciants et taciturnes,
Des Ganges[2], dans le firmament,
Versaient le trésor de leurs urnes[3]
36 Dans des gouffres de diamant.

Architecte de mes féeries,
Je faisais, à ma volonté,
Sous un tunnel de pierreries
40 Passer un océan dompté ;

Et tout, même la couleur noire,
Semblait fourbi[4], clair, irisé ;
Le liquide enchâssait sa gloire[5]
44 Dans le rayon cristallisé.

Nul astre d'ailleurs, nuls vestiges
De soleil, même au bas du ciel,
Pour illuminer ces prodiges,
48 Qui brillaient d'un feu personnel !

---

1. **Naïades** : divinités des eaux.
2. **Gange** : immense fleuve de l'Inde.
3. **Urne** : équivalent poétique de *vase*. Les fleuves sont parfois représentés comme des divinités déversant leur flot à partir d'un vase.
4. **Fourbi** : astiqué, poli.
5. **Gloire** : voir p. 56, note 4.

Et sur ces mouvantes merveilles
Planait (terrible nouveauté !
Tout pour l'œil, rien pour les oreilles !)
52 Un silence d'éternité.

II

En rouvrant mes yeux pleins de flamme
J'ai vu l'horreur de mon taudis,
Et senti, rentrant dans mon âme,
56 La pointe des soucis maudits ;

La pendule aux accents funèbres
Sonnait brutalement midi,
Et le ciel versait des ténèbres
60 Sur le triste monde engourdi.

CIII. LE CRÉPUSCULE DU MATIN[1]

C'est un des plus anciens poèmes de Baudelaire (1843). Trivialité et transfiguration de la réalité se mêlent. Le poète n'est pas présent mais, comme dans Le Crépuscule du soir, *transparaît une sympathie profonde pour la souffrance humaine. Le petit matin en train de naître n'est pas le temps de l'espoir mais celui des lassitudes...*

La diane[2] chantait dans les cours des casernes,
Et le vent du matin soufflait sur les lanternes.

C'était l'heure où l'essaim des rêves malfaisants
Tord sur leurs oreillers les bruns adolescents ;

---

1. « Par abus, crépuscule se dit aussi pour la lumière qui précède le lever du soleil » (Littré).
2. **Diane** : sonnerie de clairon ou de trompette pour réveiller les soldats.

5 Où, comme un œil sanglant qui palpite et qui bouge,
La lampe sur le jour fait une tache rouge ;
Où l'âme, sous le poids du corps revêche et lourd,
Imite les combats de la lampe et du jour.
Comme un visage en pleurs que les brises essuient,
10 L'air est plein du frisson des choses qui s'enfuient,
Et l'homme est las d'écrire et la femme d'aimer.

Les maisons çà et là commençaient à fumer.
Les femmes de plaisir, la paupière livide,
Bouche ouverte, dormaient de leur sommeil stupide ;
15 Les pauvresses, traînant leurs seins maigres et froids,
Soufflaient sur leurs tisons[1] et soufflaient sur leurs doigts.
C'était l'heure où parmi le froid et la lésine[2]
S'aggravent les douleurs des femmes en gésine[3] ;
Comme un sanglot coupé par un sang écumeux
20 Le chant du coq au loin déchirait l'air brumeux ;
Une mer de brouillards baignait les édifices,
Et les agonisants dans le fond des hospices
Poussaient leur dernier râle en hoquets inégaux.
Les débauchés rentraient, brisés par leurs travaux.

25 L'aurore grelottante en robe rose et verte
S'avançait lentement sur la Seine déserte,
Et le sombre Paris, en se frottant les yeux,
Empoignait ses outils, vieillard laborieux.

---

1. Tisons : restes rougeoyants d'une bûche.
2. Lésine : voir p. 20, note 1.
3. En gésine : en train d'accoucher.

LE VIN

CIV. L'ÂME DU VIN

On trouve dans Du vin et du haschisch (Paradis artificiels) *un doublet de ce poème. Il se termine par la même affirmation que le vin permet d'accéder à la poésie et à l'essence divine :* « À *nous deux nous ferons un Dieu, et nous voltigerons vers l'infini, comme les oiseaux, les papillons, les fils de la Vierge, les parfums et toutes les choses ailées.* »

Un soir, l'âme du vin chantait dans les bouteilles :
« Homme, vers toi je pousse, ô cher déshérité,
Sous ma prison de verre et mes cires vermeilles[1],
4 Un chant plein de lumière et de fraternité !

« Je sais combien il faut, sur la colline en flamme,
De peine, de sueur et de soleil cuisant
Pour engendrer ma vie et pour me donner l'âme ;
8 Mais je ne serai point ingrat ni malfaisant,

« Car j'éprouve une joie immense quand je tombe
Dans le gosier d'un homme usé par ses travaux,
Et sa chaude poitrine est une douce tombe
12 Où je me plais bien mieux que dans mes froids caveaux.

« Entends-tu retentir les refrains des dimanches
Et l'espoir qui gazouille en mon sein palpitant ?
Les coudes sur la table et retroussant tes manches,
16 Tu me glorifieras et tu seras content ;

« J'allumerai les yeux de ta femme ravie ;
À ton fils je rendrai sa force et ses couleurs
Et serai pour ce frêle athlète de la vie
20 L'huile qui raffermit les muscles des lutteurs.

---

1. Les bouteilles sont souvent cachetées avec de la cire rouge.

« En toi je tomberai, végétale ambroisie[1],
Grain précieux jeté par l'éternel Semeur,
Pour que de notre amour naisse la poésie
24 Qui jaillira vers Dieu comme une rare fleur ! »

CV. LE VIN DES CHIFFONNIERS

Peut-être Baudelaire s'inspire-t-il d'un chiffonnier qui portait le surnom de Général *et qui, après avoir englouti des quantités énormes de vin et d'eau-de-vie, organisait la nuit une bataille imaginaire. Il l'évoque dans le poème en prose* Du vin et du haschisch. *Poète et ivrogne se ressemblent par leur éloquence et leur aptitude à transformer la réalité et à apporter le rêve aux autres hommes.*

Souvent, à la clarté rouge d'un réverbère
Dont le vent bat la flamme et tourmente le verre,
Au cœur d'un vieux faubourg, labyrinthe fangeux
4 Où l'humanité grouille en ferments orageux,

On voit un chiffonnier qui vient, hochant la tête,
Butant, et se cognant aux murs comme un poète,
Et, sans prendre souci des mouchards[2], ses sujets,
8 Épanche tout son cœur en glorieux projets.

Il prête des serments, dicte des lois sublimes,
Terrasse les méchants, relève les victimes,
Et sous le firmament comme un dais suspendu
12 S'enivre des splendeurs de sa propre vertu.

Oui, ces gens harcelés de chagrins de ménage,
Moulus[3] par le travail et tourmentés par l'âge,
Éreintés et pliant sous un tas de débris,
16 Vomissement confus de l'énorme Paris,

---

1. **Ambroisie :** dans la mythologie grecque, nourriture des dieux.
2. **Mouchards :** indicateurs de police.
3. **Moulus :** brisés de fatigue.

Reviennent, parfumés d'une odeur de futailles[1],
Suivis de compagnons, blanchis dans les batailles,
Dont la moustache pend comme les vieux drapeaux.
20 Les bannières, les fleurs et les arcs triomphaux

Se dressent devant eux, solennelle magie !
Et dans l'étourdissante et lumineuse orgie
Des clairons, du soleil, des cris et du tambour,
24 Ils apportent la gloire au peuple ivre d'amour !

C'est ainsi qu'à travers l'Humanité frivole
Le vin roule de l'or, éblouissant Pactole[2] ;
Par le gosier de l'homme il chante ses exploits
28 Et règne par ses dons ainsi que les vrais rois.

Pour noyer la rancœur et bercer l'indolence
De tous ces vieux maudits qui meurent en silence,
Dieu, touché de remords, avait fait le sommeil ;
32 L'Homme ajouta le Vin, fils sacré du Soleil !

CVI. LE VIN DE L'ASSASSIN

*Ce poème, où l'assassin prend la parole, a des allures de
complainte populaire. Ici apparaît une fois encore la conception baudelairienne de l'amour : lié à l'enfer et à la torture.*

Ma femme est morte, je suis libre !
Je puis donc boire tout mon soûl.
Lorsque je rentrais sans un sou,
4 Ses cris me déchiraient la fibre.

Autant qu'un roi je suis heureux ;
L'air est pur, le ciel admirable...
Nous avions un été semblable
8 Lorsque j'en devins amoureux !

---

1. **Futailles :** tonneaux.
2. **Pactole :** fleuve mythologique qui charriait de l'or.

L'horrible soif qui me déchire
Aurait besoin pour s'assouvir
D'autant de vin qu'en peut tenir
12 Son tombeau ; – ce n'est pas peu dire :

Je l'ai jetée au fond d'un puits,
Et j'ai même poussé sur elle
Tous les pavés de la margelle.
16 – Je l'oublierai si je le puis !

Au nom des serments de tendresse,
Dont rien ne peut nous délier,
Et pour nous réconcilier
20 Comme au beau temps de notre ivresse,

J'implorai d'elle un rendez-vous,
Le soir, sur une route obscure.
Elle y vint ! – folle créature !
24 Nous sommes tous plus ou moins fous !

Elle était encore jolie,
Quoique bien fatiguée ! et moi,
Je l'aimais trop ! voilà pourquoi
28 Je lui dis : Sors de cette vie !

Nul ne peut me comprendre. Un seul
Parmi ces ivrognes stupides
Songea-t-il dans ses nuits morbides[1]
32 À faire du vin un linceul ?

Cette crapule invulnérable
Comme les machines de fer
Jamais, ni l'été ni l'hiver,
36 N'a connu l'amour véritable,

Avec ses noirs enchantements,
Son cortège infernal d'alarmes,
Ses fioles de poison, ses larmes,
40 Ses bruits de chaîne et d'ossements !

_____

1. **Morbides :** maladives.

– Me voilà libre et solitaire !
Je serai ce soir ivre mort ;
Alors, sans peur et sans remord[1],
44 Je me coucherai sur la terre,

Et je dormirai comme un chien !
Le chariot aux lourdes roues
Chargé de pierres et de boues,
48 Le wagon enragé peut bien

Écraser ma tête coupable
Ou me couper par le milieu,
Je m'en moque comme de Dieu,
52 Du Diable ou de la Sainte Table !

CVII. LE VIN DU SOLITAIRE

La section du Vin, *en 1861, précède celles de* Fleurs du Mal,
Révolte *et* Mort : *c'est la dernière tentative d'échapper au spleen
qui soit offerte au poète avant la damnation.*

Le regard singulier d'une femme galante
Qui se glisse vers nous comme le rayon blanc
Que la lune onduleuse envoie au lac tremblant,
4 Quand elle y veut baigner sa beauté nonchalante ;

Le dernier sac d'écus dans les doigts d'un joueur ;
Un baiser libertin de la maigre Adeline[2] ;
Les sons d'une musique énervante[3] et câline,
8 Semblable au cri lointain de l'humaine douleur,

---

1. **Remord :** licence orthographique pour que le mot rime avec *mort*.
2. La rime *Adeline/câline* est donnée dans un dictionnaire de rimes françaises de 1853.
3. **Énervante :** au sens étymologique de « qui coupe les nerfs », qui ôte les forces.

Tout cela ne vaut pas, ô bouteille profonde,
Les baumes pénétrants que ta panse féconde
11 Garde au cœur altéré du poète pieux ;

Tu lui verses l'espoir, la jeunesse et la vie,
– Et l'orgueil, ce trésor de toute gueuserie[1],
14 Qui nous rend triomphants et semblables aux Dieux !

CVIII. LE VIN DES AMANTS

Baudelaire écrit dans le poème en prose Enivrez-vous :
« *Il faut être toujours ivre. Tout est là : c'est l'unique question.
Pour ne pas sentir l'horrible fardeau du temps qui brise vos
épaules et vous penche vers la terre, il faut vous enivrer sans trêve.*

*Mais de quoi ? De vin, de poésie ou de vertu, à votre guise.
Mais enivrez-vous.* »

*L'ivresse, dans ce sonnet entièrement de modalité exclama-
tive, est « élévation » et « invitation au voyage »…*

Aujourd'hui l'espace est splendide !
Sans mors, sans éperons, sans bride,
Partons à cheval sur le vin
4 Pour un ciel féerique et divin !

Comme deux anges que torture
Une implacable calenture[2],
Dans le bleu cristal du matin
8 Suivons le mirage lointain !

Mollement balancés sur l'aile
Du tourbillon intelligent,
11 Dans un délire parallèle,

Ma sœur, côte à côte nageant,
Nous fuirons sans repos ni trêves
14 Vers le paradis de mes rêves !

---

1. Gueuserie : condition du gueux, misère.
2. Calenture : « Espèce de délire furieux auquel les navigateurs sont sujets
sous la zone torride » (Littré).

FLEURS DU MAL

CIX. LA DESTRUCTION

Omniprésence du démon et séduction trompeuse de la chair qui éloignent de Dieu et engendrent le spleen : dans ce poème qui reprend, en début de section, les thèmes du poème inaugural Au lecteur, *le poète se sent toujours persécuté et incapable de communiquer avec autrui.*

Sans cesse à mes côtés s'agite le Démon ;
Il nage autour de moi comme un air impalpable ;
Je l'avale et le sens qui brûle mon poumon
4 Et l'emplit d'un désir éternel et coupable.

Parfois il prend, sachant mon grand amour de l'Art,
La forme de la plus séduisante des femmes,
Et, sous de spécieux[1] prétextes de cafard[2],
8 Accoutume ma lèvre à des philtres infâmes.

Il me conduit ainsi, loin du regard de Dieu,
Haletant et brisé de fatigue, au milieu
11 Des plaines de l'Ennui, profondes et désertes,

Et jette dans mes yeux pleins de confusion
Des vêtements souillés, des blessures ouvertes,
14 Et l'appareil sanglant de la Destruction !

---

1. Spécieux : qui n'a que l'apparence de la vérité.
2. Cafard : hypocrite.

CX. UNE MARTYRE

Cette transposition d'art, après un paroxysme dans l'évocation de la violence érotique et de la nécrophilie, se termine sur une note apaisée avec l'invitation au sommeil de la mort (voir Recueillement) *et l'affirmation de l'éternité de la forme par rapport à la matière (voir* Une charogne).

DESSIN D'UN MAÎTRE INCONNU

Au milieu des flacons, des étoffes lamées
    Et des meubles voluptueux,
Des marbres, des tableaux, des robes parfumées
4   Qui traînent à plis somptueux,

Dans une chambre tiède où, comme en une serre,
    L'air est dangereux et fatal,
Où des bouquets mourants dans leurs cercueils de verre
8   Exhalent leur soupir final,

Un cadavre sans tête épanche, comme un fleuve,
    Sur l'oreiller désaltéré
Un sang rouge et vivant, dont la toile s'abreuve
12   Avec l'avidité d'un pré.

Semblable aux visions pâles qu'enfante l'ombre
    Et qui nous enchaînent les yeux,
La tête, avec l'amas de sa crinière sombre
16   Et de ses bijoux précieux,

Sur la table de nuit, comme une renoncule,
    Repose ; et, vide de pensers,
Un regard vague et blanc comme le crépuscule
20   S'échappe des yeux révulsés.

Sur le lit, le tronc nu sans scrupules étale
    Dans le plus complet abandon
La secrète splendeur et la beauté fatale
24   Dont la nature lui fit don ;

Un bas rosâtre, orné de coins d'or, à la jambe,
    Comme un souvenir est resté ;

La jarretière, ainsi qu'un œil secret qui flambe,
28   Darde un regard diamanté.

Le singulier aspect de cette solitude
       Et d'un grand portrait langoureux,
Aux yeux provocateurs comme son attitude,
32   Révèle un amour ténébreux,

Une coupable joie et des fêtes étranges
       Pleines de baisers infernaux,
Dont se réjouissait l'essaim des mauvais anges
36   Nageant dans les plis des rideaux ;

Et cependant, à voir la maigreur élégante
       De l'épaule au contour heurté,
La hanche un peu pointue et la taille fringante
40   Ainsi qu'un reptile irrité,

Elle est bien jeune encor ! – Son âme exaspérée
       Et ses sens par l'ennui mordus
S'étaient-ils entr'ouverts à la meute altérée
44   Des désirs errants et perdus ?

L'homme vindicatif que tu n'as pu, vivante,
       Malgré tant d'amour, assouvir,
Combla-t-il sur ta chair inerte et complaisante
48   L'immensité de son désir ?

Réponds, cadavre impur ! et par tes tresses roides[1]
       Te soulevant d'un bras fiévreux,
Dis-moi, tête effrayante, a-t-il sur tes dents froides
52   Collé les suprêmes adieux ?

– Loin du monde railleur, loin de la foule impure,
       Loin des magistrats curieux,
Dors en paix, dors en paix, étrange créature,
56   Dans ton tombeau mystérieux ;

Ton époux court le monde, et ta forme immortelle
       Veille près de lui quand il dort ;
Autant que toi sans doute il te sera fidèle,
60   Et constant jusques à la mort.

---

1. **Roides :** voir p. 141, note 3.

CXI. FEMMES DAMNÉES

L'amour lesbien qui est évoqué ici répondait chez Baudelaire à son dégoût pour la fécondité qu'il jugeait obscène. Dans ce poème – le seul de la section qui ait échappé aux juges de 1857 – perce la sympathie du poète pour le dédain de la loi sociale et du réel, et pour l'aspiration vers l'infini : lui aussi est un damné.

Comme un bétail pensif sur le sable couchées,
Elles tournent leurs yeux vers l'horizon des mers,
Et leurs pieds se cherchant et leurs mains rapprochées
4 Ont de douces langueurs et des frissons amers.

Les unes, cœurs épris des longues confidences,
Dans le fond des bosquets où jasent les ruisseaux,
Vont épelant l'amour des craintives enfances
8 Et creusent le bois vert des jeunes arbrisseaux ;

D'autres, comme des sœurs, marchent lentes et graves
À travers les rochers pleins d'apparitions,
Où saint Antoine[1] a vu surgir comme des laves
12 Les seins nus et pourprés de ses tentations ;

Il en est, aux lueurs des résines croulantes[2],
Qui dans le creux muet des vieux antres païens
T'appellent au secours de leurs fièvres hurlantes,
16 Ô Bacchus[3], endormeur des remords anciens !

Et d'autres, dont la gorge aime les scapulaires[4],
Qui, recélant un fouet sous leurs longs vêtements,
Mêlent, dans le bois sombre et les nuits solitaires,
20 L'écume du plaisir aux larmes des tourments.

---

1. **Saint Antoine :** ermite fondateur de monastères en Égypte aux IIIᵉ et IVᵉ siècles. Ses tentations dans le désert sont célèbres.
2. **Aux lueurs des résines croulantes :** aux lueurs des flambeaux qui achèvent de brûler.
3. **Bacchus :** dieu du Vin, dans la mythologie gréco-romaine.
4. **Scapulaires :** 1. Pièces d'étoffe couvrant le dos, les épaules, la poitrine, propres à certains ordres religieux. 2. Ensemble de deux petits morceaux d'étoffe bénits portés autour du cou en signe de dévotion.

Ô vierges, ô démons, ô monstres, ô martyres,
De la réalité grands esprits contempteurs[1],
Chercheuses d'infini, dévotes et satyres[2],
24 Tantôt pleines de cris, tantôt pleines de pleurs,

Vous que dans votre enfer mon âme a poursuivies,
Pauvres sœurs, je vous aime autant que je vous plains,
Pour vos mornes douleurs, vos soifs inassouvies,
28 Et les urnes d'amour dont vos grands cœurs sont pleins !

CXII. LES DEUX BONNES SŒURS

Dans toutes les strophes de ce sonnet se mêlent la volupté et la mort, les compagnes du poète maudit, ses pourvoyeuses en « fleurs du mal »…

La Débauche et la Mort sont deux aimables filles,
Prodigues de baisers et riches de santé,
Dont le flanc toujours vierge et drapé de guenilles
4 Sous l'éternel labeur[3] n'a jamais enfanté.

Au poète sinistre, ennemi des familles,
Favori de l'enfer, courtisan mal renté[4],
Tombeaux et lupanars[5] montrent sous leurs charmilles[6]
8 Un lit que le remords n'a jamais fréquenté.

Et la bière[7] et l'alcôve[8] en blasphèmes fécondes
Nous offrent tour à tour, comme deux bonnes sœurs,
11 De terribles plaisirs et d'affreuses douceurs.

---

1. **Contempteurs :** qui méprisent.
2. **Satyres :** ce substantif, employé d'ordinaire au masculin, désignait, dans la mythologie, des divinités mi-hommes, mi-boucs à la sexualité débridée.
3. Le travail dont il est ici question est celui de l'enfantement.
4. **Mal renté :** qui a de maigres rentes, pauvre.
5. **Lupanar :** maison de prostitution.
6. **Charmille :** allée plantée de petits arbres, berceau de verdure.
7. **Bière :** voir p. 144, note 1.
8. **Alcôve :** voir p. 55, note 3.

Quand veux-tu m'enterrer, Débauche aux bras immondes ?
Ô Mort, quand viendras-tu, sa rivale en attraits,
Sur ses myrtes[1] infects enter[2] tes noirs cyprès[3] ?

CXIII. LA FONTAINE DE SANG

Dans L'Ennemi, *le poète était en proie à l'angoisse devant le temps vampire : ici, les « cruelles filles » buveuses de sang ne sont-elles pas les « deux aimables filles » du poème précédent, la Débauche et la Mort ?*

Il me semble parfois que mon sang coule à flots,
Ainsi qu'une fontaine aux rythmiques sanglots.
Je l'entends bien qui coule avec un long murmure,
4 Mais je me tâte en vain pour trouver la blessure.

À travers la cité, comme dans un champ clos,
Il s'en va, transformant les pavés en îlots,
Désaltérant la soif de chaque créature,
8 Et partout colorant en rouge la nature.

J'ai demandé souvent à des vins captieux[4]
D'endormir pour un jour la terreur qui me mine ;
11 Le vin rend l'œil plus clair et l'oreille plus fine !

J'ai cherché dans l'amour un sommeil oublieux ;
Mais l'amour n'est pour moi qu'un matelas d'aiguilles
14 Fait pour donner à boire à ces cruelles filles !

---

1. **Myrte** : arbuste à feuillage persistant, croissant dans les régions méditerranéennes. Chez les Romains, il était consacré à Vénus, déesse de l'Amour.
2. **Enter** : greffer.
3. Les cyprès sont fréquents dans les cimetières.
4. **Captieux** : qui induisent en erreur.

CXIV. ALLÉGORIE

Ce poème est relié aux deux poèmes précédents par sa théma-
tique : l'allégorie est sans aucun doute celle de la Prostitution.
Celle-ci a pour Baudelaire un caractère sacré et respectable,
puisqu'elle contribue à la « marche du monde » : elle devient
ainsi une sœur de la Beauté (voir La Beauté, Hymne à la
Beauté *et « Avec ses vêtements ondoyants et nacrés... »).*

C'est une femme belle et de riche encolure,
Qui laisse dans son vin traîner sa chevelure.
Les griffes de l'amour, les poisons du tripot,
Tout glisse et tout s'émousse au granit de sa peau.
5 Elle rit à la Mort et nargue la Débauche,
Ces monstres dont la main, qui toujours gratte et fauche,
Dans ses jeux destructeurs a pourtant respecté
De ce corps ferme et droit la rude majesté.
Elle marche en déesse et repose en sultane ;
10 Elle a dans le plaisir la foi mahométane,
Et dans ses bras ouverts, que remplissent ses seins,
Elle appelle des yeux la race des humains.
Elle croit, elle sait, cette vierge inféconde
Et pourtant nécessaire à la marche du monde,
15 Que la beauté du corps est un sublime don
Qui de toute infamie arrache le pardon.
Elle ignore l'Enfer comme le Purgatoire,
Et quand l'heure viendra d'entrer dans la Nuit noire,
Elle regardera la face de la Mort,
20 Ainsi qu'un nouveau-né, – sans haine et sans remords.

176

CXV. LA BÉATRICE[1]

*Dans une vision digne d'un Goya[2], c'est par la bouche de
créatures monstrueuses que le poète fait le procès de sa vocation,
en même temps peut-être qu'il exprime les reproches de certains
critiques à son égard. La bien-aimée n'intervient au dernier
moment que pour plonger l'artiste plus avant dans l'accable-
ment. De cette section du recueil, tout espoir est banni.*

Dans des terrains cendreux, calcinés, sans verdure,
Comme je me plaignais un jour à la nature,
Et que de ma pensée, en vaguant[3] au hasard,
J'aiguisais lentement sur mon cœur le poignard,
5 Je vis en plein midi descendre sur ma tête
Un nuage funèbre et gros d'une tempête,
Qui portait un troupeau de démons vicieux,
Semblables à des nains cruels et curieux.
À me considérer froidement ils se mirent,
10 Et, comme des passants sur un fou qu'ils admirent,
Je les entendis rire et chuchoter entre eux,
En échangeant maint signe et maint clignement d'yeux :

– « Contemplons à loisir cette caricature
Et cette ombre d'Hamlet[4] imitant sa posture,
15 Le regard indécis et les cheveux au vent.
N'est-ce pas grand'pitié de voir ce bon vivant,
Ce gueux, cet histrion[5] en vacances, ce drôle,
Parce qu'il sait jouer artistement son rôle,
Vouloir intéresser au chant de ses douleurs

---

1. Béatrice : par dérision, le poète donne à Mme Sabatier le nom de la femme
aimée par Dante, dans *La Divine Comédie*, symbole de la fidélité et de la
beauté spirituelle, qui soutenait le poète au milieu des épreuves.
2. Voir p. 3 et 5.
3. En vaguant : en errant.
4. Allusion à la pièce de Shakespeare du même nom, où le héros, rêveur
contemplatif, pour venger son père assassiné, doit tuer celui qui est à la
fois son oncle et son beau-père, et contrefaire le fou.
5. Histrion : comédien qui joue des farces grossières.

20 Les aigles, les grillons, les ruisseaux et les fleurs,
    Et même à nous, auteurs de ces vieilles rubriques[1],
    Réciter en hurlant ses tirades publiques ? »

    J'aurais pu (mon orgueil aussi haut que les monts
    Domine la nuée et le cri des démons)
25 Détourner simplement ma tête souveraine,
    Si je n'eusse pas vu parmi leur troupe obscène,
    Crime qui n'a pas fait chanceler le soleil !
    La reine de mon cœur au regard non pareil,
    Qui riait avec eux de ma sombre détresse
30 Et leur versait parfois quelque sale caresse.

CXVI. UN VOYAGE À CYTHÈRE[2]

Comme dans Une charogne, *le poème débute sous le signe de
la joie, puis l'horreur de la mort prend le devant de la scène.
Une anecdote qu'il a lue dans* Le Voyage en Orient *de Nerval
est pour le poète l'occasion de sonder encore une fois sa propre
détresse : l'amour corrupteur lui interdira-t-il à tout jamais
l'accès à l'Idéal ?*

    Mon cœur, comme un oiseau, voltigeait tout joyeux
    Et planait librement à l'entour des cordages ;
    Le navire roulait sous un ciel sans nuages,
4   Comme un ange enivré d'un soleil radieux.

    Quelle est cette île triste et noire ? – C'est Cythère,
    Nous dit-on, un pays fameux dans les chansons,
    Eldorado[3] banal de tous les vieux garçons.
8   Regardez, après tout, c'est une pauvre terre.

---

1. Rubriques : avec l'ancien sens de *ruses*, *finesses* (Littré).
2. Cythère : île de la Grèce où, selon la légende, Vénus avait abordé à sa
naissance, et qui passait pour un lieu enchanteur voué à l'amour et aux
plaisirs (voir *L'Embarquement pour Cythère* de Watteau).
3. Eldorado : en espagnol, ce mot signifie *le Doré* et désigne un pays
imaginaire, riche en or.

– Île des doux secrets et des fêtes du cœur !
De l'antique Vénus le superbe fantôme
Au-dessus de tes mers plane comme un arôme,
12 Et charge les esprits d'amour et de langueur.

Belle île aux myrtes[1] verts, pleine de fleurs écloses,
Vénérée à jamais par toute nation,
Où les soupirs des cœurs en adoration
16 Roulent comme l'encens sur un jardin de roses

Ou le roucoulement éternel d'un ramier[2] !
– Cythère n'était plus qu'un terrain des plus maigres,
Un désert rocailleux troublé par des cris aigres.
20 J'entrevoyais pourtant un objet singulier !

Ce n'était pas un temple aux ombres bocagères[3],
Où la jeune prêtresse, amoureuse des fleurs,
Allait, le corps brûlé de secrètes chaleurs,
24 Entre-bâillant sa robe aux brises passagères ;

Mais voilà qu'en rasant la côte d'assez près
Pour troubler les oiseaux avec nos voiles blanches,
Nous vîmes que c'était un gibet[4] à trois branches,
28 Du ciel se détachant en noir, comme un cyprès.

De féroces oiseaux perchés sur leur pâture
Détruisaient avec rage un pendu déjà mûr,
Chacun plantant, comme un outil, son bec impur
32 Dans tous les coins saignants de cette pourriture ;

Les yeux étaient deux trous, et du ventre effondré
Les intestins pesants lui coulaient sur les cuisses,
Et ses bourreaux, gorgés de hideuses délices,
36 L'avaient à coups de bec absolument châtré.

---

1. **Myrtes :** voir p. 175, note 1.
2. **Ramier :** pigeon.
3. **Bocagères :** boisées.
4. **Gibet :** potence où on exécute les condamnés à la pendaison.

Sous les pieds, un troupeau de jaloux quadrupèdes,
Le museau relevé, tournoyait et rôdait ;
Une plus grande bête au milieu s'agitait
40 Comme un exécuteur entouré de ses aides.

Habitant de Cythère, enfant d'un ciel si beau,
Silencieusement tu souffrais ces insultes
En expiation de tes infâmes cultes
44 Et des péchés qui t'ont interdit le tombeau.

Ridicule pendu, tes douleurs sont les miennes !
Je sentis, à l'aspect de tes membres flottants,
Comme un vomissement, remonter vers mes dents
48 Le long fleuve de fiel[1] des douleurs anciennes ;

Devant toi, pauvre diable au souvenir si cher,
J'ai senti tous les becs et toutes les mâchoires
Des corbeaux lancinants et des panthères noires
52 Qui jadis aimaient tant à triturer ma chair.

– Le ciel était charmant, la mer était unie ;
Pour moi tout était noir et sanglant désormais,
Hélas ! et j'avais, comme en un suaire épais,
56 Le cœur enseveli dans cette allégorie.

Dans ton île, ô Vénus ! je n'ai trouvé debout
Qu'un gibet symbolique où pendait mon image...
– Ah ! Seigneur ! donnez-moi la force et le courage
60 De contempler mon cœur et mon corps sans dégoût !

---

1. Fiel : voir p. 81, note 3.

CXVII. L'AMOUR ET LE CRÂNE

Dans ce poème inspiré d'une gravure du XVIe siècle, Baude-laire substitue à la leçon baroque[1] (la vie est aussi éphémère qu'une bulle de savon) une réflexion toute personnelle : l'amour charnel détruit l'homme (voir Causerie*).*

VIEUX CUL-DE-LAMPE[2]

L'Amour est assis sur le crâne
    De l'Humanité,
Et sur ce trône le profane,
4   Au rire effronté,

Souffle gaiement des bulles rondes
    Qui montent dans l'air,
Comme pour rejoindre les mondes
8   Au fond de l'éther[3].

Le globe lumineux et frêle
    Prend un grand essor,
Crève et crache son âme grêle[4]
12   Comme un songe d'or.

J'entends le crâne à chaque bulle
    Prier et gémir :
– « Ce jeu féroce et ridicule,
16   Quand doit-il finir ?

« Car ce que ta bouche cruelle
    Éparpille en l'air,
Monstre assassin, c'est ma cervelle,
20   Mon sang et ma chair ! »

---

1. Voir p. 233.
2. **Cul-de-lampe :** vignette gravée à la fin d'un chapitre.
3. **Éther :** ciel.
4. **Grêle :** maigre, mince.

RÉVOLTE

CXVIII. LE RENIEMENT
DE SAINT PIERRE[1]

Premier poème de la section Révolte, *datant des débuts litté-*
raires de Baudelaire, il reprend le thème romantique de Dieu
tyran insensible (voir Vigny, Le Mont des Oliviers, *et Nerval,*
Le Christ aux Oliviers*) ; mais il donne une conclusion très*
personnelle à cette pièce : Jésus est en proie au remords, parce
qu'il a dupé les hommes, et Pierre est un révolté, qui se venge
d'avoir été dupé : tous deux sont frères du poète.

Qu'est-ce que Dieu fait donc de ce flot d'anathèmes[2]
Qui monte tous les jours vers ses chers Séraphins[3] ?
Comme un tyran gorgé de viande et de vins,
4 Il s'endort au doux bruit de nos affreux blasphèmes.

Les sanglots des martyrs et des suppliciés
Sont une symphonie enivrante sans doute,
Puisque, malgré le sang que leur volupté coûte,
8 Les cieux ne s'en sont point encore rassasiés !

– Ah ! Jésus, souviens-toi du Jardin des Olives[4] !
Dans ta simplicité tu priais à genoux
Celui qui dans son ciel riait au bruit des clous[5]
12 Que d'ignobles bourreaux plantaient dans tes chairs vives,

---

1. Quand Jésus fut arrrêté, Pierre, par trois fois, nia le connaître.
2. **Anathèmes :** malédictions.
3. **Séraphins :** anges.
4. **Jardin des Olives** ou **des Oliviers :** lieu où Jésus, s'étant éloigné de ses disciples juste avant son arrestation, fut pris d'une grande angoisse devant la mort qui venait et pria Dieu son père d'écarter de lui le supplice.
5. Ce vers et les deux quatrains suivants font allusion à toutes les humiliations et tortures que le Christ a subies durant sa Passion.

Lorsque tu vis cracher sur ta divinité
La crapule du corps de garde et des cuisines,
Et lorsque tu sentis s'enfoncer les épines
16 Dans ton crâne où vivait l'immense Humanité ;

Quand de ton corps brisé la pesanteur horrible
Allongeait tes deux bras distendus, que ton sang
Et ta sueur coulaient de ton front pâlissant,
20 Quand tu fus devant tous posé comme une cible,

Rêvais-tu de ces jours si brillants et si beaux
Où tu vins pour remplir l'éternelle promesse[1],
Où tu foulais, monté sur une douce ânesse,
24 Des chemins tout jonchés de fleurs et de rameaux[2],

Où, le cœur tout gonflé d'espoir et de vaillance,
Tu fouettais tous ces vils marchands[3] à tour de bras,
Où tu fus maître enfin ? Le remords n'a-t-il pas
28 Pénétré dans ton flanc plus avant que la lance ?

– Certes, je sortirai, quant à moi, satisfait
D'un monde où l'action n'est pas la sœur du rêve ;
Puissé-je user du glaive et périr par le glaive[4] !
32 Saint Pierre a renié Jésus… il a bien fait !

---

1. La promesse que Dieu avait faite aux Juifs de leur envoyer un sauveur, un Messie.
2. Allusion à l'entrée triomphale du Christ dans Jérusalem, sous les acclamations de la foule, quelques jours avant son arrestation. Cette entrée est célébrée par les chrétiens le dimanche des Rameaux.
3. À Jérusalem, Jésus chassa du Temple les marchands qui transformaient la maison de Dieu en une maison de commerce.
4. Allusion à une parole de Jésus qui condamne l'engrenage de la violence quand ses disciples veulent empêcher par la force qu'on l'arrête (« Qui se sert du glaive périra par le glaive »).

CXIX. ABEL ET CAÏN

« Caïn, dans le grand drame de l'Humanité, c'est l'opposi- tion », dit Lucien de Rubempré dans Splendeurs et Misères des courtisanes *de Balzac. Le frère du « bourgeois » Abel fonde l'école de « l'insurrection morale, de la fantaisie déchevelée, de la rébellion à outrance et du romantisme à tous crins » (Louis Goudall dans un article du* Figaro *du 24 février 1856).*

I

Race d'Abel, dors, bois et mange ;
2 Dieu te sourit complaisamment.

Race de Caïn, dans la fange
4 Rampe et meurs misérablement.

Race d'Abel, ton sacrifice
6 Flatte le nez du Séraphin[1] !

Race de Caïn, ton supplice
8 Aura-t-il jamais une fin ?

Race d'Abel, vois tes semailles
10 Et ton bétail venir à bien ;

Race de Caïn, tes entrailles
12 Hurlent la faim comme un vieux chien.

Race d'Abel, chauffe ton ventre
14 À ton foyer patriarcal ;

Race de Caïn, dans ton antre
16 Tremble de froid, pauvre chacal !

Race d'Abel, aime et pullule !
18 Ton or fait aussi des petits.

Race de Caïn, cœur qui brûle,
20 Prends garde à ces grands appétits.

---

1. **Séraphin :** voir p. 182, note 3.

Race d'Abel, tu croîs et broutes
22 Comme les punaises des bois !

Race de Caïn, sur les routes
24 Traîne ta famille aux abois.

II

Ah ! race d'Abel, ta charogne
26 Engraissera le sol fumant !

Race de Caïn, ta besogne
28 N'est pas faite suffisamment ;

Race d'Abel, voici ta honte :
30 Le fer est vaincu par l'épieu !

Race de Caïn, au ciel monte,
32 Et sur la terre jette Dieu !

CXX. LES LITANIES[1] DE SATAN

Satan est avec Caïn la deuxième figure favorite du romantisme : il est l'image du vaincu qui ne renonce pas. C'est lui qu'implore le poète exilé, velléitaire et en proie au spleen.

Ô toi, le plus savant et le plus beau des Anges,
Dieu trahi par le sort et privé de louanges,
3 Ô Satan, prends pitié de ma longue misère !

Ô Prince de l'exil, à qui l'on a fait tort,
Et qui, vaincu, toujours te redresses plus fort,
6 Ô Satan, prends pitié de ma longue misère !

---

1. **Litanies :** prière où les invocations sont toutes suivies d'une formule brève récitée ou chantée par l'assistance.

Toi qui sais tout, grand roi des choses souterraines,
Guérisseur familier des angoisses humaines,

9 Ô Satan, prends pitié de ma longue misère !

Toi qui, même aux lépreux, aux parias[1] maudits,
Enseignes par l'amour le goût du Paradis,

12 Ô Satan, prends pitié de ma longue misère !

Ô toi qui de la Mort, ta vieille et forte amante,
Engendras l'Espérance, – une folle charmante !

15 Ô Satan, prends pitié de ma longue misère !

Toi qui fais au proscrit[2] ce regard calme et haut
Qui damne tout un peuple autour d'un échafaud,

18 Ô Satan, prends pitié de ma longue misère !

Toi qui sais en quels coins des terres envieuses
Le Dieu jaloux[3] cacha les pierres précieuses,

21 Ô Satan, prends pitié de ma longue misère !

Toi dont l'œil clair connaît les profonds arsenaux[4]
Où dort enseveli le peuple des métaux,

24 Ô Satan, prends pitié de ma longue misère !

Toi dont la large main cache les précipices
Au somnambule errant au bord des édifices,

27 Ô Satan, prends pitié de ma longue misère !

Toi qui, magiquement, assouplis les vieux os
De l'ivrogne attardé foulé par les chevaux,

30 Ô Satan, prends pitié de ma longue misère !

---

1. **Parias :** exclus.
2. **Proscrit :** banni, exilé.
3. Nom donné à Dieu dans la Bible qui signifie « qui veut être aimé exclusivement ».
4. **Arsenaux :** dépôts d'armes et de munitions.

Toi qui, pour consoler l'homme frêle qui souffre,
Nous appris à mêler le salpêtre et le soufre[1],

33 Ô Satan, prends pitié de ma longue misère !

Toi qui poses ta marque, ô complice subtil,
Sur le front du Crésus[2] impitoyable et vil,

36 Ô Satan, prends pitié de ma longue misère !

Toi qui mets dans les yeux et dans le cœur des filles
Le culte de la plaie et l'amour des guenilles,

39 Ô Satan, prends pitié de ma longue misère !

Bâton des exilés, lampe des inventeurs,
Confesseur des pendus et des conspirateurs,

42 Ô Satan, prends pitié de ma longue misère !

Père adoptif de ceux qu'en sa noire colère
Du paradis terrestre a chassés Dieu le Père,

45 Ô Satan, prends pitié de ma longue misère !

PRIÈRE

Gloire et louange à toi, Satan, dans les hauteurs
Du Ciel, où tu régnas, et dans les profondeurs
De l'Enfer, où, vaincu, tu rêves en silence !
Fais que mon âme un jour, sous l'Arbre de Science,

50 Près de toi se repose, à l'heure où sur ton front
Comme un Temple nouveau ses rameaux s'épandront !

---

1. **Salpêtre, soufre :** matières entrant dans la composition de la poudre. Satan est considéré comme l'inspirateur des révolutions, comme celle de 1848.
2. **Crésus :** richissime roi légendaire.

LA MORT

CXXI. LA MORT DES AMANTS

Nous aurons des lits pleins d'odeurs légères,
Des divans profonds comme des tombeaux,
Et d'étranges fleurs sur des étagères,
4 Écloses pour nous sous des cieux plus beaux.

Usant à l'envi[1] leurs chaleurs dernières,
Nos deux cœurs seront deux vastes flambeaux,
Qui réfléchiront leurs doubles lumières
8 Dans nos deux esprits, ces miroirs jumeaux.

Un soir fait de rose et de bleu mystique[2],
Nous échangerons un éclair unique,
11 Comme un long sanglot, tout chargé d'adieux ;

Et plus tard un Ange, entr'ouvrant les portes,
Viendra ranimer, fidèle et joyeux,
14 Les miroirs ternis et les flammes mortes.

CXXII. LA MORT DES PAUVRES

Il y a sans doute ici un « socialisme mitigé » (Baudelaire) qui fait preuve de charité vis-à-vis des déshérités ; mais les pauvres symbolisent aussi tous les humains et on retrouve dans ce poème le désespoir du poète (voir L'Irréparable*) ainsi qu'une conception chrétienne mais surtout néoplatonicienne de la mort, nouvelle naissance pour les âmes enfin affranchies du corps (voir* La Mort des amants*).*

C'est la Mort qui console, hélas ! et qui fait vivre ;
C'est le but de la vie, et c'est le seul espoir
Qui, comme un élixir, nous monte et nous enivre,
4 Et nous donne le cœur de marcher jusqu'au soir ;

---

1. **À l'envi :** à qui mieux mieux.
2. Voir p. 25, note 5.

SITUER

La section *La Mort* a valeur de conclusion, tantôt porteuse d'espoir quand, en 1857, elle se clôt par *La Mort des artistes*, tantôt désespérée quand, dans l'édition de 1861, elle s'achève sur *Le Rêve d'un curieux* et *Le Voyage*. *La Mort des amants* marque-t-elle la fin de l'amour ?

RÉFLÉCHIR

REGISTRES ET TONALITÉS : un chant d'amour

1. Quel est le mètre du poème ? Que savez-vous de la place la plus fréquente de la césure dans ce type de vers ? Qu'en est-il ici ? Pourquoi a-t-on pu parler de berceuse ?

2. En quoi ce poème, par ses thèmes, par certains termes, par sa temporalité, semble-t-il être le prolongement de *L'Invitation au voyage* (p. 93) ?

3. Dans le deuxième quatrain, par quels termes s'exprime l'union des amants ?

STRUCTURE : de deux à l'Un

4. Le futur est-il pensé comme un seul moment ? Quelles sont alors les articulations du texte ?

5. Qu'est-ce qui rend l'avenir de plus en plus lumineux ? Quelle symbolique se rattache à cette lumière ?

6. Quel type d'amour est évoqué dans le premier quatrain ? dans le deuxième ?

7. L'amour et la mort ont souvent été liés par les poètes (dans *Tristan et Iseult*, chez Ronsard, etc.). Mais chez Baudelaire, quel type d'amour est une cause de l'anéantissement de l'esprit ? Que permet donc la mort ?

À travers la tempête, et la neige, et le givre,
C'est la clarté vibrante à notre horizon noir ;
C'est l'auberge fameuse inscrite sur le livre,
8 Où l'on pourra manger, et dormir, et s'asseoir ;

C'est un Ange qui tient dans ses doigts magnétiques
Le sommeil et le don des rêves extatiques[1],
11 Et qui refait le lit des gens pauvres et nus ;

C'est la gloire des dieux, c'est le grenier mystique[2],
C'est la bourse du pauvre et sa patrie antique,
14 C'est le portique ouvert sur les Cieux inconnus !

CXXIII. LA MORT DES ARTISTES

La section et le recueil des Fleurs du Mal *se ferment, en 1857,
comme ils s'étaient ouverts, sur la destinée du poète. Ce sonnet
l'assimile aux sculpteurs dans le combat qu'il livre à la matière
pour en extraire l'idée, au sens platonicien. La souffrance est
encore une fois associée à la recherche de la Beauté, et l'artiste
fait de la mort la source privilégiée de son inspiration.*

Combien faut-il de fois secouer mes grelots[3]
Et baiser ton front bas, morne caricature[4] ?
Pour piquer dans le but, de mystique[5] nature,
4 Combien, ô mon carquois, perdre de javelots ?

Nous userons notre âme en de subtils complots,
Et nous démolirons mainte lourde armature[6],
Avant de contempler la grande Créature[7]
8 Dont l'infernal désir nous remplit de sanglots !

---

1. Extatiques : qui ont le caractère de l'extase.
2. Mystique : voir p. 25, note 5.
3. Voir le saltimbanque de *La Muse vénale.*
4. S'agit-il ici de l'œuvre imparfaite ? du public ? de la réalité ? ou des trois à la fois ?
5. *Cf.* note 2.
6. Armature : charpente interne d'une sculpture.
7. Voir le « rêve de pierre » de *La Beauté.*

Il en est qui jamais n'ont connu leur Idole,
Et ces sculpteurs damnés et marqués d'un affront,
11 Qui vont se martelant la poitrine et le front,

N'ont qu'un espoir, étrange et sombre Capitole[1] !
C'est que la Mort, planant comme un soleil nouveau,
14 Fera s'épanouir les fleurs[2] de leur cerveau !

CXXIV. LA FIN DE LA JOURNÉE

Dans cette section, la fin de la journée annonce l'apaisement qu'apportera la mort (voir La Mort des pauvres*) : « Ô nuit ! ô rafraîchissantes ténèbres ! [...] vous êtes la délivrance d'une angoisse »* (Le Spleen de Paris, *« Le Crépuscule du soir »*).

Sous une lumière blafarde
Court, danse et se tord sans raison
La Vie, impudente et criarde.
4 Aussi, sitôt qu'à l'horizon

La nuit voluptueuse monte,
Apaisant tout, même la faim,
Effaçant tout, même la honte,
8 Le Poète se dit : « Enfin !

« Mon esprit, comme mes vertèbres,
Invoque ardemment le repos ;
11 Le cœur plein de songes funèbres,

« Je vais me coucher sur le dos
Et me rouler dans vos rideaux,
14 Ô rafraîchissantes ténèbres ! »

---

1. **Capitole :** colline de Rome, surmontée d'un temple à Jupiter, où aboutissait la procession triomphale en l'honneur des généraux vainqueurs.
2. **Les fleurs :** leur œuvre, voir le titre du recueil.

CXXV. LE RÊVE D'UN CURIEUX

Dans Le Squelette laboureur, *le poète se demande si la mort est vraiment le repos ; dans* La Mort des amants *et* La Mort des pauvres, *il la présente comme une libération spirituelle. Ici, la nouvelle aurore, « terrible », n'apporte qu'une attente sans fin.*

À F. N.[1]

Connais-tu, comme moi, la douleur savoureuse,
Et de toi fais-tu dire : « Oh ! l'homme singulier ! »
– J'allais mourir. C'était dans mon âme amoureuse,
Désir mêlé d'horreur, un mal particulier ;

5   Angoisse et vif espoir, sans humeur factieuse[2].
Plus allait se vidant le fatal sablier,
Plus ma torture était âpre et délicieuse ;
Tout mon cœur s'arrachait au monde familier.

J'étais comme l'enfant avide du spectacle,
10 Haïssant le rideau comme on hait un obstacle...
Enfin la vérité froide se révéla :

J'étais mort sans surprise, et la terrible aurore
M'enveloppait. – Eh quoi ! n'est-ce donc que cela ?
La toile était levée et j'attendais encore.

---

1. Félix Nadar, écrivain, dessinateur, photographe – il a fait plusieurs portraits du poète (voir p. 18) – et ami de Baudelaire.
2. Factieuse : rebelle, révoltée.

CXXVI. LE VOYAGE

Poème désenchanté sur la vacuité du voyage : le spleen et le mal sont impossibles à fuir puisqu'ils sont en nous. C'est la mort qui est le seul salut, une mort aussi fascinante que la femme (voir Le Poison*) et la Beauté (voir* Hymne à la Beauté*).*

À Maxime Du Camp[1].

I

Pour l'enfant, amoureux de cartes et d'estampes,
L'univers est égal à son vaste appétit.
Ah ! que le monde est grand à la clarté des lampes !
4 Aux yeux du souvenir que le monde est petit !

Un matin nous partons, le cerveau plein de flamme,
Le cœur gros de rancune et de désirs amers,
Et nous allons, suivant le rythme de la lame,
8 Berçant notre infini sur le fini des mers :

Les uns, joyeux de fuir une patrie infâme ;
D'autres, l'horreur de leurs berceaux, et quelques-uns,
Astrologues noyés dans les yeux d'une femme,
12 La Circé[2] tyrannique aux dangereux parfums.

Pour n'être pas changés en bêtes, ils s'enivrent
D'espace et de lumière et de cieux embrasés ;
La glace qui les mord, les soleils qui les cuivrent,
16 Effacent lentement la marque des baisers.

---

1. **Maxime du Camp :** écrivain et voyageur, ami de Flaubert, qu'il accompagna dans ses voyages en Orient.
2. **Circé :** dans l'Odyssée, magicienne qui transforme les compagnons d'Ulysse en cochons.

Mais les vrais voyageurs sont ceux-là seuls qui partent
Pour partir ; cœurs légers, semblables aux ballons,
De leur fatalité jamais ils ne s'écartent,
20 Et, sans savoir pourquoi, disent toujours : Allons !

Ceux-là dont les désirs ont la forme des nues,
Et qui rêvent, ainsi qu'un conscrit le canon[1],
De vastes voluptés, changeantes, inconnues,
24 Et dont l'esprit humain n'a jamais su le nom !

II

Nous imitons, horreur ! la toupie et la boule
Dans leur valse et leurs bonds ; même dans nos sommeils
La Curiosité nous tourmente et nous roule,
28 Comme un Ange cruel qui fouette des soleils.

Singulière fortune où le but se déplace,
Et, n'étant nulle part, peut être n'importe où !
Où l'Homme, dont jamais l'espérance n'est lasse,
32 Pour trouver le repos court toujours comme un fou !

Notre âme est un trois-mâts cherchant son Icarie[2] ;
Une voix retentit sur le pont : « Ouvre l'œil ! »
Une voix de la hune[3], ardente et folle, crie :
36 « Amour… gloire… bonheur ! » Enfer ! c'est un écueil !

Chaque îlot signalé par l'homme de vigie[4]
Est un Eldorado[5] promis par le Destin ;
L'Imagination qui dresse son orgie
40 Ne trouve qu'un récif aux clartés du matin.

---

1. Ainsi qu'un soldat nouvellement recruté rêve du canon.
2. En 1840, le socialiste Cabet avait publié un roman philosophique, *Le Voyage en Icarie*, projet d'un État imaginaire où règnerait un communisme pacifique.
3. **Hune :** plate-forme en haut d'un mât.
4. **De vigie :** de garde.
5. **Eldorado :** contrée fabuleuse qui regorgeait d'or.

Ô le pauvre amoureux des pays chimériques !
Faut-il le mettre aux fers, le jeter à la mer,
Ce matelot ivrogne, inventeur d'Amériques
44 Dont le mirage rend le gouffre plus amer ?

Tel le vieux vagabond, piétinant dans la boue,
Rêve, le nez en l'air, de brillants paradis ;
Son œil ensorcelé découvre une Capoue[1]
48 Partout où la chandelle illumine un taudis.

III

Étonnants voyageurs ! quelles nobles histoires
Nous lisons dans vos yeux profonds comme les mers !
Montrez-nous les écrins de vos riches mémoires,
52 Ces bijoux merveilleux, faits d'astres et d'éthers[2].

Nous voulons voyager sans vapeur et sans voile !
Faites, pour égayer l'ennui de nos prisons,
Passer sur nos esprits, tendus comme une toile,
56 Vos souvenirs avec leurs cadres d'horizons.

Dites, qu'avez-vous vu ?

IV

      « Nous avons vu des astres
Et des flots ; nous avons vu des sables aussi ;
Et, malgré bien des chocs et d'imprévus désastres,
60 Nous nous sommes souvent ennuyés, comme ici.

« La gloire[3] du soleil sur la mer violette,
La gloire des cités dans le soleil couchant,
Allumaient dans nos cœurs une ardeur inquiète
64 De plonger dans un ciel au reflet alléchant.

---

1. Capoue : ville d'Italie dont les agréments dangereux étaient célèbres dans
l'Antiquité.
2. Éthers : voir p. 28, note 1.
3. Gloire : voir p. 56, note 4.

« Les plus riches cités, les plus grands paysages,
Jamais ne contenaient l'attrait mystérieux
De ceux que le hasard fait avec les nuages.
68 Et toujours le désir nous rendait soucieux !

« – La jouissance ajoute au désir de la force.
Désir, vieil arbre à qui le plaisir sert d'engrais,
Cependant que grossit et durcit ton écorce,
72 Tes branches veulent voir le soleil de plus près !

« Grandiras-tu toujours, grand arbre plus vivace
Que le cyprès ? – Pourtant nous avons, avec soin,
Cueilli quelques croquis pour votre album vorace,
76 Frères qui trouvez beau tout ce qui vient de loin !

« Nous avons salué des idoles à trompe ;
Des trônes constellés de joyaux lumineux ;
Des palais ouvragés dont la féerique pompe[1]
80 Serait pour vos banquiers un rêve ruineux ;

« Des costumes qui sont pour les yeux une ivresse ;
Des femmes dont les dents et les ongles sont teints,
Et des jongleurs savants que le serpent caresse. »

V

84 Et puis, et puis encore ?

VI

« Ô cerveaux enfantins !
« Pour ne pas oublier la chose capitale,
Nous avons vu partout, et sans l'avoir cherché,
Du haut jusques en bas de l'échelle fatale,
88 Le spectacle ennuyeux de l'immortel péché :

---

1. **Pompe** : magnificence.

« La femme, esclave vile, orgueilleuse et stupide,
Sans rire s'adorant et s'aimant sans dégoût ;
L'homme, tyran goulu, paillard, dur et cupide,
92 Esclave de l'esclave et ruisseau dans l'égout ;

« Le bourreau qui jouit, le martyr qui sanglote ;
La fête qu'assaisonne et parfume le sang ;
Le poison du pouvoir énervant le despote,
96 Et le peuple amoureux du fouet abrutissant ;

« Plusieurs religions semblables à la nôtre,
Toutes escaladant le ciel ; la Sainteté,
Comme en un lit de plume un délicat se vautre,
100 Dans les clous et le crin cherchant la volupté ;

« L'Humanité bavarde, ivre de son génie,
Et, folle maintenant comme elle était jadis,
Criant à Dieu, dans sa furibonde agonie :
104 "Ô mon semblable, ô mon maître, je te maudis !"

« Et les moins sots, hardis amants de la Démence,
Fuyant le grand troupeau parqué par le Destin,
Et se réfugiant dans l'opium immense !
108 – Tel est du globe entier l'éternel bulletin. »

VII

Amer savoir, celui qu'on tire du voyage !
Le monde, monotone et petit, aujourd'hui,
Hier, demain, toujours, nous fait voir notre image :
112 Une oasis d'horreur dans un désert d'ennui !

Faut-il partir ? rester ? Si tu peux rester, reste ;
Pars, s'il le faut. L'un court, et l'autre se tapit
Pour tromper l'ennemi vigilant et funeste,
116 Le Temps ! Il est, hélas ! des coureurs sans répit,

Comme le Juif errant et comme les apôtres,
À qui rien ne suffit, ni wagon ni vaisseau,
Pour fuir ce rétiaire[1] infâme ; il en est d'autres
120 Qui savent le tuer sans quitter leur berceau.

Lorsque enfin il mettra le pied sur notre échine,
Nous pourrons espérer et crier : En avant !
De même qu'autrefois nous partions pour la Chine,
124 Les yeux fixés au large et les cheveux au vent,

Nous nous embarquerons sur la mer des Ténèbres
Avec le cœur joyeux d'un jeune passager.
Entendez-vous ces voix, charmantes et funèbres,
128 Qui chantent : « Par ici ! vous qui voulez manger

« Le Lotus[2] parfumé ! c'est ici qu'on vendange
Les fruits miraculeux dont votre cœur a faim ;
Venez vous enivrer de la douceur étrange
132 De cette après-midi qui n'a jamais de fin ? »

À l'accent familier nous devinons le spectre ;
Nos Pylades[3] là-bas tendent leurs bras vers nous.
« Pour rafraîchir ton cœur nage vers ton Électre[4] ! »
136 Dit celle dont jadis nous baisions les genoux.

VIII

Ô Mort, vieux capitaine, il est temps ! levons l'ancre !
Ce pays nous ennuie, ô Mort ! Appareillons !
Si le ciel et la mer sont noirs comme de l'encre,
140 Nos cœurs que tu connais sont remplis de rayons !

Verse-nous ton poison pour qu'il nous réconforte !
Nous voulons, tant ce feu nous brûle le cerveau,
Plonger au fond du gouffre, Enfer ou Ciel, qu'importe ?
144 Au fond de l'Inconnu pour trouver du *nouveau* !

---

1. Rétiaire : gladiateur armé d'un filet, d'un trident et d'un poignard.
2. Lotus : dans l'*Odyssée*, fleur magique qui apporte l'oubli.
3. Dans l'*Iliade*, Pylade, ami d'Oreste, symbolise l'amitié fidèle.
4. Électre : dans la tragédie grecque, sœur d'Oreste qui attend inlassablement
le retour de son frère, puis tente de chasser loin de lui les divinités infernales
qui l'assaillent ; symbole de l'amour fidèle et apaisant.

PIÈCES AJOUTÉES EN 1868

I. ÉPIGRAPHE POUR UN LIVRE CONDAMNÉ

Cette épigraphe est aussi provocatrice que le poème Au lecteur : *l'œuvre est présentée comme un livre triste, inspiré par Satan. Sa lecture en est réservée aux âmes fortes qui sont capables de compatir aux souffrances du poète, leur « frère ».*

Lecteur paisible et bucolique[1],
Sobre et naïf homme de bien,
Jette ce livre saturnien[2],
4 Orgiaque et mélancolique.

Si tu n'as fait ta rhétorique
Chez Satan, le rusé doyen[3],
Jette ! tu n'y comprendrais rien,
8 Ou tu me croirais hystérique.

Mais si, sans se laisser charmer,
Ton œil sait plonger dans les gouffres,
11 Lis-moi, pour apprendre à m'aimer ;

Âme curieuse qui souffres
Et vas cherchant ton paradis,
14 Plains-moi !... Sinon, je te maudis !

II. MADRIGAL[4] TRISTE

Le désir est inséparable du chagrin et de la damnation de la femme aimée, puisque c'est ainsi qu'elle peut communier avec

---

1. **Bucolique :** ici, qui aime la poésie champêtre.
2. La planète Saturne était considérée dans l'Antiquité comme source de tristesse.
3. **Doyen :** personne la plus âgée ; ici, le premier à avoir fait le mal.
4. **Madrigal :** petit poème de forme libre et de registre galant.

le poète : le sadisme du propos et la fusion du bourreau et de la victime rappellent L'Héautontimorouménos.

I

Que m'importe que tu sois sage ?
Sois belle ! et sois triste ! Les pleurs
Ajoutent un charme au visage,
Comme le fleuve au paysage ;
5   L'orage rajeunit les fleurs.

Je t'aime surtout quand la joie
S'enfuit de ton front terrassé ;
Quand ton cœur dans l'horreur se noie ;
Quand sur ton présent se déploie
10 Le nuage affreux du passé.

Je t'aime quand ton grand œil verse
Une eau chaude comme le sang ;
Quand, malgré ma main qui te berce,
Ton angoisse, trop lourde, perce
15 Comme un râle d'agonisant.

J'aspire, volupté divine !
Hymne profond, délicieux !
Tous les sanglots de ta poitrine,
Et crois que ton cœur s'illumine
20 Des perles que versent tes yeux !

II

Je sais que ton cœur, qui regorge
De vieux amours déracinés,
Flamboie encor comme une forge,
Et que tu couves sous ta gorge
25 Un peu de l'orgueil des damnés ;

Mais tant, ma chère, que tes rêves
N'auront pas reflété l'Enfer,
Et qu'en un cauchemar sans trêves,
Songeant de poisons et de glaives,
30 Éprise de poudre et de fer,

N'ouvrant à chacun qu'avec crainte,
Déchiffrant le malheur partout,
Te convulsant quand l'heure tinte,
Tu n'auras pas senti l'étreinte
35 De l'irrésistible Dégoût,

Tu ne pourras, esclave reine
Qui ne m'aimes qu'avec effroi,
Dans l'horreur de la nuit malsaine
Me dire, l'âme de cris pleine :
40 « Je suis ton égale, ô mon Roi ! »

III. LA PRIÈRE D'UN PAÏEN

*La volupté, divinité païenne, déchire le poète mais lui donne
l'inspiration (voir* Hymne à la Beauté*).*

Ah ! ne ralentis pas tes flammes ;
Réchauffe mon cœur engourdi,
Volupté, torture des âmes !
4 *Diva ! supplicem exaudi !*[1]

Déesse dans l'air répandue,
Flamme dans notre souterrain !
Exauce une âme morfondue,
8 Qui te consacre un chant d'airain.

Volupté, sois toujours ma reine !
Prends le masque d'une sirène[2]
11 Faite de chair et de velours,

Ou verse-moi tes sommeils lourds
Dans le vin informe et mystique[3]
14 Volupté, fantôme élastique !

---

1. « Divine, écoute celui qui te supplie. »
2. Sirène : dans l'*Odyssée*, animal fabuleux, mi-femme, mi-poisson, qui
attirait par ses chants mélodieux les navigateurs sur les écueils.
3. Mystique : voir p. 25, note 5.

IV. LE REBELLE

Ce poème, peut-être inspiré des peintures murales d'Eugène Delacroix à Saint-Sulpice, évoque un mécréant aux allures de dandy qui refuse une morale imposée par une religion aux méthodes terroristes.

Un Ange furieux fond du ciel comme un aigle,
Du mécréant[1] saisit à plein poing les cheveux,
Et dit, le secouant : « Tu connaîtras la règle !
4 (Car je suis ton bon Ange, entends-tu ?) Je le veux !

Sache qu'il faut aimer, sans faire la grimace,
Le pauvre, le méchant, le tortu[2], l'hébété,
Pour que tu puisses faire, à Jésus, quand il passe,
8 Un tapis triomphal avec ta charité.

Tel est l'Amour ! Avant que ton cœur ne se blase,
À la gloire de Dieu rallume ton extase ;
11 C'est la Volupté vraie aux durables appas ! »

Et l'Ange, châtiant autant, ma foi ! qu'il aime,
De ses poings de géant torture l'anathème[3] ;
14 Mais le damné répond toujours : « Je ne veux pas ! »

V. L'AVERTISSEUR

Le « Serpent jaune » apparaît à la fois comme une allégorie du Temps (voir L'Horloge) et du Remords (voir L'Irréparable), éternels « ennemis » et « guignons » du poète.

Tout homme digne de ce nom
A dans le cœur un Serpent jaune,
Installé comme sur un trône,
4 Qui, s'il dit : « Je veux ! » répond : « Non ! »

---

1. **Mécréant :** impie, incroyant.
2. **Tortu :** tordu, bossu.
3. **Anathème :** personne excommuniée en tant qu'ennemi de la religion catholique.

Plonge tes yeux dans les yeux fixes
Des Satyresses[1] ou des Nixes[2],
7 La Dent dit : « Pense à ton devoir ! »

Fais des enfants, plante des arbres,
Polis des vers, sculpte des marbres,
10 La Dent dit : « Vivras-tu ce soir ? »

Quoi qu'il ébauche ou qu'il espère,
L'homme ne vit pas un moment
Sans subir l'avertissement
14 De l'insupportable Vipère.

VI. RECUEILLEMENT

Sois sage, ô ma Douleur, et tiens-toi plus tranquille.
Tu réclamais le Soir ; il descend ; le voici :
Une atmosphère obscure enveloppe la ville,
4 Aux uns portant la paix, aux autres le souci.

Pendant que des mortels la multitude vile[3],
Sous le fouet du Plaisir, ce bourreau sans merci[4],
Va cueillir des remords dans la fête servile[5],
8 Ma Douleur, donne-moi la main ; viens par ici,

Loin d'eux. Vois se pencher les défuntes Années,
Sur les balcons du ciel, en robes surannées[6] ;
11 Surgir du fond des eaux le Regret souriant ;

---

1. **Satyresses** : mot rare, féminin de *satyres* : ce sont alors des divinités féminines qui poursuivent les hommes.
2. **Nixes** : ondines de la mythologie germanique qui séduisent les jeunes gens pour les entraîner au fond de l'eau.
3. **Vile** : qui inspire le mépris et la bassesse.
4. **Sans merci** : sans pitié (vieilli).
5. **Servile** : qui a un caractère d'esclave ; « introduit le motif de la prostitution » (Michael Riffaterre).
6. **Surannées** : voir p. 119, note 2.

■ SITUER

Ce poème, sans doute écrit trop tard pour figurer dans l'édition de 1861, apparaît dans celle de 1868. Au milieu des dettes, des échecs amoureux, des signes graves du délabrement de la santé psychique de Baudelaire, ce sonnet développe, dès le titre, une tonalité particulière.

■ RÉFLÉCHIR

STRUCTURE : deux temps, deux états d'âme

1. Est-ce le même moment de la journée qui est décrit dans la première et dans la dernière strophe du poème ? Fondez-vous sur le lexique et analysez l'effet produit.

2. Quels sont les différents sentiments du poète ? Lui sont-ils pénibles ? Justifiez votre réponse.

3. En vous aidant du dictionnaire, justifiez le titre au fil du poème.

4. Quel élément, associé à l'idée d'une paix durable, est partout présent dans les tercets ?

REGISTRES ET TONALITÉS : une écriture du refus

5. La philosophie épicurienne proposait de « cueillir l'instant qui passe » (« carpe diem »). Étudiez la transformation de cette expression au vers 7.

6. Michael Riffaterre a parlé de l'« éveil barbare du plaisir ». À partir du lexique, des sonorités et du rythme de la phrase, commentez dans ce sens le deuxième quatrain.

7. Quel procédé de versification marque l'isolement du poète dans la ville ?

THÈMES : une solitude habitée

8. Par quels moyens (typographie, images, etc.) le poète donne-t-il une âme aux allégories dont il s'entoure ? Laquelle occupe la plus grande place ? Par quel procédé d'énonciation ? Pour quel effet ?

9. Comment, dans les tercets, l'impression d'envahissement du passé est-elle rendue ? Comparez ce poème avec *Le Crépuscule du soir* (p. 151-152). Quels thèmes sont communs aux deux poèmes ? L'impression créée est-elle la même ? Pourquoi ?

Le Soleil moribond s'endormir sous une arche,
Et, comme un long linceul[1] traînant à l'Orient[2],
14 Entends, ma chère, entends la douce Nuit qui marche.

VII. LE COUVERCLE

L'homme cherche toujours dans le ciel une réponse à ses interrogations angoissées (voir Les Aveugles, Le Cygne*). Mais de là ne vient nul espoir, et l'image du couvercle ne fait que renvoyer au spleen du poète (voir* Spleen, « *Quand le ciel bas et lourd pèse comme un couvercle...* »*).*

En quelque lieu qu'il aille, ou sur mer ou sur terre,
Sous un climat de flamme ou sous un soleil blanc,
Serviteur de Jésus, courtisan de Cythère[3],
4 Mendiant ténébreux ou Crésus[4] rutilant,

Citadin, campagnard, vagabond, sédentaire,
Que son petit cerveau soit actif ou soit lent,
Partout l'homme subit la terreur du mystère,
8 Et ne regarde en haut qu'avec un œil tremblant.

En haut, le Ciel ! ce mur de caveau qui l'étouffe,
Plafond illuminé pour un opéra bouffe[5]
11 Où chaque histrion[6] foule un sol ensanglanté ;

Terreur du libertin, espoir du fol ermite ;
Le Ciel ! couvercle noir de la grande marmite
14 Où bout l'imperceptible et vaste Humanité.

---

1. **Linceul :** pièce de toile dans laquelle on ensevelit un mort.
2. **Orient :** terme poétique qui désigne l'un des quatre points cardinaux, l'Est.
3. **Courtisan de Cythère :** homme qui s'adonne aux plaisirs charnels, du nom de l'île de Vénus, symbole des plaisirs de l'amour.
4. **Crésus :** voir p. 187, note 1.
5. **Opéra bouffe :** opéra dont le sujet et les personnages sont empruntés à la comédie.
6. **Histrion :** voir p. 177, note 5.

VIII. LA LUNE OFFENSÉE

Comme Musset, Baudelaire transforme l'hommage tradi-
tionnel des poètes à la lune en raillerie. Le dernier tercet, peut-
être inspiré de Goya, fait-il référence à Paris que les travaux
d'Haussmann rendent méconnaissable, au siècle décadent
dont le poète est le triste fruit ou au remariage de sa mère ?

Ô Lune qu'adoraient discrètement nos pères,
Du haut des pays bleus où, radieux sérail[1],
Les astres vont se suivre en pimpant attirail,
4 Ma vieille Cynthia[2], lampe de nos repaires,

Vois-tu les amoureux sur leurs grabats[3] prospères,
De leur bouche en dormant montrer le frais émail ?
Le poète buter du front sur son travail ?
8 Ou sous les gazons secs s'accoupler les vipères ?

Sous ton domino[4] jaune, et d'un pied clandestin,
Vas-tu, comme jadis, du soir jusqu'au matin,
11 Baiser d'Endymion[5] les grâces surannées[6] ?

— « Je vois ta mère, enfant de ce siècle appauvri,
Qui vers son miroir penche un lourd amas d'années,
14 Et plâtre artistement le sein qui t'a nourri ! »

---

1. **Sérail :** harem.
2. **Cynthia :** un des noms de la Lune dans la mythologie.
3. **Grabats :** lits misérables.
4. **Domino :** costume de bal masqué.
5. **Endymion :** beau berger aimé par la Lune, qui venait le caresser chaque nuit.
6. **Surannées :** voir p. 119, note 2.

IX. LE GOUFFRE

« Au moral comme au physique, j'ai toujours eu la sensation du gouffre, non seulement du gouffre du sommeil, mais du gouffre de l'action, du rêve, du souvenir, du regret, du remords, du beau, du nombre, etc. J'ai cultivé mon hystérie avec jouissance et terreur. Maintenant j'ai toujours le vertige, et aujourd'hui 23 janvier 1862 j'ai subi un singulier avertissement, j'ai senti passer sur moi le vent de l'aile de l'imbécillité. » (Journaux intimes, «Hygiène »)

Pascal[1] avait son gouffre, avec lui se mouvant.
— Hélas ! tout est abîme, — action, désir, rêve,
Parole ! et sur mon poil qui tout droit se relève
4 Maintes fois de la Peur je sens passer le vent.

En haut, en bas, partout, la profondeur, la grève,
Le silence, l'espace affreux et captivant…
Sur le fond de mes nuits Dieu de son doigt savant
8 Dessine un cauchemar multiforme et sans trêve.

J'ai peur du sommeil comme on a peur d'un grand trou,
Tout plein de vague horreur, menant on ne sait où ;
11 Je ne vois qu'infini par toutes les fenêtres,

Et mon esprit, toujours du vertige hanté,
Jalouse du néant l'insensibilité.
14 — Ah ! ne jamais sortir des Nombres et des Êtres[2] !

---

1. « Le silence éternel de ces espaces infinis m'effraye. » *(Pensées)*
2. Des Nombres et des Êtres : Baudelaire les oppose aux pures Essences (voir p. 232).

X. LES PLAINTES D'UN ICARE

Héros de la mythologie grecque, Icare avait voulu s'approcher du soleil à l'aide d'ailes collées à ses bras par de la cire. Mais celle-ci avait fondu et Icare était tombé dans la mer à laquelle il donna son nom. Chez le poète aussi, il y a le désir d'atteindre l'inaccessible (voir Élévation *ou* Mœsta et errabunda*) et l'impossibilité d'y parvenir, d'où découlent le spleen, mais aussi la poésie (v. 8).*

Les amants des prostituées
Sont heureux, dispos et repus ;
Quant à moi, mes bras sont rompus
4 Pour avoir étreint des nuées.

C'est grâce aux astres nonpareils,
Qui tout au fond du ciel flamboient,
Que mes yeux consumés ne voient
8 Que des souvenirs de soleils.

En vain j'ai voulu de l'espace
Trouver la fin et le milieu ;
Sous je ne sais quel œil de feu
12 Je sens mon aile qui se casse ;

Et brûlé par l'amour du beau,
Je n'aurai pas l'honneur sublime
De donner mon nom à l'abîme
16 Qui me servira de tombeau.

XI. L'EXAMEN DE MINUIT

Comme dans de nombreuses pièces des Fleurs du Mal*, le poète se livre à un examen de conscience. La nature des péchés qui sont blâmés donne à ce poème des accents chrétiens ; mais il n'y a aucun espoir de pardon, comme le signifient les « ténèbres » sur lesquelles il s'achève.*

La pendule, sonnant minuit,
Ironiquement nous engage
À nous rappeler quel usage
Nous fîmes du jour qui s'enfuit :
5 — Aujourd'hui, date fatidique,
Vendredi, treize, nous avons,
Malgré tout ce que nous savons,
Mené le train d'un hérétique.

Nous avons blasphémé Jésus,
10 Des Dieux le plus incontestable !
Comme un parasite à la table
De quelque monstrueux Crésus,
Nous avons, pour plaire à la brute,
Digne vassale des Démons,
15 Insulté ce que nous aimons
Et flatté ce qui nous rebute ;

Contristé, servile bourreau,
Le faible qu'à tort on méprise ;
Salué l'énorme Bêtise,
20 La Bêtise au front de taureau ;
Baisé la stupide Matière
Avec grande dévotion,
Et de la putréfaction
Béni la blafarde lumière.

25 Enfin, nous avons, pour noyer
Le vertige dans le délire,
Nous, prêtre orgueilleux de la Lyre,
Dont la gloire est de déployer
L'ivresse des choses funèbres,
30 Bu sans soif et mangé sans faim !...
— Vite soufflons la lampe, afin
De nous cacher dans les ténèbres !

XII. BIEN LOIN D'ICI

Dorothée, présentée par Baudelaire comme un « souvenir de l'île Bourbon », est aussi l'objet du poème en prose La Belle Dorothée. *À l'exotisme du sujet répond la fantaisie de la structure du sonnet.*

C'est ici la case sacrée
Où cette fille très parée,
3 Tranquille et toujours préparée,

D'une main éventant ses seins,
Et son coude dans les coussins,
6 Écoute pleurer les bassins :

C'est la chambre de Dorothée.
— La brise et l'eau chantent au loin
Leur chanson de sanglots heurtée
10 Pour bercer cette enfant gâtée.

Du haut en bas, avec un grand soin,
Sa peau délicate est frottée
D'huile odorante et de benjoin[1].
14 — Des fleurs se pâment dans un coin.

---

1. **Benjoin :** voir p. 29, note 3.

PIÈCES CONDAMNÉES

I. LES BIJOUX

Sans doute inspiré par Jeanne, ce poème, d'un érotisme jugé obscène pour l'époque et condamné en 1857 comme une « peinture lascive, offensant la morale publique », est avant tout pictural. Comme Delacroix qu'il admire, Baudelaire joue avec l'ombre et la lumière.

La très chère était nue, et, connaissant mon cœur,
Elle n'avait gardé que ses bijoux sonores,
Dont le riche attirail lui donnait l'air vainqueur
4 Qu'ont dans leurs jours heureux les esclaves des Mores[1].

Quand il jette en dansant son bruit vif et moqueur,
Ce monde rayonnant de métal et de pierre
Me ravit en extase, et j'aime à la fureur
8 Les choses où le son se mêle à la lumière.

Elle était donc couchée et se laissait aimer,
Et du haut du divan elle souriait d'aise
À mon amour profond et doux comme la mer,
12 Qui vers elle montait comme vers sa falaise.

Les yeux fixés sur moi, comme un tigre dompté,
D'un air vague et rêveur elle essayait des poses,
Et la candeur unie à la lubricité
16 Donnait un charme neuf à ses métamorphoses ;

Et son bras et sa jambe, et sa cuisse et ses reins,
Polis comme de l'huile, onduleux comme un cygne,
Passaient devant mes yeux clairvoyants et sereins ;
20 Et son ventre et ses seins, ces grappes de ma vigne[2],

---

1. Mores (ou Maures) : synonyme poétique d'Arabes.
2. La métaphore aussi bien que le style de la strophe rappellent l'éloge de la bien-aimée dans le *Cantique des Cantiques* de l'Ancien Testament.

S'avançaient, plus câlins que les Anges du mal,
Pour troubler le repos où mon âme était mise,
Et pour la déranger du rocher de cristal
24 Où, calme et solitaire, elle s'était assise.

Je croyais voir unis par un nouveau dessin
Les hanches de l'Antiope[1] au buste d'un imberbe[2],
Tant sa taille faisait ressortir son bassin.
28 Sur ce teint fauve et brun le fard était superbe !

– Et la lampe s'étant résignée à mourir,
Comme le foyer seul illuminait la chambre,
Chaque fois qu'il poussait un flamboyant soupir,
32 Il inondait de sang cette peau couleur d'ambre !

II. LE LÉTHÉ[3]

Dans cette pièce condamnée pour sa dernière strophe, les souvenirs suscités par la chevelure (voir La Chevelure*) et le parfum (voir* Le Flacon*) conduisent à la mort : la femme aimée qui torture apporte aussi l'oubli dans un plaisir mortel.*

Viens sur mon cœur, âme cruelle et sourde,
Tigre adoré, monstre aux airs indolents ;
Je veux longtemps plonger mes doigts tremblants
4 Dans l'épaisseur de ta crinière lourde ;

Dans tes jupons remplis de ton parfum
Ensevelir ma tête endolorie,
Et respirer, comme une fleur flétrie,
8 Le doux relent[4] de mon amour défunt.

---

1. **Antiope** : une des mortelles conquises par Zeus, qui s'unit à elle sous la forme d'un satyre.
2. Voir *Maximes consolantes sur l'amour* : « Ne médisez jamais de la grande nature, et si elle vous a adjugé une maîtresse sans gorge, dites : "Je possède un ami – avec des hanches !" »
3. **Léthé** : voir p. 121, note 5.
4. **Relent** : mauvaise odeur persistante.

Je veux dormir ! dormir plutôt que vivre !
Dans un sommeil aussi doux que la mort,
J'étalerai mes baisers sans remords
12 Sur ton beau corps poli comme le cuivre.

Pour engloutir mes sanglots apaisés
Rien ne me vaut l'abîme de ta couche ;
L'oubli puissant habite sur ta bouche,
16 Et le Léthé coule dans tes baisers.

À mon destin, désormais mon délice,
J'obéirai comme un prédestiné ;
Martyr docile, innocent condamné,
20 Dont la ferveur attise le supplice,

Je sucerai, pour noyer ma rancœur,
Le népenthès[1] et la bonne ciguë[2]
Aux bouts charmants de cette gorge aiguë,
24 Qui n'a jamais emprisonné de cœur.

III. À CELLE QUI EST TROP GAIE

Poème inspiré par madame Sabatier, « ange plein de gaieté »,
ou par Marie Daubrun, la « sœur » de L'Invitation au voyage *?*
Sadisme sexuel, dans les dernières strophes, ou métaphore du
désir, chez le poète, d'ouvrir l'autre, au sens propre du terme, à
sa poésie ? Cette pièce, qui a suscité beaucoup d'interprétations,
véhicule des thèmes récurrents dans l'œuvre : haine d'une
certaine nature, ambivalence des sentiments pour la femme
aimée, alliance antithétique de l'horreur et de la volupté.

Ta tête, ton geste, ton air
Sont beaux comme un beau paysage ;
Le rire joue en ton visage
4 Comme un vent frais dans un ciel clair.

---

1. Népenthès : dans l'*Odyssée*, breuvage magique qui dissipe la tristesse.
2. Ciguë : poison qui causa la mort de Socrate.

Le passant chagrin que tu frôles
Est ébloui par la santé
Qui jaillit comme une clarté
8 De tes bras et de tes épaules.

Les retentissantes couleurs
Dont tu parsèmes tes toilettes
Jettent dans l'esprit des poètes
12 L'image d'un ballet de fleurs.

Ces robes folles sont l'emblème
De ton esprit bariolé ;
Folle dont je suis affolé,
16 Je te hais autant que je t'aime !

Quelquefois dans un beau jardin
Où je traînais mon atonie[1],
J'ai senti, comme une ironie,
20 Le soleil déchirer mon sein ;

Et le printemps et la verdure
Ont tant humilié mon cœur,
Que j'ai puni sur une fleur
24 L'insolence de la Nature.

Ainsi je voudrais, une nuit,
Quand l'heure des voluptés sonne,
Vers les trésors de ta personne,
28 Comme un lâche, ramper sans bruit,

Pour châtier ta chair joyeuse,
Pour meurtrir ton sein pardonné,
Et faire à ton flanc étonné
32 Une blessure large et creuse,

Et, vertigineuse douceur !
À travers ces lèvres nouvelles,
Plus éclatantes et plus belles,
36 T'infuser mon venin, ma sœur !

---

1. **Atonie** : manque de vitalité, langueur.

IV. LESBOS

Le poème appartient aux Lesbiennes *(voir p. 16) et chante
la poétesse Sapho, originaire de l'île grecque de Lesbos, qui a
donné son nom au saphisme. L'homosexualité féminine apparaît ici comme une religion avec ses rites, et tend vers la beauté
et une tendresse pure.*

Mère des jeux latins et des voluptés grecques,
Lesbos, où les baisers, languissants ou joyeux,
Chauds comme les soleils, frais comme les pastèques,
Font l'ornement des nuits et des jours glorieux ;
5 Mère des jeux latins et des voluptés grecques,

Lesbos, où les baisers sont comme les cascades
Qui se jettent sans peur dans les gouffres sans fonds,
Et courent, sanglotant et gloussant par saccades,
Orageux et secrets, fourmillants et profonds ;
10 Lesbos, où les baisers sont comme les cascades !

Lesbos, où les Phrynés[1] l'une l'autre s'attirent,
Où jamais un soupir ne resta sans écho,
À l'égal de Paphos[2] les étoiles t'admirent,
Et Vénus à bon droit peut jalouser Sapho !
15 Lesbos, où les Phrynés l'une l'autre s'attirent,

Lesbos, terre des nuits chaudes et langoureuses,
Qui font qu'à leurs miroirs, stérile volupté !
Les filles aux yeux creux, de leurs corps amoureuses,
Caressent les fruits mûrs de leur nubilité[3],
20 Lesbos, terre des nuits chaudes et langoureuses,

Laisse du vieux Platon se froncer l'œil austère ;
Tu tires ton pardon de l'excès des baisers,
Reine du doux empire, aimable et noble terre,
Et des raffinements toujours inépuisés.
25 Laisse du vieux Platon se froncer l'œil austère.

---

1. **Phryné :** nom d'une courtisane de l'Antiquité.
2. **Paphos :** ville de l'île de Chypre, célèbre pour son temple de Vénus.
3. **Nubilité :** état d'une jeune fille formée, en âge de procréer.

Tu tires ton pardon de l'éternel martyre,
Infligé sans relâche aux cœurs ambitieux,
Qu'attire loin de nous le radieux sourire
Entrevu vaguement au bord des autres cieux !
30 Tu tires ton pardon de l'éternel martyre !

Qui des Dieux osera, Lesbos, être ton juge
Et condamner ton front pâli dans les travaux,
Si ses balances d'or n'ont pesé le déluge
De larmes qu'à la mer ont versé tes ruisseaux ?
35 Qui des Dieux osera, Lesbos, être ton juge ?

Que nous veulent les lois du juste et de l'injuste ?
Vierges au cœur sublime, honneur de l'archipel,
Votre religion comme une autre est auguste,
Et l'amour se rira de l'Enfer et du Ciel !
40 Que nous veulent les lois du juste et de l'injuste ?

Car Lesbos entre tous m'a choisi sur la terre
Pour chanter le secret de ses vierges en fleurs,
Et je fus dès l'enfance admis au noir mystère
Des rires effrénés mêlés aux sombres pleurs ;
45 Car Lesbos entre tous m'a choisi sur la terre.

Et depuis lors je veille au sommet de Leucate[1]
Comme une sentinelle à l'œil perçant et sûr,
Qui guette nuit et jour brick, tartane ou frégate[2],
Dont les formes au loin frissonnent dans l'azur ;
50 Et depuis lors je veille au sommet de Leucate

Pour savoir si la mer est indulgente et bonne,
Et parmi les sanglots dont le roc retentit
Un soir ramènera vers Lesbos, qui pardonne,
Le cadavre adoré de Sapho, qui partit
55 Pour savoir si la mer est indulgente et bonne !

---

1. Sapho quitta Lesbos pour suivre un homme dont elle s'était éprise ; mais repoussée par lui, elle se précipita du haut du rocher de **Leucade** – ou Leucate – dans la mer.
2. **Brick, tartane, frégate** : différents types de bateaux.

De la mâle Sapho, l'amante et le poète,
Plus belle que Vénus par ses mornes pâleurs !
– L'œil d'azur est vaincu par l'œil noir que tachette
Le cercle ténébreux tracé par les douleurs
60 De la mâle Sapho, l'amante et le poète !

– Plus belle que Vénus se dressant sur le monde
Et versant les trésors de sa sérénité
Et le rayonnement de sa jeunesse blonde
Sur le vieil Océan de sa fille enchanté ;
65 Plus belle que Vénus se dressant sur le monde !

– De Sapho qui mourut le jour de son blasphème,
Quand, insultant le rite et le culte inventé,
Elle fit son beau corps la pâture suprême
D'un brutal dont l'orgueil punit l'impiété
70 De celle qui mourut le jour de son blasphème.

Et c'est depuis ce temps que Lesbos se lamente,
Et, malgré les honneurs que lui rend l'univers,
S'enivre chaque nuit du cri de la tourmente
Que poussent vers les cieux ses rivages déserts !
75 Et c'est depuis ce temps que Lesbos se lamente !

V. FEMMES DAMNÉES

Courbet a peint en 1864 une première toile sur ce thème, intitulée Femmes damnées, *qui fut refusée au Salon de Paris, puis en 1866 une autre toile intitulée* Le Sommeil *ou* Les Dormeuses *ou* Paresse et luxure. *Deux voix se répondent : celle de Delphine qui incite Hippolyte à répondre à son amour défendu, et celle d'Hippolyte qui hésite avant de se laisser emporter par l'appel de ses sens. Les dernières strophes se veulent moralisatrices, mais le poète est trop semblable aux « chercheuses d'infini » pour véritablement les condamner.*

DELPHINE ET HIPPOLYTE

À la pâle clarté des lampes languissantes,
Sur de profonds coussins tout imprégnés d'odeur,
Hippolyte rêvait aux caresses puissantes
4 Qui levaient le rideau de sa jeune candeur.

Elle cherchait, d'un œil troublé par la tempête,
De sa naïveté le ciel déjà lointain,
Ainsi qu'un voyageur qui retourne la tête
8 Vers les horizons bleus dépassés le matin.

De ses yeux amortis les paresseuses larmes,
L'air brisé, la stupeur, la morne volupté,
Ses bras vaincus, jetés comme de vaines armes,
12 Tout servait, tout parait sa fragile beauté.

Étendue à ses pieds, calme et pleine de joie,
Delphine la couvait avec des yeux ardents,
Comme un animal fort qui surveille une proie,
16 Après l'avoir d'abord marquée avec les dents.

Beauté forte à genoux devant la beauté frêle,
Superbe, elle humait voluptueusement
Le vin de son triomphe, et s'allongeait vers elle,
20 Comme pour recueillir un doux remercîment.

Elle cherchait dans l'œil de sa pâle victime
Le cantique muet que chante le plaisir,
Et cette gratitude infinie et sublime
24 Qui sort de la paupière ainsi qu'un long soupir.

– « Hippolyte, cher cœur, que dis-tu de ces choses ?
Comprends-tu maintenant qu'il ne faut pas offrir
L'holocauste¹ sacré de tes premières roses
28 Aux souffles violents qui pourraient les flétrir ?

---

1. **Holocauste :** sacrifice.

« Mes baisers sont légers comme ces éphémères[1]
Qui caressent le soir les grands lacs transparents,
Et ceux de ton amant creuseront leurs ornières
32 Comme des chariots ou des socs[2] déchirants ;

« Ils passeront sur toi comme un lourd attelage
De chevaux et de bœufs aux sabots sans pitié…
Hippolyte, ô ma sœur ! tourne donc ton visage,
36 Toi, mon âme et mon cœur, mon tout et ma moitié,

« Tourne vers moi tes yeux pleins d'azur et d'étoiles !
Pour un de ces regards charmants, baume divin,
Des plaisirs plus obscurs je lèverai les voiles
40 Et je t'endormirai dans un rêve sans fin ! »

Mais Hippolyte alors, levant sa jeune tête :
– « Je ne suis point ingrate et ne me repens pas,
Ma Delphine, je souffre et je suis inquiète,
44 Comme après un nocturne et terrible repas.

« Je sens fondre sur moi de lourdes épouvantes
Et de noirs bataillons de fantômes épars,
Qui veulent me conduire en des routes mouvantes
48 Qu'un horizon sanglant ferme de toutes parts.

« Avons-nous donc commis une action étrange ?
Explique, si tu peux, mon trouble et mon effroi :
Je frissonne de peur quand tu me dis : "Mon ange !"
52 Et cependant je sens ma bouche aller vers toi.

« Ne me regarde pas ainsi, toi, ma pensée !
Toi que j'aime à jamais, ma sœur d'élection[3],
Quand même tu serais une embûche dressée
56 Et le commencement de ma perdition ! »

---

1. Éphémères : insectes qui vivent très peu de temps.
2. Socs : lames des charrues.
3. D'élection : chérie entre toutes.

Delphine secouant sa crinière tragique,
Et comme trépignant sur le trépied[1] de fer,
L'œil fatal, répondit d'une voix despotique :
60 – « Qui donc devant l'amour ose parler d'enfer ?

« Maudit soit à jamais le rêveur inutile
Qui voulut le premier, dans sa stupidité,
S'éprenant d'un problème insoluble et stérile,
64 Aux choses de l'amour mêler l'honnêteté !

« Celui qui veut unir dans un accord mystique[2]
L'ombre avec la chaleur, la nuit avec le jour,
Ne chauffera jamais son corps paralytique
68 À ce rouge soleil que l'on nomme l'amour !

« Va, si tu veux, chercher un fiancé stupide ;
Cours offrir un cœur vierge à ses cruels baisers ;
Et, pleine de remords et d'horreur, et livide,
72 Tu me rapporteras tes seins stigmatisés[3]...

« On ne peut ici-bas contenter qu'un seul maître ! »
Mais l'enfant, épanchant une immense douleur,
Cria soudain : « – Je sens s'élargir dans mon être
76 Un abîme béant ; cet abîme est mon cœur !

« Brûlant comme un volcan, profond comme le vide !
Rien ne rassasiera ce monstre gémissant
Et ne rafraîchira la soif de l'Euménide[4]
80 Qui, la torche à la main, le brûle jusqu'au sang.

« Que nos rideaux fermés nous séparent du monde,
Et que la lassitude amène le repos !
Je veux m'anéantir dans ta gorge profonde
84 Et trouver sur ton sein la fraîcheur des tombeaux ! »

---

1. La Pythie, prêtresse à Delphes, rendait ses oracles sur un siège à trois
pieds, le trépied du dieu Apollon.
2. **Mystique** : voir p. 25, note 5.
3. **Stigmatisés** : qui portent les marques de cicatrices.
4. **Euménide** : divinité infernale armée de torches.

– Descendez, descendez, lamentables victimes,
Descendez le chemin de l'enfer éternel !
Plongez au plus profond du gouffre, où tous les crimes,
88 Flagellés par un vent qui ne vient pas du ciel,

Bouillonnent pêle-mêle avec un bruit d'orage.
Ombres folles, courez au but de vos désirs ;
Jamais vous ne pourrez assouvir votre rage,
92 Et votre châtiment naîtra de vos plaisirs.

Jamais un rayon frais n'éclaira vos cavernes ;
Par les fentes des murs des miasmes[1] fiévreux
Filtrent en s'enflammant ainsi que des lanternes
96 Et pénètrent vos corps de leurs parfums affreux.

L'âpre stérilité de votre jouissance
Altère votre soif et roidit votre peau,
Et le vent furibond de la concupiscence[2]
100 Fait claquer votre chair ainsi qu'un vieux drapeau.

Loin des peuples vivants, errantes, condamnées,
À travers les déserts courez comme les loups ;
Faites votre destin, âmes désordonnées,
104 Et fuyez l'infini que vous portez en vous !

VI. LES MÉTAMORPHOSES
DU VAMPIRE

En 1857, ce poème faisait partie de la section Fleurs du Mal *. Il dénonce violemment les plaisirs de la chair par le contraste qui s'y rencontre entre la crudité érotique de la première partie, pour laquelle il fut condamné, et le réalisme repoussant de la seconde : la femme tentatrice et démoniaque est attirante, mais le plaisir tourne à l'horreur.*

---

1. Miasmes : émanations auxquelles on attribuait autrefois les maladies.
2. Concupiscence : penchant pour les plaisirs des sens.

La femme cependant, de sa bouche de fraise,
En se tordant ainsi qu'un serpent sur la braise,
Et pétrissant ses seins sur le fer de son busc[1],
Laissait couler ces mots tout imprégnés de musc[2]:
5 – « Moi, j'ai la lèvre humide, et je sais la science
De perdre au fond d'un lit l'antique conscience.
Je sèche tous les pleurs sur mes seins triomphants,
Et fais rire les vieux du rire des enfants.
Je remplace, pour qui me voit nue et sans voiles,
10 La lune, le soleil, le ciel et les étoiles !
Je suis, mon cher savant, si docte aux voluptés,
Lorsque j'étouffe un homme en mes bras redoutés,
Ou lorsque j'abandonne aux morsures mon buste,
Timide et libertine, et fragile et robuste,
15 Que sur ces matelas qui se pâment d'émoi,
Les anges impuissants se damneraient pour moi ! »

Quand elle eut de mes os sucé toute la moelle,
Et que languissamment je me tournai vers elle
Pour lui rendre un baiser d'amour, je ne vis plus
20 Qu'une outre aux flancs gluants, toute pleine de pus !
Je fermai les deux yeux, dans ma froide épouvante,
Et quand je les rouvris à la clarté vivante,
À mes côtés, au lieu du mannequin[3] puissant
Qui semblait avoir fait provision de sang,
25 Tremblaient confusément des débris de squelette,
Qui d'eux-mêmes rendaient le cri d'une girouette
Ou d'une enseigne, au bout d'une tringle de fer,
Que balance le vent pendant les nuits d'hiver.

---

1. **Busc :** assemblage de lames de métal, pour maintenir le devant d'un corset.
2. **Musc :** voir p. 29, note 2.
3. **Mannequin :** voir p. 146, note 1.

UN POÈTE ORIGINAL ?

1. « Je ne croirai jamais que l'âme des Dieux habite dans les plantes, et quand même elle y habiterait, je m'en soucierais médiocrement, et considérerais la mienne comme d'un bien plus haut prix que celle des légumes sanctifiés. J'ai même toujours pensé qu'il y avait dans la Nature, florissante et rajeunie, quelque chose d'impudent et d'affligeant. » (Réponse à Desnoyers lui demandant des « vers sur la Nature ».)

En quoi Baudelaire se démarque-t-il de ses prédécesseurs ? Quelle place pour quelle nature dans son œuvre ?

2. Baudelaire a puisé des images dans l'Antiquité païenne *(La Muse vénale, Les Chats*, etc.*)*, la poésie biblique *(L'Héautontimorouménos, Les Bijoux*, etc.*)*, la théologie classique *(Au lecteur, Le Flambeau vivant)*, chez un grand nombre de ses contemporains (Poe, *Le Flambeau vivant* ; Gautier, « J'ai plus de souvenirs… », *Le Serpent qui danse*, etc.) ou de ses prédécesseurs immédiats (Hugo, *Au lecteur, Les Petites Vieilles*, etc. ; Musset, *Les Deux Bonnes Sœurs, L'Héautonti-morouménos, Un Voyage à Cythère*, etc.). Il se sentait lui-même une indigence d'imagination *(L'Ennemi)*. Il admirait chez Poe une « entraînante aspiration vers l'unité ».

Comment parvient-il lui aussi, sur ces bases, à faire une œuvre où il exprime son propre moi ? Faites cette analyse en vous appuyant sur quelques-uns des poèmes cités.

3. Quelle autre tendance de l'inspiration de Baudelaire, visible dans l'architecture d'un grand nombre de poèmes des *Fleurs du Mal*, apparaît dans cette réflexion de Jean-Paul Sartre : « Tel est le terme des efforts de Baudelaire : s'emparer de soi-même, dans son éternelle "différence", réaliser son Altérité en s'identifiant au Monde tout entier. Allégé, évidé, rempli de symboles et de signes, ce monde qui l'enveloppe dans son immense totalité, n'est autre que lui-même ; et c'est lui-même que ce Narcisse veut étreindre et contempler » ?

UN POÈTE PRÉCURSEUR ?

4. Mallarmé a dit plus tard en parlant du « grand vers », celui qui fait vibrer et devient immortel, que « les jeunes espacent ces grands traits pour ne les faire apparaître qu'au moment où ils doivent produire l'effet total ». En songeant à ce que Baudelaire a emprunté à la rhétorique classique et romantique, montrez, en choisissant ceux que vous considérez comme des « grands vers », comment il a su créer dans ceux-ci une harmonie toute personnelle.

UN POÈTE DE TOUS LES TEMPS ?

5. « Ceux qui croient au progrès [...] ont cru reconnaître dans l'assombrissement de notre littérature un effet passager des secousses sociales de notre âge, comme si d'autres secousses, et d'une autre intensité de bouleversement des destinées privées, avaient produit ce même résultat d'incapacité de bonheur chez tous les conducteurs de la génération. Baudelaire n'y voyait-il pas plus juste en regardant une certaine sorte de mélancolie comme l'inévitable produit d'un désaccord entre nos besoins de civilisés et la réalité des causes extérieures ? » Que pensez-vous de ce jugement de Paul Bourget *(Essais de psychologie contemporaine)* ?

6. Asselineau a écrit : « [...] le poète qui met la main sur mon cœur, dût-il l'égratigner un peu, irriter mes nerfs et me faire sauter sur mon siège, me semblera toujours préférable à cette poésie, irréprochable sans doute, mais insipide, sans parfum et sans couleur, et qui vous coule entre les mains comme de l'eau. » Dans quels poèmes Baudelaire vous semble-t-il mettre la main sur votre cœur, et de quelle manière ?

L'UNIVERS
DE L'ŒUVRE

*Dossier documentaire
et pédagogique*

LE TEXTE
ET SES IMAGES

POUR UN MUSÉE IMAGINAIRE (P. 2-3)

1. Identifiez les trois techniques de représentation mises en œuvre dans les documents 1, 2 et 3. Dans quels poèmes de Baudelaire ces techniques sont-elles directement ou indirectement évoquées ?

2. En vous reportant au poème *Les Phares* (p. 32), dites quels aspects de chaque artiste Baudelaire a voulu privilégier.

SPLEENS (P. 4-5)

3. Quels aspects du spleen baudelairien chacune des illustrations 4, 5 et 6 pourrait-elle évoquer ?

4. Par quelles techniques picturales est créée une tonalité morbide et fantastique ? Quels procédés Baudelaire utilise-t-il pour parvenir aux mêmes effets, et dans quels poèmes ?

5. Dans le poème intitulé *Les Litanies de Satan*, après chaque invocation à Satan, revient le même vers : « Ô Satan, prends pitié de ma longue misère ! » À quelles autres pièces pourraient renvoyer ce vers et l'eau-forte (document 6) ?

**LA FEMME DANS *LES FLEURS DU MAL* :
DE LA LITTÉRATURE À L'ART (P. 6-7)**

6. Manet a entrepris de peindre Jeanne Duval alors qu'elle est très malade (document 9). Comment le peintre s'y est-il pris pour masquer les ravages du mal ? Relisez *Sonnet d'automne* : en quoi le portrait de Manet célèbre-t-il néanmoins en Jeanne l'allégorie de la Beauté ? Quels vers de quels autres poèmes des *Fleurs du Mal* pourraient lui servir de légende ?

7. Dans son roman *À rebours*, Joris-Karl Huysmans écrit à propos d'un des tableaux de Gustave Moreau représentant Salomé : « Elle devenait, en quelque sorte, la déité symbolique de l'indestructible Luxure, la déesse de la mortelle Hystérie, la Beauté maudite [...] ; la Bête monstrueuse, indifférente, irresponsable, insensible [...]. » En vous référant à ce texte et en observant l'attitude et la tenue de Salomé sur l'illustration 7, dites de quels poèmes des *Fleurs du Mal* vous pourriez rapprocher l'étude de Gustave Moreau ?

8. Quel aspect de la femme Matisse a-t-il privilégié dans sa lithographie ? Quels autres poèmes des *Fleurs du Mal* pourrait-elle illustrer ?

« JE VOIS UN PORT REMPLI DE VOILES ET DE MÂTS... » (P. 8)

9. Michel Butor écrit dans une étude d'un tableau du Lorrain, *L'Embarquement de la reine de Saba* : « Je vous salue sirènes, saluez avec moi le vent et l'eau, miroitements, moires, les plages, les surprises des retours, un rêve de moires, clapotements, les constellations, les rencontres, glissements, étalements, frémissements, l'espace qui fuit, le temps qui passe [...] ». D'après ce texte et le tableau (document 10), dites à quels aspects de l'art de Claude Gellée Baudelaire a pu être sensible et quels poèmes recréent une atmosphère similaire.

QUAND BAUDELAIRE ÉCRIVAIT...

Censure et littérature

LA CENSURE DEPUIS LA RÉVOLUTION

La censure avait été supprimée en 1791 par la Révolution, un décret de l'Empire l'a rétabli le 8 juin 1806. Elle perdure donc, mais avec des modifications dans son fonctionnement. Le 2 décembre 1851, après les espoirs avortés de la révolution de février 1848, a lieu le coup d'État qui établit Napoléon III à la tête du second Empire. La presse est soumise à un régime de censure sévère : alors que la monarchie de Juillet se préoccupait avant tout de politique, c'est le moralisme qui devient désormais intransigeant. Néanmoins, la compétence des jurys pour les affaires de presse est rendue aux tribunaux correctionnels, ce qui épargne la prison à Baudelaire.

LES PROCÈS AVANT BAUDELAIRE

Les accusations pour outrages à la morale publique et aux bonnes mœurs étaient alors monnaie courante : les Goncourt les subirent pour avoir « présent[é] à l'esprit des lecteurs des images évidemment licencieuses : un corset et la description d'un tableau où figuraient une Vénus et un Adonis dénudés et enlacés […] » Ils furent finalement acquittés avec un blâme.

En octobre 1856 paraît, dans la *Revue de Paris, Madame Bovary* de Flaubert. La rédaction a réussi à imposer à Flaubert la suppression de la scène du fiacre, cette « odyssée d'un tête-à-tête avec stores baissés » (Louis Ulbach). Mais d'autres suggestions de coupes sont accueillies avec colère par l'auteur, qui fait publier en tête de la dernière partie du roman une note signalant que les suppressions auxquelles on l'a contraint défigurent le sens de son œuvre. L'attention de la censure est mise en éveil, et le procès commence. Est dénoncée « partout » une couleur « lascive », mêlée çà et là aux choses saintes : le roman est un « cantique de l'adultère ». Mais l'avocat de Flaubert, Maître Sénard, homme expérimenté et brillant orateur, surclasse aisément le jeune substitut du procureur, Pierre-Ernest Pinard. L'acquittement est prononcé.

LE PROCÈS DES *FLEURS DU MAL* :
LES FAIBLESSES DE LA DÉFENSE

En avril 1858, le général Aupick vient de mourir. C'est regrettable pour Baudelaire qui aurait sans doute bénéficié, grâce à l'intervention de sa mère auprès de son beau-père, d'une protection de celui-ci durant le procès.

Juste une dizaine de jours après la mise en vente des *Fleurs du Mal*, un article du *Figaro* dénonce les « monstruosités » que sont *Le Reniement de saint Pierre*, *Lesbos* et les deux poèmes intitulés *Femmes damnées*. Est-ce cela qui attire l'attention de la censure ? En tout état de cause, des bruits courent, concernant une éventuelle saisie des exemplaires, tandis qu'une nouvelle attaque est menée par *Le Figaro*. « Ce hideux roman de *Madame Bovary* [est] une lecture de piété en comparaison [des] *Fleurs du Mal* », comme le dira un autre journal... Un rapport du ministère de l'Intérieur considère que *Le Reniement de saint Pierre*, *Abel et Caïn*, *Les Litanies de Satan*, *Le Vin de l'assassin* sont « un défi jeté aux lois qui protègent la religion et la morale » et que *Femmes damnées*, *Les Métamorphoses du vampire* et *Les Bijoux* sont « l'expression de la lubricité la plus révoltante ». Puis, en dépit – ou à cause ? – d'un article de « fastueux éloge » en faveur des *Fleurs du Mal*, paru dans le journal *Le Moniteur universel*, sous la plume d'Édouard Thierry, c'est la saisie de l'ouvrage.

Pour sa défense, Baudelaire, lui, ne dispose que d'un tout jeune avocat, Gustave-Gaspard Chaix d'Est-Ange. De plus, son attitude velléitaire l'empêche de se ménager des appuis et ce n'est qu'*in extremis* qu'il demande à Sainte-Beuve de le conseiller et à Mme Sabatier d'intervenir pour lui.

Or, face à lui, le substitut Pinard a su tirer parti de son échec avec Flaubert, si bien que ses attaques portent, tandis que la défense s'enferre dans une plaidoirie maladroite. Chaix d'Est-Ange se contente de dire que « l'affirmation du mal n'en est pas la critique ». Il reproche à l'accusation de ne pas considérer l'œuvre dans son ensemble et, à cause de cela, de ne pas y voir sa « terrible moralité ».

Au sortir du procès, Baudelaire s'irrite surtout d'avoir été traité de « réaliste ». Il est condamné à 300 francs d'amende et à la suppression de six pièces : *Les Bijoux*, *Le Léthé*, *À celle qui est trop gaie*, l'une des *Femmes damnées* : « À la pâle clarté des lampes languissantes... », *Lesbos*, *Les Métamorphoses du vampire*. Victor Hugo, qui a été expulsé juste après le coup d'État du 2 décembre 1851, lui écrit alors : « Une des rares distinctions que le régime actuel peut accorder, vous venez de la recevoir. Ce qu'il appelle sa justice vous a condamné au nom de ce qu'il appelle sa morale ; c'est là une couronne de plus. Je vous serre la main, poète ».

Le 25 septembre 1946, une loi institua un nouveau cas de pourvoi en révision sur l'ordre du garde des Sceaux ; seule la Société des gens de lettres de France pouvait y avoir recours. Ce n'est que le 31 mai 1949 qu'un arrêté d'annulation déchargea Baudelaire et ses éditeurs du délit d'outrage à la morale publique et aux bonnes mœurs. Les nouveaux juges du poète estimaient que les poèmes condamnés étaient « manifestement d'inspiration probe » et ils ajoutaient : « [...] si certaines peintures ont pu, par leur originalité, alarmer quelques esprits à l'époque de la première publication des *Fleurs du Mal* et apparaître aux premiers juges comme offensant les bonnes mœurs, une telle appréciation, ne s'attachant qu'à l'interprétation réaliste de ces poèmes et négligeant leur sens symbolique, s'est révélée de caractère arbitraire ». Les juges de 1949 étaient de meilleurs critiques littéraires...

UNE ŒUVRE
DE SON TEMPS ?

Classicisme et modernité

Baudelaire, dit-on souvent, est à l'origine de notre poésie moderne. On sait moins qu'il est aussi l'héritier de toute une tradition qui le situe parmi les « classiques ».

L'INSPIRATION PLATONICIENNE

Les relais du platonisme :
Swedenborg, Joseph de Maistre, Edgar Poe.

Un certain nombre de poèmes des *Fleurs du Mal* sont marqués par l'influence du mystique suédois Emanuel Swedenborg, ainsi que par celles de Joseph de Maistre, qui oppose au rationalisme des « Lumières » le gouvernement universel de la Providence, et d'Edgar Poe. Or tous trois ont eu une prédilection évidente pour la pensée platonicienne.

Swedenborg, comme Platon, est préoccupé par le problème des rapports qui s'établissent entre l'unicité de Dieu et la multiplicité du sensible. Enchaîné dans le monde sensible, l'homme, comme dans le mythe de la caverne, dans *La République* de Platon, prend les ombres pour le vrai et c'est seulement par l'ardue connaissance qu'il peut accéder à la contemplation des Idées. Pour les deux philosophes, l'âme est un trait d'union entre la réalité spirituelle de Dieu et le monde matériel. Elle peut assurer cette fonction parce qu'elle possède le don de la réminiscence, « la tradition de l'antérieur », selon l'expression de Balzac. La vision du monde réveille en elle la réminiscence des vérités surnaturelles qu'elle a entrevues avant de s'incarner, lorsqu'elle faisait partie du cortège des dieux : acquérir un savoir, c'est se ressouvenir. Swedenborg, en établissant que l'univers visible contient, dans chacune de ses formes créées, des traces de l'invisible, et qu'il symbolise le monde surnaturel, s'inspire autant de la tradition platonicienne que de la tradition chrétienne. Joseph de Maistre établit lui aussi que la terre est un reflet du ciel. Poe, quant à lui, considère que la beauté terrestre est une révélation de la beauté céleste et que l'amour est une tentative de désincarnation qui se résout, au-delà de la mort, dans la pure extase spirituelle. Le sens du Beau est un instinct inné, et créer dans l'ordre de la beauté est un moyen de se détacher du sensible et de participer à l'immortalité *(Les Phares)*. Cette conception est conforme dans l'esprit aux préceptes des deux plus célèbres dialogues platoniciens, *Le Banquet* et *Phèdre*.

Le platonisme revu par Baudelaire

Par le biais de toutes ces influences, le platonisme, certes souvent repensé – le Beau, contrairement à l'idée platonicienne, ne se confond pas chez Baudelaire avec le Bien, et la Beauté s'extrait du Mal –, est présent dans l'œuvre de Baudelaire. L'aspiration vers l'idéal de l'Amour révèle chez Baudelaire ce que Sartre appelle un « platonisme pathologique » : l'intelligence spiritualise le corps de la femme aimée, pour ne plus en garder que la beauté et la froideur ; c'est l'éloge, typiquement platonicien, et repris par les poètes de la Renaissance italienne (Dante, qui inspire lui aussi Baudelaire ; *De profundis clamavi*, *La Béatrice*) de l'amour-vertu (voir *La Beauté*, et tous les poèmes inspirés par Mme Sabatier).

Comme Swedenborg, Baudelaire trouve l'explication de la naissance du monde dans une dégradation de l'Essence primitive *(L'Irrémédiable)*. C'est pourquoi il veut idéaliser la matière, et en particulier la nature, ce qui explique que soient présents dans son œuvre à la fois la haine de la nature désordonnée *(Rêve parisien)* et l'amour d'une nature recréée et rendue cohérente *(Correspondances)*, qui permet de relier alors le visible à l'invisible. Mais, contrairement à Platon et en suivant Swedenborg, c'est de la matière que Baudelaire s'élève à l'esprit, à la forme *(Une charogne)*, et non le contraire.

Même s'il n'est pas aussi dualiste que Platon – qui préconise, pour que l'âme soit pure et libre, qu'elle s'initie à la connaissance des formes en attendant la mort qui la délivrera à jamais du carcan du corps –, Baudelaire pense lui aussi que la mort est une purification de l'âme : il rejette le dogme chrétien de la résurrection des corps *(La Mort des amants)*. L'âme est un principe indestructible qui préexiste au corps *(Le Mauvais Moine, La Vie antérieure)*. En la christianisant, le poète reprend la doctrine platonicienne de la réminiscence : la mémoire, d'origine divine, permet à l'art d'être une « mnémotechnie du beau », comme il l'écrit dans le *Salon de 1846* (voir *L'Invitation au voyage*).

L'image du miroir, enfin, très présente chez Baudelaire *(Le Poison, La Mort des amants, L'Invitation au voyage)*, symbolise, comme chez Platon, la rencontre du visible et de l'invisible.

Qu'il s'agisse d'une influence authentique ou d'un lien renoué par le biais d'autres influences, il est indéniable que la pensée platonicienne éclaire la poésie de Baudelaire, quête douloureuse d'un « immortel soleil » *(Aube spirituelle)*.

LE PÉTRARQUISME ET LE BAROQUE

Baudelaire a beaucoup lu dans sa jeunesse les poètes de la Renaissance italienne (Dante, Pétrarque) et française : un de ses camarades de jeunesse, Charles Cousin, rappelle que Baudelaire possédait dans son premier appartement de l'île Saint-Louis « Ronsard et sa Pléiade ». Il connaît bien également les œuvres baroques : Mathurin Régnier, Agrippa d'Aubigné (l'épigraphe de la première édition des *Fleurs du Mal* était constituée par six vers des *Tragiques*), et dans *Le Figaro* du 12 décembre 1861, Baudelaire est présenté par Alphonse Duchesne et Alfred Delvau comme « un poète nerveux, qui a l'âpreté d'Agrippa d'Aubigné et la crudité de Mathurin Régnier ». Il a aussi rendu hommage à plusieurs reprises, dans son œuvre de critique, à un autre baroque, Shakespeare : Lady Macbeth apparaît dans *L'Idéal* et plusieurs poèmes contiennent des citations de Shakespeare, comme la « douce guerrière » de *Sisina*, sans doute tirée d'*Othello*.

Il emprunte aux poètes pétrarquistes leur rhétorique de l'amour – portrait de la dame *(Le Flambeau vivant)*, souvent sous forme de blason *(Le serpent qui danse)* et éloge de ses qualités (« Que diras-tu ce soir »), description des souffrances liées à l'amour, sublimation des sentiments – y compris à travers le prisme de la dérision *(Une charogne, La Béatrice)*. De l'esthétique baroque, il reprend l'ostentation du corps et de l'horreur *(Une charogne)* et surtout « l'instabilité d'un équilibre en voie de se défaire pour se refaire » (Jean Rousset) : les êtres sont en mouvement *(Le serpent qui danse, Le Beau Navire, À une passante)*, en proie au vertige *(Le Flacon)* ; il lui emprunte aussi la métamorphose : les êtres et notamment la femme sont doubles, difficiles à cerner *(Sed non satiata, Ciel brouillé, L'Héautontimorouménos)*, les décors sont changeants, éphémères *(Le Poison, Rêve parisien)*.

La poésie ronsardienne et baroque, comme les tableaux de l'époque, contenait des *memento mori*, c'est-à-dire des avertissements destinés à rappeler au lecteur sa mort prochaine. *Une charogne, L'Horloge* sont des « avertisseurs », comme le poème du même nom. Mais Baudelaire adapte ses sources d'inspiration à sa personnalité tourmentée. L'angoisse du temps qui passe n'est même plus tempérée par l'espoir de « cueillir le jour » et les plaisirs de l'amour, comme y invitait la philosophie du *carpe diem* : dans *Recueillement*, c'est le « remords » que l'on cueille « sous le fouet du plaisir ».

L'HÉRITAGE ROMANTIQUE

Dès le collège, Baudelaire s'enthousiasme pour Hugo, pour Sainte-Beuve qui a introduit la ville dans ses œuvres et un certain prosaïsme dans ses vers, puis pour Vigny *(Le Reniement de saint Pierre* rappelle *Le Mont des Oliviers* de Vigny).

Même si, à partir de 1848, il critique durement Hugo, il lui dédie *Les Petites Vieilles*, et *Les Fleurs du Mal* retentissent d'échos de « l'illustre poète ». Léon Cellier voit dans ce recueil « le journal d'un condamné », et rapproche certaines images baudelairiennes d'expressions figurant dans *Le Dernier Jour d'un condamné* : image du gouffre, obsession de l'horloge, présence de la pluie, de l'araignée etc. Le poème *Les Rayons et les Ombres*, « Puits de l'Inde ! tombeaux... », semble, lui aussi, avoir inspiré tant *L'Irrémédiable* que *Rêve parisien*. Il y a également des correspondances troublantes entre le drame de *Marion de Lorme* et certaines pièces des *Fleurs du Mal*...

Certes, un bon nombre de thèmes et d'images permettent d'établir une influence des poètes romantiques sur Baudelaire, et on pourrait lui reprocher de faire parfois du mauvais Lamartine ou de l'exécrable Vigny : *Bénédiction*, *Élévation* ont même surpris par leur rhétorique les admirateurs du poète ; Jean Prévost est dur pour le « style romantique et solennel » de « Tu mettrais l'univers entier... », et pour les « violentes platitudes » du *Vampire*, et Marcel Aymé s'est amusé à commenter en naïf *La Beauté*, pour prouver qu'on y retrouvait « les mots les plus creux, les propositions les plus dépourvues de sens »... comme chez « les romantiques qui l'ont précédé ». Mais les intentions de Baudelaire sont autres : *Les Fleurs du Mal* ne sont pas de la littérature de confession, même si elles sont écrites à la première personne, et la biographie du poète n'apporte que peu de choses pour la connaissance de son œuvre : comme le dit Hugo Friedrich, « avec Baudelaire commence la dépersonnalisation de la poésie moderne ».

RÉVOLTE ET MODERNITÉ

Comme tous les jeunes écrivains – et il ne faut pas oublier qu'il a sans doute écrit la plupart des poèmes des *Fleurs du Mal* entre 22 et 25 ans –, Baudelaire subit les influences de ses prédécesseurs mais s'affirme en même temps iconoclaste. Or la jeunesse de cette époque, les Jeunes-France (du nom d'un roman de Gautier), voue un culte à l'outrance et à la violence : volonté de choquer, puisée dans la littérature « frénétique » – ainsi celle de Pétrus Borel, pleine d'une virulence qui se retrouve dans *Au lecteur* et *Les Deux Bonnes Sœurs* ; goût du macabre, hérité de Gautier, et qui marque *Une charogne* ou *Le Voyage à Cythère*.

À cela s'apparente sa fascination pour la laideur, certes héritée de Victor Hugo, mais amplifiée au point de devenir une véritable « esthétique » : « le beau est toujours bizarre », affirme Baudelaire en 1855.

Vont figurer ainsi dans son univers poétique des thèmes nouveaux comme la grande ville moderne et ses aspects miséreux et sordides *(Le Soleil, Le Cygne)* ou le chemin de fer *(Moesta et errabunda)*. Baudelaire considère le progrès comme une « atrophie de l'esprit », mais en même temps la « modernité » *(le terme est de lui)*, royaume de l'artificiel et donc de l'esprit, le fascine.

POÉSIE ET PROSAÏSME

Son style participe à cette esthétique : il aime lier à cette rhétorique qu'on peut par endroits lui reprocher, un prosaïsme qui déroute, et de cette alliance naît la poésie. Une cloison dans *Le Balcon*, des échafaudages et la voirie dans *Le Cygne*, des quittances et des bilans dans un des *Spleens*... Gérald Antoine a mis en lumière la propension qu'a Baudelaire à rapprocher des formes conventionnelles et purement classiques, comme les allégories, d'autres crûment modernes, par le biais des métaphores et des comparaisons (voir *Le Tonneau de la Haine* où l'ivrogne côtoie l'hydre de Lerne) : l'écart est souvent considérable entre les deux objets que l'image superpose. Cette création n'est certes pas exceptionnelle – on en trouve nombre d'exemples dans le style biblique, dans le *Cantique des Cantiques* notamment –, mais ce type d'image n'existait plus dans la poésie française depuis Malherbe, où l'on exigeait une cohérence logique de l'image. « Baudelaire, a écrit Claudel, c'est un extraordinaire mélange du style racinien et du style journalistique de son temps », et cet accouplement du classicisme et de la modernité est propre à traduire la « ribote de vitalité » du poète...

DU POÈTE SOLITAIRE À SA POSTÉRITÉ

Une poésie fondée sur de telles conceptions ne pouvait manquer de surprendre, au risque de faire fuir le lecteur. Les poètes romantiques, après la rupture intervenue pour la première fois avec Rousseau entre l'auteur et son public, s'étaient créé un personnage de poète solitaire et maudit. Baudelaire va s'y complaire *(Au lecteur, La Muse vénale)* et Jules Laforgue, admirateur de Baudelaire, a exposé de manière humoristique, dans ses *Notes sur Baudelaire*, la recette du poète pour « éloigner le bourgeois » : « se cuirasser d'un peu de fumisme extérieur […], aimer une Vénus noire […], parler de l'opium comme si on en faisait son ordinaire […] ». Baudelaire lui-même parle du « plaisir aristocratique de déplaire ».

Mais en même temps, ses inquiétudes sont les nôtres, et il est le premier poète à avoir fondé sa poésie sur le tragique de la situation de l'homme moderne, ce qui explique le retentissement durable de son œuvre. Cette civilisation moderne, qui a perdu le sens du sacré, oblige l'homme à vivre dans un univers qui lui est opaque, et sans issue dans l'au-delà, si bien que sa destinée lui paraît tragique et son existence absurde (voir *L'Irrémédiable*). Baudelaire, comme le montre Sartre, est un des premiers à se révolter en gardant l'espoir d'« autre chose » qu'il s'efforce d'atteindre par l'acte de création *(Le Guignon)*. Néanmoins il est impuissant à créer une transcendance : son idéal est dépourvu de contenu, ce qui explique le déchirement intérieur du poète, partagé entre l'élan vers les hauteurs et la fascination vertigineuse du gouffre. Angoisse devant le temps qu'il ne maîtrise pas *(De profundis clamavi, Chant d'automne)* et qui se transforme en sentiment de culpabilité *(L'Ennemi)* parce qu'il ne sait l'utiliser, lucidité face à la vanité des « paradis artificiels » *(Le Poison)*, fuite dans le passé parce qu'il espère y échapper à l'instabilité perpétuelle : il y a là en germe les malaises et les crises des poètes – et des hommes – à venir… L'influence de Baudelaire sur la postérité littéraire est certes diffuse : Verlaine, Rimbaud, Mallarmé ont des accents baudelairiens dans leurs premiers poèmes, mais les surréalistes semblent avoir été peu touchés par lui ; Gide, qui disait : « Je donnerais tout Hugo pour quelques sonnets de Baudelaire », lui a rendu hommage dans *La Porte étroite* tandis que Sartre donne l'impression de lui en vouloir d'avoir senti le néant sans l'avoir élu. Mais, quoi qu'il en soit, avec lui s'opère le commencement d'un monde…

FORMES
ET LANGAGES

Versification
et « sorcellerie évocatoire »

La combinaison de tradition et de nouveauté qui apparaît dans l'inspiration baudelairienne se retrouve dans sa versification. Baudelaire compose ses vers à une période où la tyrannie des règles de la poésie classique, édictées par Malherbe au XVIIᵉ siècle, se voit contestée par les bouleversements de l'époque romantique. Mais celle-ci ne fait qu'imposer d'autres dogmes : la rime, pour Sainte-Beuve et ses successeurs, est le « seul générateur du vers français ». Comment le génie propre de Baudelaire réagit-il à ce qu'il convient d'appeler une nouvelle tyrannie ?

LES RIMES

Baudelaire privilégie de manière générale la rime riche*, c'est-à-dire celle qui consiste, selon les traités de versification de l'époque, « dans la parfaite conformité de la dernière syllabe pour le vers masculin, et des deux dernières, en comptant la syllabe sourde (syllabe muette), pour le vers féminin ». Plus que Hugo, encore très respectueux, quoi qu'on en pense, de la pureté de la rime, Baudelaire utilise des rimes qui sont fausses pour l'œil, puisqu'il fait rimer ensemble des mots terminés par des consonnes graphiques qui ne seraient pas phonétiquement identiques si elles étaient consonnes de liaison : ainsi *houka/ délicat (Au lecteur)*, *vert/ Weber (Les Phares)* ; *matin/ teint (La Muse malade)*, *vent/ van (Une charogne)*, *remords/ mort (Allégorie)* etc. Chose plus blâmable aux yeux des métriciens de son époque, il fait rimer, mais rarement – contrairement à

Hugo – des consonnes non prononcées avec des consonnes prononcées comme *maudits/De profundis (Obsession), Jésus/ Crésus (L'Examen de minuit)*. Il pratique également à plusieurs reprises la rime normande, associant *aimer* et *la mer (Les Phares, Les Bijoux), hiver* et *s'élever (La Cloche fêlée)*.

Certaines rimes reviennent fréquemment, ce qui a fait dire à un critique que « Baudelaire rimait péniblement, faute d'être suffisamment doué sous le rapport de l'invention verbale ». Certes on trouve la rime *la mer/amer* dans *L'Homme et la Mer, Causerie, Chant d'automne, Obsession* et la rime *mers/ amers* dans *L'Albatros* et *Femmes damnées*. Quant à la rime *funèbres/ténèbres*, elle se rencontre plus de dix fois. Mais on peut dire aussi que ces couples correspondent aux thèmes privilégiés de l'imaginaire baudelairien.

À côté de ces rimes récurrentes, on trouve quantité de rimes uniques qui créent des associations surprenantes : Baudelaire fait rimer *râteaux* et *tombeaux (L'Ennemi), porte cochère* et *ombre chère (Confession), escargots* et *os (Le Mort joyeux), légères* et *éta- gères (La Mort des amants)*, et dans *Idéal, vignettes* et *castagnettes, hôpital* et *idéal, chloroses* et *roses*. Ces associations peuvent être ironiques, voire provocantes, lorsque Baudelaire fait rimer *triste mari* et *monstre rabougri (Bénédiction), romances* et *quittances (Spleen* : « J'ai plus de souvenirs… »), *Te Deum* et *opium (Les Phares), rachats* et *crachats, Marie* et *barbarie (À une Madone)*. Très souvent, ces rimes inattendues, bien dans l'esprit hugolien – mais les rimes les plus originales chez Hugo se rencontrent surtout à partir des *Châtiments* (1853) – mettent en relief par l'accent métrique des mots de la réalité moderne ou triviale : ainsi *brûle-gueule (L'Albatros), ordures (Les Phares), goudron (La Chevelure), charbon, cloison (Le Balcon), voirie (Le Cygne), hospices (Le Crépuscule du matin), pus (Les Métamorphoses du vampire)*.

Dans cette alternance entre rimes convenues et rimes originales on peut voir une illustration de l'idée de Baudelaire développée dans un projet de préface aux *Fleurs du Mal* : « Le rythme et la rime répondent dans l'homme aux immortels besoins de monotonie, de symétrie et de surprise. » Ces rimes inattendues permettent aussi un mélange des registres : le monde moderne apparaît dans son « épaisseur de vulgarité » (Baudelaire) mais, comme le dit Gautier, chez Baudelaire, qui recherche le laid et l'horrible, « cette horreur est toujours transfigurée par le caractère et l'effet ». Les jeux de rimes participent de cette transfiguration.

LA STRUCTURE DE L'ALEXANDRIN

Sainte-Beuve, qui vient alors de publier un *Tableau historique et critique de la poésie française et du théâtre français au XVIe siècle*, rend hommage à la souplesse du vers de la Renaissance, retrouvée par Chénier et par « l'école moderne » : avec « la césure* mobile et le libre enjambement », ce vers « brisé » est devenu « un instrument à la fois puissant et souple ». Baudelaire, qui connaît bien la poésie de la Renaissance, utilise lui aussi, à côté des alexandrins de structure binaire (6 syllabes/6 syllabes), des alexandrins dont l'accent à la césure est atténué au profit d'autres accents. Ces vers créent un effet de surprise et contribuent, comme le dit Verlaine rendant hommage aux « infinies complications » de la versification baudelairienne, « soit à reposer l'oreille bientôt lasse d'une césure par trop uniforme, soit à contrarier un peu le lecteur, chose toujours voluptueuse ».

Baudelaire utilise ainsi assez fréquemment la forme ternaire de l'alexandrin (4/4/4), qu'on appelle aussi trimètre romantique, ainsi que d'autres formes ternaires à trois segments inégaux. Ce rythme à trois temps récurrent est sans aucun doute à mettre en relation avec la thématique du « langoureux vertige » associé à la « valse mélancolique », qui parcourt l'œuvre (« Que diras-tu ce soir… » v. 3 ; *Le Flacon*, v. 7, 12 et 14).

Par ailleurs, parce qu'il a rêvé d'« une prose poétique, musicale sans rythme et sans rime » qui l'a conduit jusqu'aux poèmes en prose, déjà, dans *Les Fleurs du Mal*, il brise à maintes reprises le rythme de l'alexandrin classique – plus encore que ne l'avait fait Victor Hugo, qui se vantait pourtant d'avoir « disloqué ce grand niais d'alexandrin » – plaçant notamment à la césure* une préposition (*La Géante*, v. 3 ; *Crépuscule du matin*, v. 17), un déterminant (*Les Petites Vieilles*, v. 53), qui conduit à l'enjambement* interne et permet d'introduire une arythmie, une « dose de prose » (Hugo).

Le rejet* contribue lui aussi au même effet, et permet la mise en valeur du terme rejeté (*À une Madone*, v. 12 ; *Les Petites Vieilles*, v. 39).

Cette alternance de prosaïsme et de rythmes réguliers, notamment par l'emploi du tétramètre (3/3/3/3) (*La Chevelure*, v. 20, 29 et 34), a permis à Gautier de dire que Baudelaire mêle dans la trame de son style « des fils de soie et d'or à des fils de chanvre rudes et forts ».

LES SONNETS BAUDELAIRIENS

Environ la moitié des poèmes des *Fleurs du Mal* sont des sonnets. Forme brève, le sonnet répondait à l'idéal esthétique de Baudelaire : un « infini diminutif ».

Le sonnet a été introduit en France en 1538, au moment où l'œuvre de Pétrarque, qui a adopté ce schéma, a été traduite en français. Le poète Clément Marot en a alors codifié les règles. Contrairement à ce que fait croire sa disposition typographique, c'est un poème en trois strophes* : deux quatrains à rimes embrassées sur deux rimes (*abba*) et un sizain, composé d'un distique* *(cc)* et d'un quatrain à rimes croisées, le plus fréquent *(dede)*, ou embrassées *(deed)*. Très souvent, au XVIe siècle, l'organisation de l'idée correspondait à la composition strophique, et l'ensemble des deux quatrains et le sizain formaient chacun une unité séparée. Les poètes étaient certainement sensibles à la tension entre ces deux parties déséquilibrées. Après un grand succès au XVIe siècle, le sonnet tomba dans l'oubli pour connaître un regain de faveur chez les romantiques – sauf chez Hugo, qui n'en a composé qu'un.

Selon Baudelaire, « parce que la forme est contraignante, l'idée jaillit plus intense ». Mais, paradoxalement, il ne cesse d'introduire « l'irrégulier dans le régulier », comme s'en insurge Gautier : « Pourquoi, si l'on veut être libre et arranger les rimes à sa guise, aller choisir une forme rigoureuse qui n'admet aucun écart, aucun caprice ? » Baudelaire pratique en effet ce que Gautier appelle des sonnets « libertins », « c'est-à-dire non orthodoxes et s'affranchissant volontiers de la règle de la quadruple rime ».

Seuls cinq poèmes sont parfaitement réguliers, respectant le schéma *abba abba ccd ede*. On dénombre, dans *Les Fleurs du Mal*, plus de trente formes de sonnet différentes, y compris des sonnets élisabéthains, d'origine shakespearienne, comportant en fait, quoique la typographie soit celle d'un sonnet classique, trois quatrains croisés sur rimes différentes et un distique final *(Le Flambeau vivant, Causerie)*, car très souvent, le distique, au lieu d'ouvrir le sizain, le ferme *(À une passante, Les Deux Bonnes Sœurs)*. Les deux seules rimes plates du poème établissent ainsi un système d'échos rapprochés sur lesquels reste le lecteur. Baudelaire a joué également avec la séparation d'usage entre quatrains et tercets : si *Remords posthume* pose les circonstances dans les quatrains et l'idée principale dans les tercets, dans *Recueillement*, un rejet lie les quatrains aux tercets, mais ce « loin d'eux » ouvre un autre monde, celui du poète.

Cette extrême variété de formes du sonnet dans *Les Fleurs du Mal* peut s'expliquer de diverses manières. Baudelaire veut sans doute faire explicitement référence à la poésie baroque dont la thématique et les images marquent son œuvre et qui privilégiait la forme du sonnet. Il souhaite aussi introduire, comme à l'intérieur de son vers, « son architectonique particulière, ses formules individuelles, sa structure reconnaissable, ses secrets de métier, son tour de main si l'on peut s'exprimer ainsi, et sa marque C.B. » (Gautier)

LES PROCÉDÉS HÉRITÉS DE LA CHANSON

C'est une époque où les chansons sont en vogue – celles de Pierre Dupont, de Béranger – et les poètes sont influencés par cette forme. On remet à la mode les anciens poèmes à forme fixe perdus de vue depuis le XVIᵉ siècle – rondeau, ballade, etc. –, presque tous à refrain.

Baudelaire, qui a salué en Pierre Dupont « un nouveau poète » utilise des procédés qui, culturellement, sont associés à la chanson :

– La diversité des formes strophiques

Elle s'inspire de la variété des formes caractéristiques de la chanson ancienne et contemporaine. Les groupements de vers dans *Les Fleurs du Mal* vont du distique d'*Abel et Caïn* au douzain hétérométrique* de *L'Invitation au voyage*. On trouve aussi des tercets *(Franciscae meae laudes)*, des quatrains isométriques *(Le Voyage)* ou hétérométriques, *(Confession)* et des quintils* *(Le Balcon)*. Le distique, utilisé à trois reprises par Baudelaire, dans *Abel et Caïn*, *Les Litanies de Satan*, ainsi que dans le refrain de *L'Invitation au voyage*, est une forme très fréquente de couplet dans la chanson populaire (voir *Auprès de ma blonde*).

– L'utilisation du quatrain à rimes plates

Les quatrains en rimes plates, présents dans plusieurs poèmes des *Fleurs du Mal (Le Flacon, Le Beau Navire, etc.)*, y compris dans les sonnets, sont un héritage à la fois de la poésie du XVIᵉ siècle et de la chanson populaire. Dans celle-ci, ils sont généralement en rimes masculines *(voir Saint-Nicolas et les trois petits enfants)*. Or Baudelaire a composé sur un schéma de quatrains en rimes plates et masculines deux poèmes, *À une mendiante rousse* et *Ciel brouillé*.

– Le vers court

Le vers court, très présent dans *Les Fleurs du Mal*, est lié culturellement à la chanson. Le plus fréquent est l'octosyllabe, qui fut très employé dans la poésie de la Renaissance, notamment dans les *Odes* de Ronsard (voir « Mignonne, allons voir si la rose… ») mais aussi dans la chanson populaire où il constitue la structure la plus courante (voir *Il était un petit navire*). Le pentasyllabe, très souvent employé dans la chanson (voir *Au clair de la lune*), est repris par Baudelaire dans des strophes hétérométriques *(Le serpent qui danse)* et dans le sonnet *La Mort des amants*, où les décasyllabes sont césurés 5/5, au lieu de leur habituelle structure 4/6. La cadence régulière de la structure produit un effet de berceuse qui va de pair avec l'idée de la mort associée au sommeil.

– Des phénomènes de répétition et d'échos sonores

La présence d'un refrain, propre à la chanson populaire, se remarque dans plusieurs poèmes des *Fleurs du Mal*. Il apparaît, détaché de la strophe, dans *L'Invitation au voyage* et *Les Litanies de Satan*. On trouve également d'autres procédés de répétition : dans cinq quintils *(Le Balcon, Réversibilité, L'Irréparable, Moesta et errabunda, Lesbos)*, chaque strophe est encadrée par un même vers. Le poète américain Edgar Poe pratique aussi cette antépiphore, appelée chez lui *repetend*, mais Baudelaire, qui l'a utilisée avant lui, l'a sans doute empruntée à la chanson.

Avec *Harmonie du soir*, il recrée le pantoum, issu de la poésie malaise, mais en l'adaptant. À l'entrecroisement des rimes il substitue des rimes embrassées ; il n'y a pas non plus entrecroisement d'un thème descriptif et d'un thème sentimental, traités en alternance par demi-strophe ; et si, ici aussi, le 2e et le 4e vers de chaque quatrain deviennent le 1er et 3e vers du quatrain suivant, le 1er vers ne se retrouve pas au dernier vers : maladresse, ont dit les uns, ouverture sur le rayonnement du souvenir, selon d'autres…

À cela s'ajoutent des échos sonores non seulement au niveau de la rime mais à l'intérieur même du vers. Sainte-Beuve avait déjà dit le prix qu'il attachait aux effets liés, en poésie, à la répétition d'un même son. Poe y recourait lui aussi. Baudelaire déclare quant à lui : « La poésie touche à la musique. » Le charme musical de ces échos est à analyser avec précision dans chaque cas (voir les assonances* en [an] des *Chats* et de *Don Juan aux Enfers* ; les allitérations en [m] des vers 2 à 4 de *Causerie*).

Baudelaire a sans aucun doute élu ces procédés propres à la chanson parce qu'ils lui permettent de traduire la résurgence du passé dans le souvenir, le spleen et l'angoisse dans un rythme lancinant. Verlaine, qui admirait son art, allait jusqu'à dire : « Là où il est sans égal, c'est dans ce procédé si simple en apparence, mais en vérité si décevant et si difficile, qui consiste à faire revenir un vers toujours le même autour d'une idée toujours nouvelle et réciproquement ; en un mot à peindre l'obsession. »

LES THÈMES

DANDYSME

Le dandysme est né dans la haute société anglaise un peu avant 1815 ; c'est d'abord une mode vestimentaire et esthétique, caractérisée par son extrême élégance, mais celle-ci a un sens symbolique : le dandy doit être « un homme qui porte en lui quelque chose de supérieur au monde visible » (Barbey d'Aurevilly), qui se marque extérieurement par son culte de la différence et de l'artifice. Brummell et Byron en furent les premiers représentants, avant qu'il ne passe en France. Baudelaire, qui a consacré au sujet un chapitre du *Peintre de la vie moderne*, eut, quand sa fortune le permettait, une élégance de dandy, et il en garda la philosophie. Son dandysme est le triomphe de l'art sur la nature : ainsi, pour lui, la femme, étant « naturelle », est toujours « le contraire du dandy ». C'est dans cet esprit qu'il fait l'éloge de la toilette. On retrouve cette théorie de l'anti-nature dans *Rêve parisien*.

Le dandysme est aussi pour lui une sorte de religion qui « confine au spiritualisme et au stoïcisme », qui cultive l'impassibilité *(Don Juan aux Enfers, La Beauté)*, la connaissance de soi *(L'Examen de minuit)* et vise à dominer les contingences de la vie *(Recueillement)*. « Le dandysme, écrit encore Barbey d'Aurevilly, introduit le calme antique au sein des agitations modernes » *(Correspondances, La Vie antérieure)*.

FEMME

La femme, pour Baudelaire, est « l'être qui projette la plus grande ombre ou la plus grande lumière dans nos rêves ». S'opposent ainsi dans *Les Fleurs du Mal* l'« Ange de lumière », madame Sabatier *(Le Flambeau vivant, Réversibilité)*, et la « Vénus noire », Jeanne Duval *(Remords posthume)*, tandis que Marie Daubrun, la « Belle aux cheveux d'or », a des aspects plus complexes, que traduit son assimilation, à plusieurs reprises, à un « ciel brouillé » *(L'Invitation au voyage)* : elle est à la fois l'enfant et la sœur *(Le Vin des amants)*.

Lorsqu'elle incarne le plaisir charnel, la femme fait naître chez le poète à la fois le désir et la répulsion. Par son animalité *(La Chevelure, Les Bijoux)*, elle incarne la tentation diabolique et condamne au châtiment éternel *(Le Vampire, Un voyage à Cythère)* : elle offre le plaisir dans l'horreur *(Bénédiction, Les Deux Bonnes Sœurs, Les Métamorphoses du vampire)*. Mais elle est l'inspiratrice par excellence, et la création laisse alors entrevoir la possibilité de concilier les contraires et d'accéder à l'Idéal *(« Tu mettrais l'univers dans ta ruelle... », Le Balcon)*.

LUMIÈRE

Lumière et obscurité sont très présentes dans *Les Fleurs du Mal*. Le poète aime entre tous l'instant où l'une fait place à l'autre, c'est-à-dire le crépuscule, qu'il soit du soir *(Crépuscule du soir, Recueillement)* ou du matin *(Crépuscule du matin, Aube spirituelle)*. La lumière du matin, rédemptrice, chasse les démons de la nuit et celle du soir crée un climat propice à l'essor de l'imagination *(Spleen)* « J'ai plus de souvenirs... »), à l'évocation d'un paradis perdu *(La Vie antérieure, L'Invitation au voyage)*, au surgissement du souvenir *(Recueillement, Le Balcon, Harmonie du soir)* tandis que la nuit s'épaissit (voir le mouvement de ces trois derniers poèmes). Le mot « soleil » occupe la cinquième place dans l'ordre de la fréquence. Tantôt il est un poète qui transfigure les objets avec lesquels il entre en contact *(Le Poison)*, tantôt, quand il est hivernal, il peut emprunter à la lune ses attributs : blancheur, frigidité, stérilité, et il devient l'image de la pétrification qui se produit à l'intérieur de l'être *(De profundis clamavi, Chant d'automne)*. La métaphore du sang solaire est essentielle : tantôt il se pétrifie *(Harmonie du soir)*, tantôt il ruisselle *(Les Petites Vieilles)*. Ailleurs, le soleil représente la mort libératrice *(La Mort des amants, La Mort des artistes)* et révèle la réalité transcendante dépouillée de toute imperfection terrestre.

Les images de la femme, surtout celles du cycle de Marie Daubrun et de madame Sabatier, sont à rattacher à cette « symbolique solaire » (Marc Eigeldinger). La femme peut être comparée au soleil selon la tradition pétrarquiste *(Une charogne, Aube spirituelle)* ou rivaliser avec lui *(Le Flambeau vivant)*. La chaleur solaire devient un de ses attributs *(La Chevelure)*.

L'amour charnel et la femme, quand elle est « emblème ténébreux des voluptés »(Gérald Antoine), sont souvent liés à la nuit inquiétante *(Remords posthume)* ; cependant, quand cette dernière se fait allégorie et devient femme, elle acquiert douceur *(Recueillement)* ou grandeur *(L'Idéal)*. Mais la nuit est surtout le royaume du cauchemar *(La Muse malade, Réversibilité)*, de la froide angoisse *(La Cloche fêlée, Spleen* « Pluviôse irrité… »*)*, du désespoir *(L'Irréparable)*, des turpitudes et du crime *(Aube spirituelle, Crépuscule du soir, Crépuscule du matin)*. C'est le temps des bilans, parce que la nuit participe de la mort *(L'Horloge)*.

Ainsi, le soleil et la nuit ne sont pas, comme chez les romantiques, des éléments pittoresques. Ils sont un symbole de la vie psychique du poète, symbole ambigu et plurivalent.

MORT

Elle est très présente dans le recueil et constitue le titre d'une section qui, de 1857 à 1868, conclut l'ouvrage. Si elle est objet de crainte *(Au lecteur)*, c'est parce qu'elle borne l'horizon de l'artiste et lui rappelle qu'il doit mettre à profit le temps qui s'enfuit. Mais il n'y a pas à proprement parler, chez Baudelaire, d'angoisse de la mort. Celle-ci est plutôt espérance d'« un second acte, meilleur que le premier » (Pierre Emmanuel), car elle n'est pas une fin mais permet au contraire de redécouvrir l'essence divine de toute chose. C'est pourquoi elle peut être dépeinte comme un déploiement de vie *(Une charogne)*, un instant lumineux *(La Mort des amants, La Mort des artistes)*. Elle est ainsi un point d'émergence de nouvelles perspectives : l'âme, enfin libérée du corps, redevient autonome – la mort est un moyen de libération spirituelle. La mort, comme la débauche, est féconde et devient source de création poétique.

PASSÉ

Passé et souvenir participent également du Spleen et de l'Idéal. Sartre cite le critique Charles Du Bos : « Pour Baudelaire, il n'y a de profond que le passé : c'est lui qui à toute chose communique, imprime, la troisième dimension », et il remarque avec raison qu'il y a « confusion radicale, chez lui, entre passé et éternité ». Le passé n'est pas seulement pour Baudelaire une idéalisation de ce qui n'est plus à l'intérieur de sa propre vie *(La Servante au grand cœur)*, mais c'est aussi le regret d'un idéal perdu *(La Vie antérieure, L'Invitation au voyage)*, « une aspiration nostalgique vers la condition primitive de l'âme qui n'a point encore subi les tourments de l'incarnation » (Marc Eigeldinger).

Néanmoins, cette rêverie tournée vers le passé contient des éléments inquiétants *(Harmonie du soir, Recueillement)*, et, trop souvent, l'afflux des souvenirs ne fait qu'accuser ce que le temps qui passe a d'irréparable *(Spleen* : « J'ai plus de souvenirs... », *Le Cygne)*. Rares sont les moments où le souvenir permet au passé, au présent et au futur de se fondre en une seule dimension temporelle d'où est momentanément bannie toute angoisse *(La Chevelure)*.

(DOUBLE) POSTULATION

« Il y a dans tout homme, à toute heure, deux postulations simultanées, l'une vers Dieu, l'autre vers Satan. L'invocation à Dieu, ou spiritualité, est un désir de monter en grade ; celle de Satan, ou animalité, est une joie de descendre. » C'est ainsi que dans *Mon cœur mis à nu*, projet de « confessions », Baudelaire traduit la lancinante sensation d'écartèlement de son âme entre deux pôles opposés. Il considère que tout homme est *homo duplex* (« homme double »), « lieu d'une contradiction radicale et inguérissable ». Cette dualité consacre l'opposition du bien et du mal.

Toute l'œuvre de Baudelaire, *Les Fleurs du Mal* en particulier – et ce, dès le titre –, est une illustration de cette « ubiquité de l'antinomie », de cette « opposition irréductible ».

Parmi les différents procédés la mettant en lumière, celui qui associe deux termes antithétiques est si fréquent qu'il devient une marque évidente du style baudelairien. La dualité essentielle Dieu-Satan apparaît ainsi dans *L'Hymne à la Beauté* (« infernal et divin », « le bienfait et le crime », etc.), *L'Irrémédiable* (v. 33 et 35), *Les Petites Vieilles* (v. 78) : la réalité est ainsi constamment vue comme l'union de deux éléments opposés, et l'antithèse « traduit le sentiment tragique de la vie » (Léon Cellier).

L'oxymore, figure consistant à accoler deux termes contradictoires au sein d'une même expression, est elle aussi fréquente et se présente le plus souvent sous la forme d'un nom accompagné d'un adjectif (voir « Ô fangeuse grandeur ! sublime ignominie ! » dans « *Tu mettrais l'univers entier dans ta ruelle...* »).

SPLEEN

L'ennui est la conséquence d'un déchirement, que Baudelaire appelle le Spleen, défini par Gautier comme « la mort dans la vie ». Ce mot que l'on rencontre dans les textes français dès la fin du XVIIIᵉ siècle et dont l'emploi devient fréquent à l'époque de Chateaubriand, qui en use lui-même, notamment dans sa correspondance, désigne non pas la mélancolie romantique mais un mal existentiel. Il possède son paysage particulier : atmosphère fermée *(Spleen* : « Quand le ciel bas et lourd... »*)*, univers minéral *(De profundis clamavi, Spleen* « J'ai plus de souvenirs que si j'avais mille ans... », *La Béatrice)*, lumière blafarde *(La Muse vénale)* ou absente *(L'Irréparable)*. S'y lie un sentiment de péché accompagné de remords, face au temps auquel le poète se sent soumis, qui le presse et ne lui permet pas de se réaliser *(Le Guignon, L'Irréparable)*, tandis qu'il sent la mort approcher *(L'Horloge)*. Vivre est ainsi pour Baudelaire le pire des châtiments *(Le Masque, De profundis clamavi)*.

VOYAGE

Les images liées aux horizons lointains et au voyage sont nombreuses dans *Les Fleurs du Mal*. Baudelaire n'aura fait qu'un voyage, dans sa jeunesse, jusqu'à l'île Bourbon, et sans doute n'a-t-il pas été tout d'abord enchanté par les tropiques. Mais c'est par contraste avec sa vie « malheureuse et frileuse » (Jean Prévost) que ce voyage s'est peu à peu transformé en une « visite au paradis ». De plus, l'exotisme est à la mode : Bernardin de Saint-Pierre, Théophile Gautier, Delacroix et l'Exposition universelle de 1855 ont autant inspiré Baudelaire que l'a fait son périple. Il renoue avec la tradition rousseauiste d'un rêve de pureté et d'innocence lié à ces horizons lointains *(La Vie antérieure)*. Trois grands « thèmes tropicaux » parcourent son œuvre : le parfum *(Parfum exotique, La Chevelure)*, auquel se mêlent la sensualité des attitudes pâmées *(La Vie antérieure, La Chevelure)*, la chaleur dans une atmosphère lumineuse, et la paresse (voir ces mêmes poèmes). C'est le plus souvent la femme lascive – la mulâtresse Jeanne Duval – qui recrée les « rivages heureux » *(Parfum exotique, La Chevelure, Les Bijoux)* en un voyage immobile à travers le plaisir.

Le voyage fait autant rêver Baudelaire que son but, et le port, lumineux comme ceux des tableaux du Lorrain (voir p. 8), est présent dans plusieurs poèmes *(La Chevelure, L'Invitation au voyage)*, de même que la mer-miroir qui, « brillante, inaccessible et froide, avec ce mouvement pur et comme immatériel […] et, parfois, cette transparence, […] offre la meilleure image de l'esprit, […] est l'esprit. » (Sartre)

La femme au prisme des *Fleurs du Mal*

THÉOPHILE GAUTIER • *LA MORTE AMOUREUSE* • 1836

Dans ce récit fantastique, un vieux prêtre de campagne se souvient de la rencontre fatale qu'il fit à l'église le jour de son ordination. « À cette époque », raconte-t-il, « je savais vaguement qu'il y avait quelque chose qu'on appelait femme, mais je n'y arrêtais pas ma pensée ; j'étais d'une innocence parfaite. »

« Oh ! comme elle était belle ! Les plus grands peintres, lorsque, poursuivant dans le ciel la beauté idéale, ils ont rapporté sur la terre le divin portrait de la Madone, n'approchent même pas de cette fabuleuse réalité. Ni les vers du poète ni la palette du peintre n'en peuvent donner une idée. Elle était assez grande, avec une taille et un port de déesse ; ses cheveux, d'un blond doux, se séparaient sur le haut de sa tête et coulaient sur ses tempes comme deux fleuves d'or ; on aurait dit une reine avec son diadème ; son front, d'une blancheur bleuâtre et transparente, s'étendait large et serein sur les arcs de deux cils presque bruns, singularité qui ajoutait encore à l'effet de prunelles vert de mer d'une vivacité et d'un éclat insoutenables. Quels yeux ! Avec un éclair ils décidaient de la destinée d'un homme ; ils avaient une vie, une limpidité, une ardeur, une humidité brillante que je n'ai jamais vues à un œil humain ; il s'en échappait des rayons pareils à des flèches et que je voyais distinctement aboutir à mon cœur. Je ne sais si la flamme qui les illuminait venait du ciel ou de l'enfer, mais à coup sûr elle venait de l'un ou de l'autre. Cette femme était un ange ou un démon, et peut-être tous les deux ; elle ne sortait certainement pas du flanc d'Ève, la mère commune. Des dents du plus bel orient scintillaient dans son rouge sourire, et de petites fossettes se creusaient à chaque inflexion de sa bouche dans le satin rose de ses adorables joues. Pour son nez, il était d'une finesse et d'une fierté toute royale, et décelait[1] la plus noble origine. Des luisants[2] d'agate jouaient sur la peau unie et lustrée de ses épaules à demi découvertes, et des rangs de grosses perles blondes, d'un ton presque semblable à son cou, lui descendaient sur la poitrine. De temps en temps, elle redressait sa tête avec un mouvement onduleux de couleuvre ou de paon qui se rengorge, et imprimait un léger frisson à la haute fraise brodée à jour qui l'entourait comme un treillis d'argent. »

Théophile GAUTIER, *La Morte amoureuse*, conte paru dans la *Chronique de Paris*, 23 et 26 juin 1836.

QUESTIONS

1. Relevez tous les termes qui font de cette femme une créature double. Comment se marque sa sensualité ?

2. Quels détails ont inspiré Baudelaire ? Dans quels poèmes les retrouve-t-on ? Que pensez-vous de la coïncidence entre « la morte amoureuse » et les différentes égéries de Baudelaire ?

CHARLES BAUDELAIRE • *LE PEINTRE DE LA VIE MODERNE* • 1863

La femme

La femme « pour qui, mais surtout par qui les artistes et les poètes composent leurs plus délicats bijoux » (Baudelaire).

« Tout ce qui orne la femme, tout ce qui sert à illustrer sa beauté, fait partie d'elle-même ; et les artistes qui se sont particulièrement appliqués à l'étude de cet être énigmatique raffolent autant de tout le *mundus muliebris*[3] que de la femme elle-même.

---

1. **Décelait :** révélait.
2. **Des luisants :** des reflets.
3. *Mundus muliebris* (latin) : l'univers féminin.

La femme est sans doute une lumière, un regard, une invitation au bonheur, une parole quelquefois ; mais elle est surtout une harmonie générale, non seulement dans son allure et le mouvement de ses membres, mais aussi dans les mousselines, les gazes, les vastes et chatoyantes nuées d'étoffes dont elle s'enveloppe, et qui sont comme les attributs et le piédestal de sa divinité ; dans le métal et le minéral qui serpentent autour de ses bras et de son cou, qui ajoutent leurs étincelles au feu de ses regards, ou qui jasent doucement à ses oreilles. Quel poète oserait, dans la peinture du plaisir causé par l'apparition d'une beauté, séparer la femme de son costume ? Quel est l'homme qui, dans la rue, au théâtre, au bois, n'a pas joui, de la manière la plus désintéressée, d'une toilette savamment composée, et n'en a pas emporté une image inséparable de la beauté de celle à qui elle appartenait, faisant ainsi des deux, de la femme et de la robe, une totalité indivisible ? C'est ici le lieu, ce me semble, de revenir sur certaines questions relatives à la mode et à la parure, que je n'ai fait qu'effleurer au commencement de cette étude, et de venger l'art de la toilette des ineptes calomnies dont l'accablent certains amants très équivoques de la nature. »

Charles BAUDELAIRE, *Le Peintre de la vie moderne*,
articles parus en feuilleton dans *Le Figaro* en 1863,
puis regroupés dans *L'Art romantique* en 1868.

QUESTIONS

1. En quoi l'éloge de la toilette et de l'artifice chez la femme peut-il être mis en rapport avec le sentiment de Baudelaire à l'égard de la nature et du naturel ? Quels poèmes des *Fleurs du Mal* illustrent cette opinion ?

2. Quelles formes prend ici le lyrisme de Baudelaire ? En quoi se différencie-t-il du lyrisme de *À une passante* (p. 148) ?

PAUL VERLAINE • *POÈMES SATURNIENS* • 1866

Mon rêve familier

Verlaine a vingt-deux ans quand il écrit ce poème.

« Je fais souvent ce rêve étrange et pénétrant
D'une femme inconnue, et que j'aime, et qui m'aime,
Et qui n'est, chaque fois, ni tout à fait la même
Ni tout à fait une autre, et m'aime et me comprend.

Car elle me comprend, et mon cœur transparent
Pour elle seule, hélas ! cesse d'être un problème
Pour elle seule, et les moiteurs de mon front blême,
Elle seule les sait rafraîchir, en pleurant.

Est-elle brune, blonde ou rousse ? – Je l'ignore.
Son nom ? Je me souviens qu'il est doux et sonore
Comme ceux des aimés que la Vie exila.

Son regard est pareil au regard des statues,
Et, pour sa voix, lointaine, et calme, et grave, elle a
L'inflexion des voix chères qui se sont tues. »

Paul VERLAINE, *Poèmes saturniens.*

QUESTIONS

1. En quoi ce poème de jeunesse est-il fortement inspiré de Baudelaire ? Quels thèmes, quelles images lui a-t-il empruntés ?
2. En étudiant les particularités métriques du poème et l'élaboration de l'image féminine, dites en quoi consiste ici l'originalité de Verlaine.

PAUL ÉLUARD • *CAPITALE DE LA DOULEUR* • 1926

Ce poème célèbre Gala, la première femme du poète.

« La courbe de tes yeux fait le tour de mon cœur,
Un rond de danse et de douceur,
Auréole du temps, berceau nocturne et sûr,
Et si je ne sais plus tout ce que j'ai vécu
C'est que tes yeux ne m'ont pas toujours vu.

Feuilles de jour et mousse de rosée,
Roseaux du vent, sourires parfumés,
Ailes couvrant le monde de lumière,
Bateaux chargés du ciel et de la mer,
Chasseurs des bruits et sources des couleurs

Parfums éclos d'une couvée d'aurores
Qui gît toujours sur la paille des astres,
Comme le jour dépend de l'innocence
Le monde entier dépend de tes yeux purs
Et tout mon sang coule dans leurs regards. »

Paul ÉLUARD, *Capitale de la douleur* © Éditions Gallimard.

QUESTIONS

1. À quel genre de poème, mis à la mode par François Villon, se rattache cet éloge d'une partie du corps féminin ? Quelles pièces des *Fleurs du Mal* procèdent de même ?

2. Quelle qualité permet à la femme d'être une médiatrice entre le poète et le monde ? En quoi la vision du monde d'Éluard a-t-elle des accents baudelairiens ?

LÉOPOLD S. SENGHOR • *CHANTS D'OMBRE* • 1945

Femme noire

Le poète chante la femme africaine, de la femme-conteuse de son enfance à la femme aimée, à la secrète luminosité...

« Femme nue, femme noire
Vêtue de ta couleur qui est vie, de ta forme qui est beauté !
J'ai grandi à ton ombre ; la douceur de tes mains bandait mes yeux.
Et voilà qu'au cœur de l'Été et de Midi, je te découvre, Terre promise, du haut d'un haut col calciné
Et ta beauté me foudroie en plein cœur, comme l'éclair d'un aigle.

Femme nue, femme obscure

Fruit mûr à la chair ferme, sombres extases du vin noir, bouche qui fais lyrique ma bouche

Savane aux horizons purs, savane qui frémis aux caresses ferventes du Vent d'Est

Tam-tam sculpté, tam-tam tendu qui grondes sous les doigts du Vainqueur

Ta voix grave de contralto est le chant spirituel de l'Aimée.

Femme nue, femme obscure

Huile que ne ride nul souffle, huile calme aux flancs de l'athlète, aux flancs des princes du Mali

Gazelle aux attaches célestes, les perles sont étoiles sur la nuit de ta peau

Délices des jeux de l'esprit, les reflets de l'or rouge sur ta peau qui se moire

À l'ombre de ta chevelure, s'éclaire mon angoisse aux soleils prochains de tes yeux.

Femme nue, femme noire

Je chante ta beauté qui passe, forme que je fixe dans l'Éternel

Avant que le Destin jaloux ne te réduise en cendres pour nourrir les racines de la vie. »

Léopold Sédar SENGHOR, *Chants d'ombre*
© Éditions du Seuil, 1964, 1973, 1979, 1984 et 1990.

QUESTIONS

1. En quoi la « femme noire » pourrait-elle être considérée comme la fusion de tous les aspects de la femme baudelairienne ?

2. Quel est le rôle du poète vis-à-vis de la femme aimée ? À quel poème de Baudelaire font songer les derniers vers de *Femme noire* ?

QUESTIONS D'ENSEMBLE

1. Quelles métaphores, récurrentes dans les textes précédents, sont associées au corps féminin ? Quelles sont leurs fonctions ?

2. Quel texte vous paraît le plus lyrique ? Justifiez votre réponse.

La ville moderne : un tableau épique, poétique, fantastique ?

ÉMILE ZOLA • *LA CURÉE* • 1872

Aristide Saccard profite de la politique de grands travaux menée par Haussmann (voir Le Cygne*) pour édifier une des plus grandes fortunes du second Empire. Dans l'« Histoire naturelle et sociale » des Rougon-Macquart,* La Curée *est le roman de la spéculation immobilière.*

« Cependant la fortune des Saccard semblait à son apogée. Elle brûlait en plein Paris comme un feu de joie colossal. C'était l'heure où la curée ardente emplit un coin de forêt de l'aboiement des chiens, du claquement des fouets, du flamboiement des torches. Les appétits lâchés se contentaient enfin, dans l'impudence du triomphe, au bruit des quartiers écroulés et des fortunes bâties en six mois. La ville n'était plus qu'une grande débauche de millions et de femmes. Le vice, venu de haut, coulait dans les ruisseaux, s'étalait dans les bassins, remontait dans les jets d'eau des jardins, pour retomber sur les toits, en pluie fine et pénétrante. Et il semblait, la nuit, lorsqu'on passait les ponts, que la Seine charriât, au milieu de la ville endormie, les ordures de la cité, miettes tombées de la table, nœuds de dentelle laissés sur les divans, chevelures oubliées dans les fiacres, billets de banque glissés des corsages, tout ce que la brutalité du désir et le contentement immédiat de l'instinct jettent à la rue, après l'avoir brisé et souillé. Alors, dans le sommeil fiévreux de Paris, et mieux encore que dans sa quête haletante du grand jour, on sentait le détraquement cérébral, le cauchemar doré et voluptueux d'une ville folle de son or et de sa chair. Jusqu'à minuit, les violons chantaient ; puis les fenêtres s'éteignaient, et les ombres descendaient sur la ville. C'était comme une alcôve colossale où l'on aurait soufflé la dernière bougie, éteint la dernière pudeur. Il n'y avait

plus, au fond des ténèbres, qu'un grand râle d'amour furieux et
las ; tandis que les Tuileries, au bord de l'eau, allongeaient leurs
bras dans le noir, comme pour une embrassade énorme. »

Émile ZOLA, *La Curée.*

QUESTIONS

1. Quels procédés stylistiques font de la ville une créature
monstrueuse ? À quel moment de la journée est-elle la plus inquiétante ?

2. Relevez quelques vers des *Fleurs du Mal* où le vice est peint de façon
similaire et commentez-les.

ARTHUR RIMBAUD • *ILLUMINATIONS* • 1886

Villes

*Londres ? Stockholm ? La ville évoquée garde son secret et le
pluriel du titre son mystère, peut-être parce que la création verbale
est plus importante que le monde réel sur lequel elle s'appuie...*

« L'acropole officielle outre les conceptions de la barbarie
moderne les plus colossales. Impossible d'exprimer le jour mat
produit par le ciel immuablement gris, l'éclat impérial des
bâtisses, et la neige éternelle du sol. On a reproduit dans un
goût d'énormité singulier toutes les merveilles classiques de l'architecture. J'assiste à des expositions de peinture dans des
locaux vingt fois plus vastes qu'Hampton-Court. Quelle peinture ! Un Nabuchodonosor norvégien a fait construire les escaliers des ministères ; les subalternes que j'ai pu voir sont déjà
plus fiers que des brahmanes, et j'ai tremblé à l'aspect des gar-
diens de colosses et officiers de constructions. Par le groupe-
ment des bâtiments, en squares, cours et terrasses fermées, on a
évincé les cochers. Les parcs représentent la nature primitive tra-
vaillée par un art superbe. Le haut quartier a des parties inexpli-
cables : un bras de mer, sans bateaux, roule sa nappe de grésil
bleu entre des quais chargés de candélabres géants. Un pont
court conduit à une poterne immédiatement sous le dôme de la
Sainte-Chapelle. Ce dôme est une armature d'acier artistique de
quinze mille pieds de diamètre environ.

Sur quelques points des passerelles de cuivre, des plates-formes, des escaliers qui contournent les halles et les piliers, j'ai cru pouvoir juger la profondeur de la ville ! C'est le prodige dont je n'ai pu me rendre compte : quels sont les niveaux des autres quartiers sur ou sous l'acropole ? Pour l'étranger de notre temps la reconnaissance est impossible. Le quartier commerçant est un circus d'un seul style, avec galeries à arcades. On ne voit pas de boutiques, mais la neige de la chaussée est écrasée ; quelques nababs, aussi rares que les promeneurs d'un matin de dimanche à Londres, se dirigent vers une diligence de diamants. Quelques divans de velours rouge : on sert des boissons polaires dont le prix varie de huit cents à huit mille roupies. À l'idée de chercher des théâtres sur ce circus, je me réponds que les boutiques doivent contenir des drames assez sombres ? Je pense qu'il y a une police ; mais la loi doit être tellement étrange, que je renonce à me faire une idée des aventuriers d'ici.

Le faubourg, aussi élégant qu'une belle rue de Paris, est favorisé d'un air de lumière ; l'élément démocratique compte quelques cents âmes. Là encore, les maisons ne se suivent pas ; le faubourg se perd bizarrement dans la campagne, le « Comté » qui remplit l'occident éternel des forêts et des plantations prodigieuses où les gentilshommes sauvages chassent leurs chroniques sous la lumière qu'on a créée. »

Arthur RIMBAUD, *Illuminations.*

QUESTIONS

1. Relevez quelques éléments d'étrangeté dans cette évocation de l'espace urbain. Où sont-ils les plus nombreux ? Quel adjectif emploieriez-vous pour caractériser cette vision ?

2. Rapprochez ce poème de *Rêve parisien*. Quels aspects de la ville rêvée sont communs aux deux poèmes ?

3. Quelle forme revêt ce poème ? En quoi l'œuvre de Baudelaire, que Rimbaud admirait, a-t-elle pu l'influencer ?

ÉMILE VERHAEREN • *LES VILLES TENTACULAIRES* • 1895

Le Port

Le fleuve de l'Escaut, aux abords d'Anvers, fait partie des paysages d'enfance du poète belge Émile Verhaeren.

« Toute la mer va vers la ville !

Son port est innombrable et sinistre de croix,
Vergues transversales barrant les grands mâts droits.

Son port est pluvieux de suite à travers brumes,
Où le soleil comme un œil rouge et colossal larmoie.

Son port est ameuté de steamers noirs qui fument
Et mugissent, au fond du soir, sans qu'on les voie.

Son port est fourmillant et musculeux de bras
Perdus en un fouillis dédalien d'amarres.

Son port est concassé de chocs et de fracas
Et de marteaux tonnant dans l'air leurs tintamarres.

Toute la mer va vers la ville !

Les flots qui voyagent comme les vents,
Les flots légers, les flots vivants,
Pour que la ville en feu l'absorbe et le respire
Lui rapportent le monde en des navires.
Les orients et les midis tanguent vers elle
Et les Nords blancs et la folie universelle
Et tous nombres dont le désir prévoit la somme.
Et tout ce qui s'invente et tout ce que les hommes
Tirent de leurs cerveaux puissants et volcaniques
Tend vers elle, cingle vers elle et vers ses luttes :
Elle est la ville en rut des humaines disputes,
Elle est la ville au clair des richesses uniques
Et les marins naïfs peignent son caducée
Sur leur peau rousse et crevassée,

À l'heure où l'ombre emplit les soirs océaniques.
Toute la mer va vers la ville !

Ô les Babels enfin réalisées !
Et les peuples fondus et la cité commune ;

Et les langues se dissolvant en une ;
Et la ville comme une main, les doigts ouverts,
Se refermant sur l'univers.

Dites, les docks bondés jusques au faîte !
Et la montagne, et le désert, et les forêts,
Et leurs siècles captés comme en des rets ;
Dites, leurs blocs d'éternité : marbres et bois,
Que l'on achète,
Et que l'on vend au poids,
Et puis, dites ! les morts, les morts, les morts
Qu'il a fallu pour ces conquêtes.

Toute la mer va vers la ville !

La mer soudaine, ardente et libre,
Qui tient la terre en équilibre ;
La mer que domine la loi des multitudes,
La mer où les courants tracent les certitudes ;
La mer et ses vagues coalisées,
Comme un désir multiple et fou,
Qui renversent des rocs depuis mille ans debout
Et retombent et s'effacent, égalisées ;
La mer dont chaque lame ébauche une tendresse
Ou voile une fureur, la mer plane ou sauvage,
La mer qui inquiète et angoisse et oppresse
De l'ivresse de son image.

Toute la mer va vers la ville !

Son port est flamboyant et tourmenté de feux
Qui éclairent de hauts leviers silencieux.

Son port est hérissé de tours dont les murs sonnent
D'un bruit souterrain d'eau qui s'enfle et ronfle en elles.

Son port est lourd de blocs taillés, où des gorgones
Dardent les réseaux noirs des vipères mortelles.

Son port est fabuleux de déesses sculptées
À l'avant des vaisseaux dont les mâts d'or s'exaltent.

Son port est solennel de tempêtes domptées
En des havres d'airain de marbre et de basalte. »

Émile VERHAEREN, Les Villes tentaculaires 2.

1. Quelles sont les principales caractéristiques de la ville-port ? Quels éléments positifs et négatifs se conjuguent ? Quelle impression l'emporte ? Pourquoi ?

2. Relisez *La Vie antérieure, La Chevelure* et *L'Invitation au voyage* : quels éléments lexicaux et prosodiques sont communs à Baudelaire et à Verhaeren ?

3. Relisez le premier vers du *Port* : la perspective de Verhaeren est-elle la même que celle de Baudelaire ? Justifiez votre réponse.

JULIEN GRACQ • *LETTRINES* II • 1974

Julien Gracq a vécu à Nantes de 1921 à 1928 comme interne au lycée Clemenceau. Il y revient en 1935 pour achever son service militaire, puis, de 1935 à 1936, pour occuper son premier poste de professeur.

« *Nantes.* Je feuillette un recueil d'anciennes photographies de la ville, au temps où j'étais pensionnaire au lycée. S'il est une ville dont la forme ait changé plus vite que le cœur d'un mortel... Mais « fourmillante cité, cité pleine de rêves » pour moi, oui, toujours ! J'ai davantage rêvé là, entre onze et dix-huit ans, que dans tout le reste de ma vie : que faire d'une vie commencée de vivre si irrémédiablement sur le mode de l'*ailleurs* ?

J'ai retrouvé une à une dans mon souvenir les impasses grises où venaient buter les « promenades » sinistres du jeudi et du dimanche : terrains vagues, dépôts de tramways, banlieues hébétées, verdures lépreuses avec vue d'usines, champs de courses déserts : Pont-du-Cens, La Morrhonière, le Petit-Port, Saint-Joseph-de-Portricq, route de Vannes, Prairie de Mauves, Pont-Rousseau. Lieux sans joie, échouages boueux, minables lisières où nous piétinions en rond l'herbe gelée comme des chevaux à la longe, en attendant l'heure du retour. Toujours, à l'horizon, on avait la ville, inaccessible et pourtant offerte, amarrée à ses clochers, avec ses grottes, ses cavernes aux trésors, ses merveilles défendues, et de l'autre côté la libre campagne, le vert paradis des vacances, ensoleillé et interdit : nous restions englués à cette frontière morfondue, petits errants vagues battant la semelle et mordus par les engelures, petits singes d'hiver tout envieillis par leurs uniformes nains — séparés, rejetés, échoués. »

Julien Gracq, *Lettrines II*, « Chemins et rues », Nantes, Corti.

QUESTIONS

1. Relisez *Le Cygne, Les Sept Vieillards, Mœsta et errabunda*. Que remarquez-vous dans le texte de Gracq ?

2. Quelle organisation syntaxique est récurrente dans le 2e paragraphe ? Comment se construit donc, pour Gracq, son souvenir de Nantes ?

3. Qu'est-ce qui donne une tonalité poétique à ce fragment ?

Sujets de Bac

QUESTIONS D'ENSEMBLE

1. Étudiez la personnification de la ville dans les textes précédents. Quelles sont ses fonctions ?

2. Pour quels textes peut-on parler de registre épique ? Justifiez votre réponse.

COMMENTAIRE

Commentez le texte de Zola.

DISSERTATION

Baudelaire écrit : « Dans les plis sinueux des vieilles capitales, / Où tout, même l'horreur, tourne aux enchantements » *(Les Petites Vieilles)* : dans quelle mesure cette conception de la ville vous paraît-elle convenir aux textes ci-dessus ?

ÉCRITURE D'INVENTION

À la manière d'un de ces auteurs, évoquez la ville de votre choix, en mettant en lumière sa modernité.

LECTURES
DES *FLEURS DU MAL*

Les Fleurs du Mal : une révolution ou une « curiosité » ?

« L'œuvre de Baudelaire n'est pas une œuvre poétique parmi d'autres ; elle est une révolution, la plus importante de toutes celles qui ont marqué le siècle : elle décide de ce qui désormais portera à nos yeux les couleurs de la poésie. L'année des *Fleurs du mal* – 1857 – inaugure une époque : la nôtre, encore. Ce petit livre une fois connu et assimilé, rien de ce qui compte dans la poésie française, même européenne, ne sera tout à fait semblable à ce qui eût été, s'il n'y avait pas eu, justement, les *Fleurs du mal*. »

Gaétan PICON, « Les fondateurs de la nouvelle poésie »,
in *Histoire des littératures* 3, Paris,
« Encyclopédie de La Pléiade », 1958 © Éditions Gallimard.

« Moi, je me l'imagine volontiers comme un cénobite littéraire qui se serait creusé une étroite niche dans une roche dure et qui y aurait vécu seul, en face des hallucinations de son cerveau détraqué. Ce ne fut point un créateur. Il avait l'haleine courte, et si son imagination s'emportait en audaces étranges, elle était singulièrement peu féconde. Je crois même que c'est ce manque de puissance, cet enfantement laborieux qui l'ont enfermé dans le cercle bizarre où il a tourné. Il vit à part au fond de son trou, n'étant que le coin d'un monde, mais ne ressemblant à personne.

Si l'on veut mon jugement sommaire sur *Les Fleurs du mal*, je dirai : "Dans cent ans, les histoires de la littérature française parleront de ce livre à titre de curiosité ; elles le donneront sans doute comme exemple frappant de l'époque d'individualisme que nous traversons, et en éplucheront les étrangetés exquises, ainsi qu'un antiquaire qui regarde de vieux bijoux à la loupe." »

Émile ZOLA, « Livres d'aujourd'hui et de demain », *Œuvres critiques I*,
Cercle du Livre précieux, tome 10, Paris, Fasquelle, 1968.

Une œuvre à secrets

« Baudelaire est toujours resté, en partie, le poète inédit. *Les Fleurs du Mal* elles-mêmes ne s'identifient pas à son œuvre poétique complète. Le livre, c'est la face publique de sa poésie ; quand il parle de lui, Baudelaire se caractérise selon sa légende. Des poèmes eux-mêmes, il dit très peu : *Correspondances*, *Les Phares*, *Danse macabre* sont cités dans des textes critiques, avec quelques remarques ou paraphrases ; mais *La Beauté*, *Les Chats*, *Sed non satiata* n'ont pas été commentés ou expliqués par lui. Il voulait écrire l' " histoire " de son livre ; mais il n'a jamais exposé sa méthode* ni retracé la lente élaboration de ses poèmes. »

> Graham ROBB, *La Poésie de Baudelaire et la Poésie française 1838-1852*, Paris, Aubier Critiques, 1993.

Une œuvre close avant sa première publication ou nourrie par la condamnation de 1857 ?

Le procès des Fleurs du Mal *: la damnation d'un poète*

« Le livre lui-même, par le fait d'un procès punitif, devenait moralement interdit. Cette condamnation doit être constamment rappelée : elle fut capitale dans la brève destinée de Baudelaire. Après le conseil judiciaire dont il avait été affublé par un autre tribunal – à la suite des conflits qui entourèrent la personne redoutablement aimée de sa mère, – vint la condamnation sur le plan de l'esprit. Ces condamnations ont précipité l'affect angoissé de Baudelaire dans un tourment continuel, de révolte inutile, de détachement accompagné d'attachement et de revendication, un ensemble de culpabilité que les voies abyssales de l'inconscient avaient certes préparé en lui depuis l'enfance. Là s'organisent le mépris baudelairien et la colère, la flatterie des ennemis, la perversité comme moyen de connaissance, l'échec des œuvres et finalement l'avortement du travail. Ce qui sort du procès mène aussi bien au procès. »

> Pierre Jean JOUVE, *Tombeau de Baudelaire*, Paris, © Éditions du Seuil, 1958.

« [...] il ne suffit pas de dire que [Baudelaire] a usé de subterfuges intel-
lectuels pour donner à sa vie une couleur fanée : il a opéré délibérément
une conversion radicale ; il a choisi d'avancer à reculons, tourné vers le
passé, accroupi au fond de la voiture qui l'emporte et fixant son regard
sur la route qui fuit. Peu d'existences plus stagnantes que la sienne.
Pour lui, à vingt-cinq ans, les jeux sont faits : tout est arrêté, il a couru
sa chance et il a perdu pour toujours. Dès 46, il a dépensé la moitié de
sa fortune, écrit la plupart de ses poèmes, donné leur forme définitive à
ses relations avec ses parents, contracté le mal vénérien qui va lentement
le pourrir, rencontré la femme qui pèsera comme du plomb sur toutes
les heures de sa vie, fait le voyage qui fournira toute son œuvre d'images
exotiques. Il y a eu comme une brève flambée, une de ces "secousses"
dont il parle si souvent et puis le feu s'est éteint ; il ne lui reste plus qu'à
se survivre. Bien avant qu'il atteigne la trentaine, ses opinions sont
faites ; il ne fera plus que les ruminer. »

Jean-Paul SARTRE, *Baudelaire*, Paris, 1947 © Éditions Gallimard.

Quelle « architecture » pour *Les Fleurs du Mal* ?

« Il est incontestable qu'il existe dans *Les Fleurs du Mal* une architecture
voulue par leur auteur, lequel demandait en 1857 qu'on les jugeât dans
leur ensemble et confiait à Vigny, en lui adressant un exemplaire de la
deuxième édition : "Le seul éloge que je sollicite pour ce livre est qu'on
reconnaisse qu'il n'est pas un pur album et qu'il a un commencement et
une fin." Cela posé, il faut user de prudence dans la recherche des
grandes lignes de cette architecture et ne s'attacher qu'à elles. Un esprit
subtil pourra toujours justifier la place de tel poème par un long raison-
nement. Baudelaire n'en demandait pas tant et la phrase qui vient d'être
citée prouve que seules les grandes masses doivent intéresser le déchif-
freur. Ce n'est pas que le voisinage de deux pièces n'ait parfois valeur de
contraste ou d'opposition complémentaire, mais vouloir à tout prix que
la succession des poèmes pris les uns après les autres ait la signification
des termes et des arguments d'un discours, c'est ignorer que *Les Fleurs
du Mal* ne sont pas un poème didactique et se refuser à entrer dans le jeu
de la création poétique où le discontinu est de règle. »

Claude PICHOIS, *Baudelaire, études et témoignages*,
Neufchâtel, La Baconnière, 1967.

Baudelaire romantique, réaliste ou décadent ?

« [...] si nous prenons soin de comparer ce recueil aux ouvrages poétiques de la même période, nous ne serons pas étonnés de trouver
l'œuvre de Baudelaire [...] remarquablement différente des produc-
tions romantiques. *Les Fleurs du Mal* ne contiennent ni poèmes his-
toriques ni légendes ; rien qui repose sur un récit. On n'y voit point
de tirades philosophiques. La politique n'y paraît point. Les descriptions y sont rares et toujours significatives. Mais tout y est charme,
musique, sensualité puissante et abstraite... Luxe, forme et volupté.
Il y a dans les meilleurs vers de Baudelaire une combinaison de chair
et d'esprit, un mélange de solennité, de chaleur et d'amertume,
d'éternité et d'intimité, une alliance rarissime de la volonté avec
l'harmonie, qui les distinguent nettement des vers romantiques
comme ils les distinguent nettement des vers parnassiens. »

Paul VALÉRY, « Situation de Baudelaire », in *Variété II*,
in *Œuvres*, tome 1, Paris, 1957 © Éditions Gallimard.

« Baudelaire est le poète du réel, le moins romantique qui soit, au
point que le langage que sa poésie a inventé est le plus proche de la
prose qu'ait jamais osé un poète, le plus figuratif comme on dit
aujourd'hui, soumis étroitement à l'objet, qu'il s'agisse d'une petite
vieille hagarde, trébuchant sur un trottoir de Paris, ou d'une charogne aux pattes écartées et au ventre fourmillant. Mais quel que soit
l'objet, Baudelaire le voit, le respire, le touche et le montre éternel,
comme est éternelle cette chaise de cuisine qu'a peinte Van Gogh. »

François MAURIAC, *Mémoires intérieurs*, 1959, ch. IV,
in *Œuvres autobiographiques complètes*, Paris,
« Bibliothèque de la Pléiade », 1990 © Éditions Gallimard.

« Le poète des *Fleurs du Mal* aimait ce qu'on appelle improprement
le style de la décadence, et qui n'est autre chose que l'art arrivé à ce
point de maturité extrême que déterminent à leurs soleils obliques
les civilisations qui vieillissent : style ingénieux, compliqué, savant,
plein de nuances et de recherches, reculant toujours les bornes de la
langue, empruntant à tous les vocabulaires techniques, prenant des
couleurs à toutes les palettes, des notes à tous les claviers, s'efforçant

à rendre la pensée dans tout ce qu'elle a de plus ineffable, et la forme en ses contours les plus vagues et les plus fuyants, écoutant pour les traduire les confidences subtiles de la névrose, les aveux de la passion vieillissante qui se déprave et les hallucinations bizarres de l'idée fixe tournant à la folie. »

Théophile GAUTIER, *Baudelaire*, 1868,
Le Castor astral, 1991.

Les Fleurs du Mal, une œuvre à dévorer, à savourer

« Mon cher Ami,
J'ai d'abord dévoré votre volume d'un bout à l'autre, comme une cuisinière fait d'un feuilleton, et maintenant, depuis huit jours, je le relis, vers à vers, mot à mot et, franchement, cela me plaît et m'enchante.
Vous avez trouvé le moyen de rajeunir le romantisme. Vous ne ressemblez à personne (ce qui est la première de toutes les qualités). L'originalité du style découle de la conception. La phrase est toute bourrée par l'idée, à en craquer.
J'aime votre âpreté, avec ses délicatesses de langage qui la font valoir, comme des damasquinures sur une lame fine. […]
En résumé, ce qui me plaît avant tout dans votre livre, c'est que l'art y prédomine. Et puis vous chantez la chair sans l'aimer, d'une façon triste et détachée qui m'est sympathique. Vous êtes résistant comme le marbre et pénétrant comme un brouillard d'Angleterre. »

FLAUBERT, « Lettre du 13 juillet 1857 à Baudelaire »,
in *Correspondance*, Paris,
« Bibliothèque de la Pléiade », 1980, t. 2 © Éditions Gallimard.

LIRE, VOIR, ENTENDRE

BIBLIOGRAPHIE

• **Édition de l'œuvre**

– Baudelaire, *Œuvres complètes*, texte établi, présenté et annoté par Claude Pichois, Paris, Gallimard, « Bibliothèque de la Pléiade », 1975.

• **Sur *Les Fleurs du Mal***

Pour une approche psychanalytique de l'œuvre de Baudelaire :

– Léo BERSANI, *Baudelaire et Freud*, Paris, Le Seuil, 1981.

Un portrait fait par un contemporain de Baudelaire qui était aussi son ami :

– Théophile GAUTIER, *Baudelaire*, Le Castor astral, 1991.

Un philosophe qui se demande si Baudelaire a eu la vie qu'il méritait :

– Jean-Paul SARTRE, *Baudelaire*, Paris, Gallimard, 1947.

Une biographie de deux grands spécialistes de Baudelaire qui ont édité ses œuvres complètes :

– Claude PICHOIS et Jean ZIEGLER, *Baudelaire*, Julliard, Paris, 1987, réédition sous le titre *Charles Baudelaire*, Paris, Fayard, 1996.

Une étude des thèmes et des procédés poétiques dans *Les Fleurs du Mal* :

– Jean PRÉVOST, *Baudelaire, essai sur l'inspiration et la création poétiques*, Mercure de France, 1953, réédition Zulma, 1997.

Deux études qui montrent que de sa relation au mal et à la violence Baudelaire tire une conception nouvelle de la poésie :

– Marcel A. RUFF, *L'Esprit du mal et l'esthétique baudelairienne*, Paris, Armand Colin, 1955, réédition « Connaissance des Lettres », Hatier, 1957.

– Jérôme THELOT, *Baudelaire, Violence et poésie*, Paris, Gallimard, 1993.

CD-ROM

– Guy CASARIL, *Gauguin, Baudelaire, Tchaïkovski*, Arborescence, Havas Édition électronique, 1995.

DISCOGRAPHIE

Les Fleurs du Mal, très vite après leur publication, ont inspiré nombre d'œuvres musicales. Henri Duparc (1848-1933) composa une mélodie vocale sur *L'Invitation au voyage*, considérée comme un de ses chefs-d'œuvre, ainsi que sur *La Vie antérieure*. Gabriel Fauré (1845-1924) créa, entre autres mélodies inspirées de l'œuvre de Baudelaire, *Chant d'automne*, et Claude Debussy (1862-1918) mit en musique pour voix et piano cinq poèmes de Baudelaire, parmi lesquels *Le Balcon, Harmonie du soir, Recueillement* et *La Mort des amants*. En 1910, il choisit pour titre à un de ses préludes pour piano (premier livre) « *Les sons et les parfums tournent dans l'air du soir* ». Cette œuvre figure dans la bande-son de *Usual Suspects*, un film policier de Bryan Singer (USA, 1995).

Les chanteurs contemporains ont eux aussi mis *Les Fleurs du Mal* à leur répertoire, comme Léo Ferré (*Le Serpent qui danse, La Vie antérieure, Le Revenant, La Pipe, La Mort des amants, Les Métamorphoses du vampire, l'Invitation au voyage, Les Hiboux, Harmonie du soir, Brumes et pluies, Le Léthé*) dans son disque « *Les Fleurs du Mal* » chantées par Léo Ferré (1957), Serge Gainsbourg (*Le serpent qui danse*) ou Mylène Farmer (*L'Horloge*).

LES TERMES DE CRITIQUE

Allégorie : image développée sous la forme d'un récit ou d'un tableau, où chaque élément concret renvoie métaphoriquement à un contenu de nature différente, en général abstrait, qu'il symbolise.

Allocutaire : celui auquel le locuteur (celui qui parle) s'adresse.

Anacoluthe : rupture de construction dans la phrase.

Anaphore : répétition d'un mot ou d'un groupe de mots en tête de phrase, de membre de phrases ou de vers.

Apostrophe : interpellation d'un interlocuteur (personne ou chose personnifiée).

Assonance : répétition d'un même son (voyelle) soit à la rime, soit à l'intérieur du vers.

Blason : poésie décrivant de manière détaillée, sur le mode de l'éloge ou de la satire (contre-blason), les caractéristiques d'un être ou d'un objet, notamment de la femme aimée. Ce genre littéraire, très en vogue au XVIe siècle, se caractérise par l'accumulation de substantifs et les apostrophes.

Césure : point de séparation, qui se marque à l'oral par une pause, entre les deux hémistiches d'un vers.

Connotation : signification secondaire qui s'ajoute au sens premier d'un mot selon le contexte ou la personne qui l'utilise.

Diérèse : dissociation en deux syllabes de deux sons (voyelles) contigus normalement prononcés en une seule syllabe.

Discordance : en métrique, il y a discordance si la structure grammaticale est décalée par rapport à la limite du vers ou à l'hémistiche (voir **Rejet, Enjambement**).

Distique : groupe de deux vers consécutifs rimant ensemble.

Enjambement : débordement des groupements de la phrase par rapport à la césure (enjambement interne) ou à la fin du vers (enjambement externe).

Énonciation : tout acte individuel de langage, toute mise en œuvre de la langue par un locuteur.

Hémistiche : la moitié d'un vers.

Hétérométrie : utilisation de plusieurs types de mètres (octosyllabes, alexandrins, etc.) à l'intérieur d'un poème.

Litanie : prière caractérisée par de multiples invocations et des formules répétitives.

Métonymie : figure de style par laquelle un terme se substitue à un autre en raison d'un rapport de contiguïté. Par exemple la cause à la place de l'effet : « il a bu » pour « il est ivre », ou le contenant à la place du contenu : « boire une bonne bouteille » au lieu de « boire du bon vin ».

Modalité : elle définit les intentions que met le locuteur dans la communication avec son interlocuteur ; on distingue quatre modalités fondamentales : modalités assertive, interrogative, exclamative, impérative.

Oxymore : figure consistant à accoler des termes apparemment contradictoires au sein d'un groupe de mots.

Parnasse : école poétique inspirée, vers 1865-1870, par Théophile Gautier et Leconte de Lisle, prônant le « culte de la forme » et l'esthétique de l'art pour l'art.

Paronomase : figure établie sur la ressemblance phonique de mots rapprochés dans un contexte.

Pétrarquisme : imitation du poète Pétrarque, qui se caractérise par l'éloge de l'amour platonique ainsi que des perfections de l'être aimé, au moyen notamment de comparaisons raffinées.

Quintil : strophe de cinq vers qui fonctionne sur deux rimes, dont l'une est forcément redoublée (*ababa, abbaa…*).

Rejet : décalage par lequel un mot ou un groupe de mots de faible ampleur, placé au début d'un vers ou d'un hémistiche, se trouve étroitement lié par la construction au vers ou à l'hémistiche précédent, et prend de par sa position une valeur particulière.

Rime normande : procédé aboutissant à faire rimer *mer* et *aimer*, selon l'ancienne prononciation normande.

Rime riche : elle comporte trois homophonies (ex. : son voyelle + son consonne + son consonne : *tumultes/insultes*).

Strophe : système clos et déterminé de rimes et parfois de mètres, auquel s'ajoute une unité de sens.

POUR MIEUX EXPLOITER
LES QUESTIONNAIRES

Ce tableau fournit la liste des rubriques utilisées dans les questionnaires, avec les renvois aux pages correspondantes, de façon à permettre des **études d'ensemble** sur tel ou tel de ces aspects (par exemple dans le cadre de la lecture suivie).

RUBRIQUES	PAGES
PERSONNAGES	46
GENRES	34, 57, 64, 72
QUI PARLE ? QUI VOIT ?	22, 66, 72, 147
STRATÉGIES	22, 30, 34, 41, 46, 54, 131, 133, 139
STRUCTURE	27, 30, 43, 49, 64, 66, 85, 95, 111, 120, 139, 147, 149, 189, 204
THÈMES	37, 41, 43, 49, 54, 57, 64, 66, 72, 85, 95, 111, 120, 127, 131, 149, 204
REGISTRES ET TONALITÉS	22, 27, 37, 57, 85, 95, 111, 127, 133, 139, 189, 204

LISTE ALPHABÉTIQUE
DES POÈMES

TABLE DES MATIÈRES

« Les fleurs du mal »
« au lecteur »

spleen et Idéal (85)
Tableaux Parisiens (18)
Le Vin (5)
fleurs du mal (9)
Révolte (3)
La mort (6)

COUVERTURE : *Who shall deliver me* de Fernand Khnopff, crayon de couleurs sur papier, vers 1891, Coll. N. Monoukiou, Paris.

CRÉDITS PHOTO :
Couverture : Ph. L. Joubert © Archives Larbor/T. – p. 2 : Ph. © Bridgeman-Giraudon/T. – p. 3 ht : Ph. Coll. Archives Larbor. – p. 3 bas : Ph. © Archives Nathan. – p. 4 : Ph. Coll. Archives Larbor/DR/T. – p. 5 ht : Ph. Jeanbor © Archives Larbor © Adagp, Paris 1996. – p. 5 bas : Ph. J.L. Charmet © Archives Larbor. – p. 6 : Ph. Leonard de Selva © Archives Larbor. – p. 7 ht : Ph. © Succession Henri Matisse, Paris, 1996/T. – p. 7 bas : Ph. © Archives Larbor. – p. 8 : Ph. H. Josse © Archives Larbor. – p. 12 : Ph. © Bridgeman-Giraudon/T. – p. 18 : Ph. © Félix Nadar, Arch. Phot/CMN/T.

Direction éditoriale : Pascale Magni – *Coordination* : Franck Henry – *Édition* : Stéphanie Jouan – *Révision des textes* : Lucie Martinet – *Iconographie* : Christine Varin – *Maquette intérieure* : Josiane Sayaphoum – *Fabrication* : Jean-Philippe Dore – *Compogravure* : PPC.

© Bordas, Paris, 2003 – ISBN : 978-2-04-730355-9

Imprimé en France par France Quercy – N° de projet : 10174076 – Dépôt légal : janvier 2011
Dépôt légal 1re éd. : juillet 2003